石田あゆう

図説 戦時下の化粧品広告〈1931-1943〉

創元社

図説　戦時下の化粧品広告〈1931–1943〉❖目次

はじめに

❖明るい1930年代

通俗的には、1930年代はファシズムと戦争の暗い時代と言われている。1923（大正12）年の関東大震災、昭和金融恐慌（昭和恐慌）によって弱体化した日本経済は、1929（昭和4）年の世界恐慌の波にさらされた。1931（昭和6）年の満州事変を契機として日本軍は大陸へと侵出し、国内では社会主義者の弾圧や右翼団体によるテロ事件（滝川事件、五・一五事件、二・二六事件）などの「暗さ」をイメージさせる事件に事欠かなかった。

しかし世の中の風俗を眺めてみると、そのような政治的動きをまるで感知していないかのように、庶民はただ「豊かさ」を享受していたかに見える。

1930年代は、その始まりにおいてモガことモダンガールが女性の風俗として注目を浴び、またその半ばになると日本映画は戦前における最盛期を迎えることになる。円本バブルに始まる出版界では、大日本雄弁会講談社の国民雑誌『キング』や主婦之友社の婦人雑誌『主婦之友』がついに百万部を達成し、農村部でも娯楽雑誌『家の光』（産業組合中央会）が広く普及した。なかでも女性たちの生活における意識は大きく変化していく。

女性たちには「消費者」としての視線が向けられるようになり、彼女たちも敏感に反応した。享楽的な風俗を表象する広告表現が、戦前期にあってもっとも華やかさと巧妙さのピークを迎えるなか、世の中は1937（昭和12）年の「支那」事変を経て、非常時の統制経済へと舵を切ることになる。女性消費者に向けて商品を供給する各社にとってそれは、販売競争が激化し、華やかな広告合戦を繰り広げていた真っ最中の出来事であった。

❖広告は時代を映す鏡

広告は時代を映す鏡とも言われ、社会における「豊かさ」の象徴だと考えられてきた。1930年代の日本においては、婦人雑誌メディアにおける広告の増加に目を見張るものがあった。

当時の雑誌の三大広告は、出版、売薬、化粧品と言われるが、婦人雑誌では、それまでの主軸であった医療や薬品から、化粧品広告がその地位を奪って、強大な広告主となる。それは、女性を読者とする婦人雑誌において、化粧品広告の効果が大きいという意識が、広告主に浸透したためである。当時、化粧品販売の顧客獲得競争は激化しており、女性消費者を意識した独自の広告が数多く作られた。

化粧品は、主に女性たちによって購入される商品である。食や衣服以上に、生活に絶対に必要かと問われれば、その答えは難しい。それは生活の余裕であり、奢侈品とも言える。

だからこそ、女性が化粧できるということは、平和や豊かさの象徴ともみなされた。では、1937年の「支那」事変を機に徐々に戦時体制へと移行し、世の男性が兵士となり国外に派兵される時代にあって、化粧品は不要不急の用品として世の中から消えていったのだろうか。そうではない。女性の社会的地位や役割の変化に寄り添うようにして、商品のみならず、化粧品広告も消えることはなかった。化粧品は戦時体制における必要品である、と演出をするためのイメージを探求し、より一層の普及が図られることになる。

化粧品広告を多数掲載する婦人雑誌メディアは、どれほど効果的な戦時宣伝メディアだったのだろうか。化粧品広告の表現に現れる微細な違いを読み解き、時代の変化とともに現れるその「ちょっとした」変化を時系列的に積み重ね、その変化から見えてくる時代の空気を検証することが本書の最大の目的である。

❖本書で扱う化粧品広告

化粧品広告は、「モダンガール」の流行から始まった、昭和初期の女性風俗の発展のひとつの指標である。洋服の普及もあって化粧法が多様化し、映画女優の台頭があって広告では美人モデルの起用が進む。さらに、欧米系の美人が礼賛され、海外からの輸入化粧品が人気の一方で、国産化粧品愛用の動きもある。また海外のモダンデザインが日本の広告様式に取り入れられるも、日本独自の化粧品広告の表現の模索が行われた。

本誌で取り扱う広告は、基本的には婦人雑誌に限った。特に広告掲載において他誌を圧倒していた『主婦之友』(1917年創刊、戦後『主婦の友』に改名、2008年休刊) 掲載のものを中心とした。同誌掲載の広告を主軸として、必要に応じ、適宜他の婦人雑誌・少女雑誌、業界誌を参照した。『主婦之友』を中心に据えたのは、主婦之友社が「一社一誌主義」を採用したためである。主婦之友社が扱う化粧品広告が一誌に集約されていたため、同誌のみを追うことで、主要な雑誌化粧品広告全体の変化と傾向をつかむことができたからである。1922(大正11) 年5月号から「『主婦之友』本号掲載広告一覧表」を付していた点は、今日の女性誌のスタイルを形成した雑誌として見なすこともできる。同社の限られた紙面に広告は厳選して掲載され、裏表紙にも色刷り広告を早くから取り入れるなど、雑誌の記事と同等に広告を重視した婦人雑誌であった。つまり、広告は「記事」そのものだったのである。

❖化粧品広告とは何か

化粧品各社にとって、婦人雑誌は新聞に比べれば発行部数が劣るため、当初はそれほど魅力的な広告媒体とは見なされていなかった。だが、印刷技術の向上とともに、色刷りでの印象的な広告が出せることや、広告効果が1ヶ月続く点、そして何よりも、女性のみに焦点を絞った宣伝が可能なことが評価され、婦人雑誌は広告メディアとして独自の魅力を持つ媒体と見なされるようになっていく。

広告効果を常に細かく意識するほどにモノが売れた1930年代は相対的に「豊かな社会」であったともいえる。食は豊富でその多様化も進み、また和装/洋装を問わず流行が生まれ、婦人雑誌は新しい衣服の紹介を毎号にように行うようになっていく。個々人は多様化する消費行動を通じて、細かい差異を楽しみ、生活を豊かなものにしようとしていたかのような雰囲気が、当時の婦人雑誌からは漂ってくる。

主たる購買者である女性の社会的役割の変化のなかで、化粧品消費の在り方にも変化が生じ、広告も世相を反映して変化せざるを得なくなる。

もちろん生理不順に不妊、望まぬ妊娠、性病に悩む女性のための売薬広告の類も、女性読者に向けた特有の広告だといえる。だがこうした広告は、やむにやまれぬ事情から密かに読まれるものである。女の“性”は婦人雑誌メディアの主題のひとつであったものの、それらは長らく「不浄広告」とも呼ばれ、「誌面を汚す」と以前から批判されていた。1938（昭和13）年に、こうした広告は時局の緊張感をそぐと懸念され、規制対象となったが、読者の側もそれを歓迎した。広告規制に対し、『出版年鑑　昭和14年版』（東京堂）は「緊張すべき銃後に如何はしき幾多の広告を以って、貴重な誌面を埋むるの愚を、この機会に厳重な取締を見たことは多方面に好感を持たれた統制の好収穫であった[※1]」と述べている。日本のおかれた社会的状況の変化、つまり「緊張すべき銃後」において、「貴重な誌面」となったメディアからの「不浄広告」を追放する口実が得られた。すでに製紙パルプの輸入制限を受け、1938（昭和13）年には前年に比べ2割の節約という用紙統制が始まっていたからである。新聞雑誌は広告頁に制限を設け、この局面に対応しようとした。メディアの側も、出稿が増加するなかで広告規制を行うための基準を必要としていたのである。

性病関連を始め密かに宣伝される売薬広告に比べれば、化粧品広告は誰が見ても明るく派手なものである。読者への訴求力を高めるため、女性の美を多様な表現で称揚する化粧品広告は、広告規制の時代にあって売薬広告が数を減らすなか、雑誌メディアにとっても必要不可欠な収入源となる。

化粧品はその意味で非常に流行に左右される商品であり、各種商品イメージには、消費者の購買意欲をどのように刺激すべきかと検討された苦心が紙面に浮かび上がる。とくに女性たちの間にあって、その広告は時代の空気に敏感に反応している。その変化を数量化することも可能だろうが、本書では、そのイメージの変化を多くの読者にも楽しんでもらうため、あえて質的な調査による紹介を行った。それによって、当時の「雰囲気」が少しでも伝わればと願っている。

❖本書の時代区分

本書は、いわゆる「十五年戦争」期の1931年（昭和６）から1943（昭和18）年までの化粧品広告を取り上げ、その変化を追った。「十五年戦争」という言い方は、後世の概念的な時代区分にしかすぎず、当時使われた用語ではない。

現実には、15年もの長きにわたって国内に緊張をともなう非常時意識が行き渡っていたわけではない。それが顕在化するのは、1937（昭和12）年の「支那」事変を期に、物資の統制が始まったことによる。多くの国民にとって、日々の暮らしに実感をともなう変化がはっきりと現れてきたのである。こうした、時代状況の変化による、想定購買者層の社会意識の転換が、広告の形式や内容に与える影響は大きい。

また、広告自身の変化も存在する。社会的インパクトの大きい広告が登場すると、その影響によって広告表現に新たな潮流がもたらされることがある。

こうした二つの変化をふまえ、おおよそ次のような時代区分を元に、本書では婦人雑誌掲載の化粧品広告を紹介することとする。

第Ⅰ部では、1931（昭和6）年11月号から1933（昭和8）年12月号までに登場した化粧品広告を取り扱う。満洲事変の1931（昭和6）年9月18日を起点とするが、雑誌は当月には、翌月号の雑誌が発売されるのが一般的である。9月時点ではすでに10月号は発売されているのが普通であるため、その翌月の11月号からをその対象とした。しかしながら先に述べたように、海を越えた出来事である満州事変が、婦人雑誌の広告誌面に与えた影響はほとんど見られなかった。

1.「雑誌界」東京堂編『出版年鑑　昭和14年版』1939年、東京堂、11頁。

1933（昭和8）年12月号までとしたのは、同号までが『主婦之友』における化粧品広告が多様化していく前段階ともいうべき時代であり、大正期からの広告との連続性と、翌年からの加速度的に変化の「過渡期」をなすものと見なせるからである。ここでは、広告の大正時代が終わるまでの化粧品広告の特徴と、広告の昭和を予測する変化の兆しを備えた広告を見ておきたい。

第Ⅱ部では、1934（昭和9）年1月号から1937（昭和12）年9月号までの化粧品広告を考察する。いわゆる「支那」事変が婦人雑誌の誌面に影響を与える前段階までとなる。この時期はとくに国産化粧品各社の発展期ともいえ、化粧品広告ではさまざまな意匠を持った広告が登場する。それらの特徴を分類しつつ、戦前において最も華やかな化粧品の宣伝合戦が繰り広げられたことを確認する。

第Ⅲ部では、1937（昭和12）年10月号から、1941（昭和16）年12月号までの化粧品広告を追う。「非常時意識」が化粧品広告に与えた影響は、満洲事変の比ではない。広告に対する検閲のみならず、化粧品そのものが不要不急の品と見なされ規制の対象ともなりかねない危機意識が化粧品業界に与えたインパクトは非常に大きかった。その結果、従来の化粧品広告の表現の見直しがなされるようになるが、単なる「非常時」や「戦争」への意識を取り入れるだけの広告になったわけではなかった。

第Ⅳ部は、戦前における化粧品広告の衰退期にあたる。1943（昭和18）年までとしているが、1944（昭和19）年から1945（昭和20）年にかけて婦人雑誌の刊行は続いていたものの、化粧品のみならず、ほとんどの広告は掲載されなくなってしまう。とはいえ、日米開戦を経て以降も、1943（昭和18）年まで化粧品広告の掲載は続いていた。その広告はかつての華やかさを失い、もはや新聞広告に似た、誌面を分け合う分割広告へと縮小されていく。そのなかでも、どのような広告表現が可能であったのかを見ておこう。

❖一貫して注目したポイント

上記のような時代区分を設ける一方、変化する化粧品広告のなかにあって一貫して押さえておいたポイントがある。

その第一点は、広告の表現する「美しさ」である。女性が化粧することによって手にするのが「美しさ」なのは当たり前のこととはいえ、その美しさは一様ではない。「化粧品広告はどのような＜美＞を賞賛したのか」という視点で広告を視覚的に見ることで、そこに、社会意識の変化の反映を読み取ることも可能であろう。

第二点は、広告に表現された「化粧法」である。1930年代に女性のあいだで洋装への認識が次第に広まるにつれ、婦人雑誌では洋装に関する記事が増えるとともに、それにふさわしい化粧法の指南も適宜行っていくことになる。化粧法の細かい変化は、提供される商品の多様化となって現れてもいた。その多様性を視覚化する広告表現や、ブランドイメージの細かい差異をアピールする広告も現れてくるようになる。

第三点は、広告に起用された「女優」である。化粧品広告には多数のスター芸能人が登場することも大きな特徴である。どの化粧品会社が誰を起用したのか、松竹少女歌劇団なのか宝塚歌劇団なのか、映画スターなのか舞台女優なのか、その理由は何なのか。当時の芸能界事情の一端を示していた化粧品広告、その点もお楽しみいただければと思っている。

凡 例

一、出典を各図のキャプションに明記した。キャプション末の❖印以降は、図の出典を意味する。

一、一色刷の広告を含め、すべての図版をカラー印刷で収録した。

一、広告の収録に際し、その多くを適宜拡大・縮小したが、一々明記しなかった。

一、解説およびキャプションでは、引用文を含め、原則として、旧字体や旧仮名づかいを新字体および現代仮名づかいに改め、一部の旧い慣用的な漢字を仮名表記に改めた。

一、引用文中の省略・中略は全角三点リーダー（…）で示した。

一、広告コピーの漢字ルビおよび、引用文中の難読漢字の読みは、該当漢字直後の〔　〕内に明記した。

一、一部例外をのぞき、広告と同じ頁内もしくは見開き頁内にある雑誌記事を割愛した。

一、広告には所蔵機関のラベルが貼られている場合があるが、代用の原本を見つけるのが困難なため、そのまま収録した。

一、引用文の商品名を列挙するときは「／」（スラッシュ）を用いた。

一、収録した広告データは、すべて著者が現物の掲載誌からスキャニングまたは撮影したものである。

第Ⅰ部

化粧品広告揺籃期

1931（昭和6）年11月号から1933（昭和8）年12月号まで

『主婦之友』に毎号付された「掲載広告一覧」では、「『主婦之友』では信用の置かれるものの外(ほか)広告をお断りしております」と明記してきた。記事内容だけではなく、広告の信用を高めてこそ、雑誌への信頼も高まると考えていたからである。広告の信用を高める取り組みのひとつに、主婦之友社の代理部で取り扱っている化粧品の広告を掲載するというものがある。同誌には、たびたび「主婦之友社代理部取扱商品」が記載されていた。

主婦之友社は、『主婦之友』創刊年から代理部を設けて通信販売を行っていた。『主婦之友』1917（大正6）年10月号に掲載された創設の趣旨「東京家政研究会だより」には次のように記されている。

> 事務所の移転とともに、ここに一つの新しい事業をはじめました。それは本誌愛読者のご便宜をはかり、主婦之友社の代理部を設けたことであります。代理部をもっている新聞、雑誌社は少なくありませんが、主婦之友社代理部はいささか他と趣を異にして、営利を離れて読者の便利を旨とするものであります。そのために『主婦之友社代理部』で取り扱う品は、実用向きのものばかりであります[※2]。

通信販売に対する世の中の信用はさほど高くなかったが、それを逆手にとって、主婦之友社は読者サービスを第一とすることを宣伝文句として使った。「読者第一主義」を掲げた主婦之友社社長の石川武美の理念に沿って、消費者である読者の信用を第一にこの事業は展開された。人気商品の齋藤万平薬局「活力素」の発送が遅れた折りには、待ちきれない注文者が警察へ訴えることもあった。雑誌の信用にかかわるこうした事態に、創業者社長の石川武美は通販販売部門の代理部の改革に腐心した。

「関係者一同に、必要以上に誠実を尽くすべきことを要求した。現物も見もしないで、しかも前金で注文してくれる読者の信用を、絶対に裏切ってはならぬ。代理部は誠実を売る商売だと、事あるごとに戒めた。[※3]」。社史は続けて「この精神こそが一貫して、主婦の友社代理部の伝統的な心がまえとなっている」と記している。

『主婦之友』に頻繁に掲載されるようになる広告のなかでも。化粧品関連の商品は、もともと主婦之友社代理部が積極的に読者に紹介し、誌上販売した商品が少なくない。雑誌編集部自身が商品を販売し、定評を築いた上で広告掲載が行われていたと見ることもできるだろう。

1932（昭和7）年の『主婦之友』の広告一覧表は、次の三つの但し書きを掲げている。

> *本誌広告に依り直接広告主へ御注文の際は必ず『主婦之友』愛読者であると付記して下さい。
>
> *御注文につき何か不行届なことがございましたら、御遠慮なく本社広告部にお知らせください。出来得る限りの調査と責任ある御回答をします。
>
> *『主婦之友』に広告掲載御希望の方は東京市神田区駿河台の主婦之友社広告部宛に御照会くださいませ。詳細御回答いたします。

2．『主婦之友』1917年10月号、主婦之友社。
3．主婦之友社編『主婦の友社の五十年』1967年、主婦の友社、64-65頁。

『主婦之友』は、消費者（読者）と広告主の双方の間での円滑なコミュニケーションをすすめるメディアとして機能することで、同誌の広告媒体としての信頼の向上をはかった。読者サービスの一環としての代理部の通信販売において取り扱われた商品のなかには、大手以外の新興の化粧品会社の商品もあった。新興会社は自社商品の知名度を高めてもらったことで、同誌に広告を出稿するようになる。さらに、同誌の信用を損なわないような優良商品を開発・販売することで、同誌の信用をより高めることにもなったのである。

大正時代から徐々に確立されていった『主婦之友』の広告と商品販売システムの特徴が、1930年代初期の化粧品広告や代理部案内の誌面からはうかがうことができる。そこでは、広告と代理部サービス販売と記事内容の境目は曖昧であった。

1933（昭和8）年4月号では、引きも切らない化粧品広告の出稿を踏まえ、「掲載広告一覧表」の整理が行われている。これまでは、「薬物・療法」関連の広告が優先的に掲載されていたが、「美容・化粧」関連の広告項目が優先的に扱われるようになったのだ。化粧品関連広告が『主婦之友』において、より重視される「内容」になったことをうかがわせる。

商品ごとに列挙されていた広告も、メーカーごとに掲載広告が読者にはまとめて提示されるようになる。これにより、どの化粧品会社が、『主婦之友』にもっとも多く広告を出しているのかが一目瞭然となった。

また、この時期に和装か洋装かという衣服における選択肢が生まれたことで、それぞれにふさわしい化粧とは何かという世の女性たちの関心も高まっていた。化粧指南も含め、『主婦之友』における化粧品関連記事やタイアップ広告も次第に増えていった、つまり、大部数の近代商業雑誌が本質的に持つ、広告媒体としての機能をより高めていったのである。

第1章
はじまりの主婦之友社代理部

『主婦之友』に掲載の広告は、編集部が厳選したものであるとうたっていた。だがそのなかからも、購入者は主体的な選択を余儀なくされる。

その点、代理部取扱いの化粧品は、主婦之友社がさらに選りすぐった商品であるだけではなく、同社を通じて購入することができるもので、選択の負荷をやわらげる優れものだった。代理部取扱い商品を主婦之友社は、時には「代理部重要取扱品案内」と仰々しく宣伝している。手続きは代理部案内の最後についている振替用紙を使えばよかった。値段も送料も記載されている明瞭会計である。

『主婦之友』に登場するさまざまな化粧品が、取材を通して発見された。美容記事のなかで比較検討されつつ、優秀な品は代理部取扱いとなる。売上げが伸びれば、同誌の広告主ともなった。

代理部取扱い商品

第Ⅰ部の冒頭で解説した、主婦之友社代理部の案内と取扱い商品広告の典型例をいくつか紹介しておこう。多くの化粧品メーカーがこの代理部とともに躍進し、誌面に独自の自社広告を出稿していくことになる。

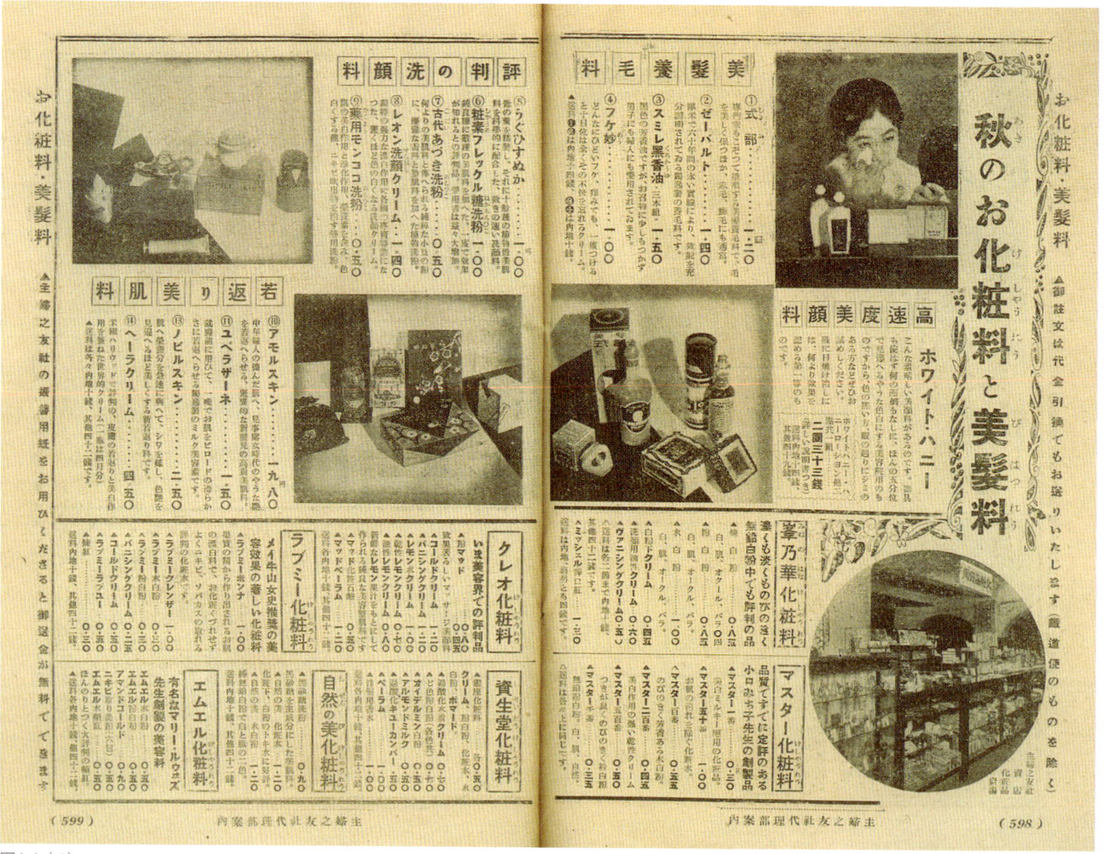

図1-1 (-1)

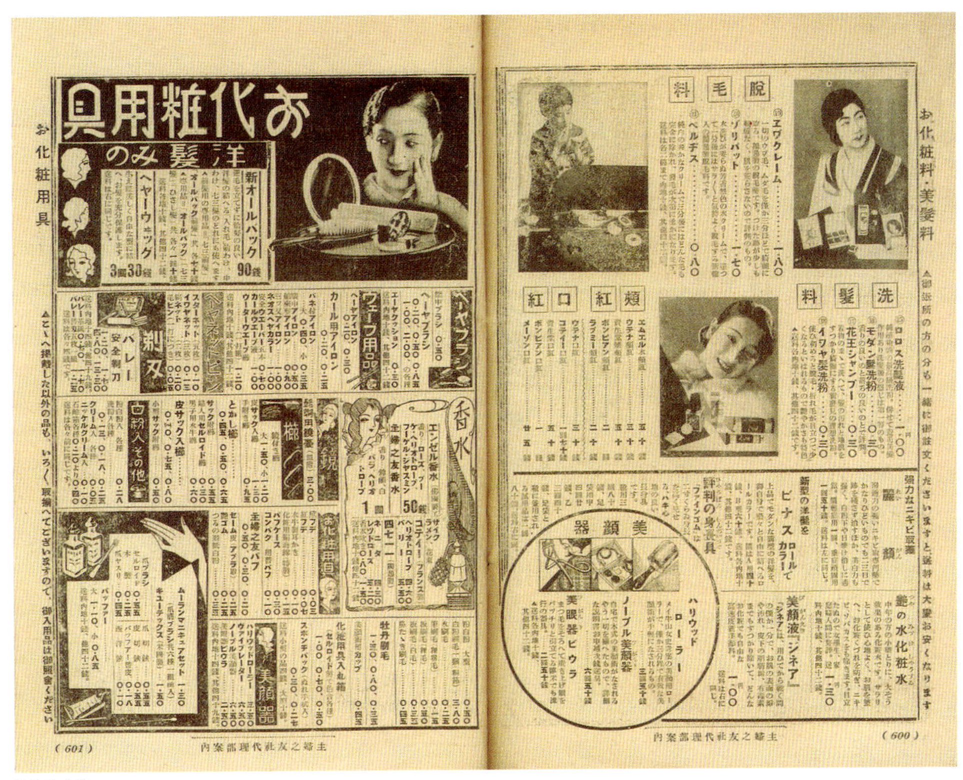

図1-1（-2）

ニキビが悉皆とれて色白になる法……

松竹キネマ顧問醫
醫學博士 小田美穗
松竹キネマ蒲田撮影所
田中絹代

人一倍、美容といふことに心を傷めてゐますので、美容に關する化粧品とか藥品の選擇には人知れぬ苦心を拂つてゐます。ニキビにも隨分苦勞をして、泣きたく思つたことも再三ではありません。栗島さんなんかは「青春のシンボルだからいゝぢやないの」なんて申されましたが、本人の私にとつては鏡を見るのも嫌な氣がしたこともございました。お下げ姿に扮して、悲しい場面がクライマックスになつた時、大寫しの畫面にニキビが寫りますと、自分ながらゾッと汗が出ました。だつて罌粟ほどのものでも大豆の樣に見えるんですもの。色々の化粧品や藥ではどうしてもこの惱みを解決できなかつた私は、撮影所の顧問醫である小田博士から、麗顔といふ新製品がとても良いと奬められて早速試してみました。全く驚きましたわ。こんなに文字通り良く效くニキビ藥は始めてゞす。一日に三回、洗顔のたび毎に使ひましたが、小粒のものはポロ〳〵とれますし、惡性のものは、すぐ萎びて小さな固りとなり、指先で觸りますとプツ〳〵と取れます。そして幸なことには、皮膚に醜いニキビの穴跡が出來ません。この夏はロケーションで忙しかつたために、可也日にも燒けましたが、麗顔でこれもすぐもとの皮膚に還ることが出來ました。色を白くするといふ目的を兼ねてこんない、藥が出來たことを喜ばずにはゐられません。當世の流行語で申さうなら、ニキビをとり色を白くする祕法とか新祕訣とか申すのでせうが、目下大評判のものとして、日頃御後援下さる皆々樣に誌上でお知らせいたします。（田中）

麗顔は東京市衞生試驗所で立派に證明された滲透性シーゾンといふ、世界で始めて造られた滲透性強力殺菌劑が主藥になり、その效果は我々仲間でも素晴しいものとして問題になつてゐます。化粧下用としても御婦人には一擧兩得だらうと思ひます。顔でも脊中でも何等の刺戟なく、ブツブツと黄色い固りになつて自然と取れる力は全く不思議な位です。たゞ滲透性が強いため、これからニキビとして吹出すもの迄が出てきますから、一時はかへつてニキビが殖えますが、二三日で根治します。それに過酸化水素水の數百倍からの美白力があるので、色白を望む方には絶好の品です。たゞ何回も髮に附けると赤毛になりますから、使用上その點だけを御注意になるとよろしいでせう。醫學者の立場から責任を以てお奬めの出來る専門的の妙藥です。（小田）

どんなにひどいニキビでも手輕に治りキメを細かく色白くなる威力は使つた方が誰しも驚かれる點であります。麗顔は一瓶一圓で、送料は内地十錢、臺灣二十七錢、滿鮮四十二錢です。本社代理部では、一番良く賣れるニキビ取り藥として有名です。發賣元は東京市芝區高輪南町五十三番地阿部貿易商會化粧品部（振替東京六六一二二番）であります。

図1-2

図1-1：「主婦之友社代理部案内」の4頁に及ぶ化粧品や用具紹介一覧。ここに並ぶメーカー名が、代理部案内を飛び出し、誌面で華やかな宣伝を繰り広げるようになっていく。❖『主婦之友』1932年10月号

図1-2：松竹キネマ顧問医の「医学博士小田美穂」が「医学者の立場から責任を以てお奨めできる専門的な妙薬」と紹介する、「ニキビが悉皆〔すっかり〕とれて色白になる法」として、同じく松竹の田中絹代が起用された「麗顔」の広告。主婦之友社代理部が商品販売を手がけており「一番良く売れるニキビ取り薬として有名」だと推薦。一瓶1円。発売元は東京市芝区高輪阿部貿易商会化粧品部。「麗顔」は後に化粧品を発売し、『主婦之友』では表3（裏表紙裏）で広告を展開するようになる。❖『主婦之友』1931年11月号

図1-3

図1-4

図1-6：「ミス1933年スター当て大懸賞」は綴じ込み頁に掲載された連合広告。並んでいるのは化粧品を含め、代理部の取扱いの品の数々で、主婦之友社の編集によって統一されたスタイルでの商品紹介となっている。このような「広告」がたびたび折りたたみ頁として雑誌に挿入された。化粧品関連広告は「モダン髪洗粉」、「コメドール」、「メヌマポマード」の三点。「ファインゴム」は背を高く見せる上げ底器具。「スマイル」は目薬、とはいえどこか化粧品広告に似ている。登場しているのは市川春代、川崎弘子、水の江瀧子、夏川静江、田中絹代。❖『主婦之友』1933年2月号

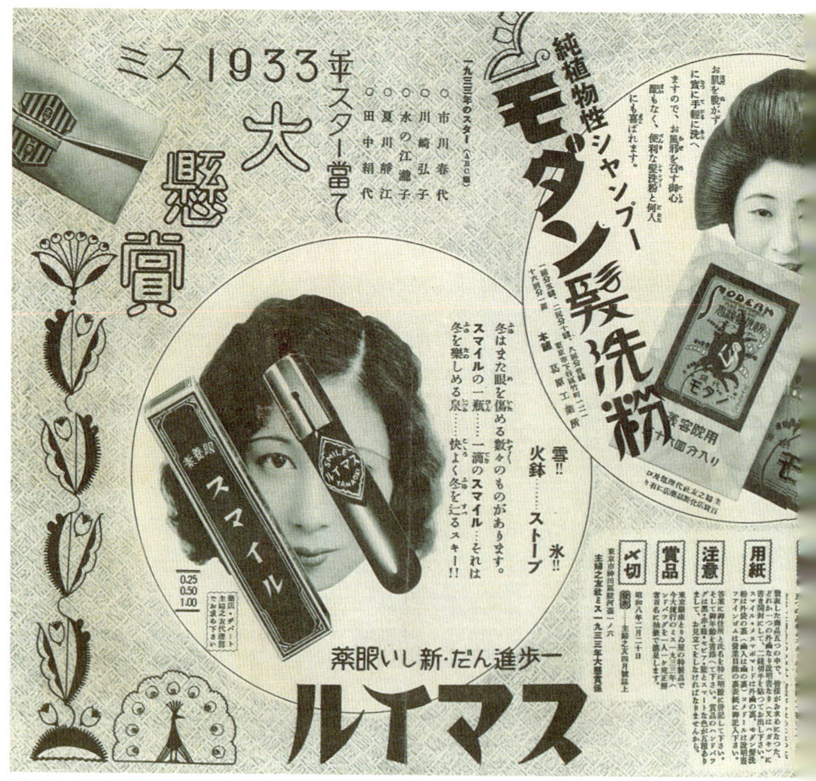

図1-6

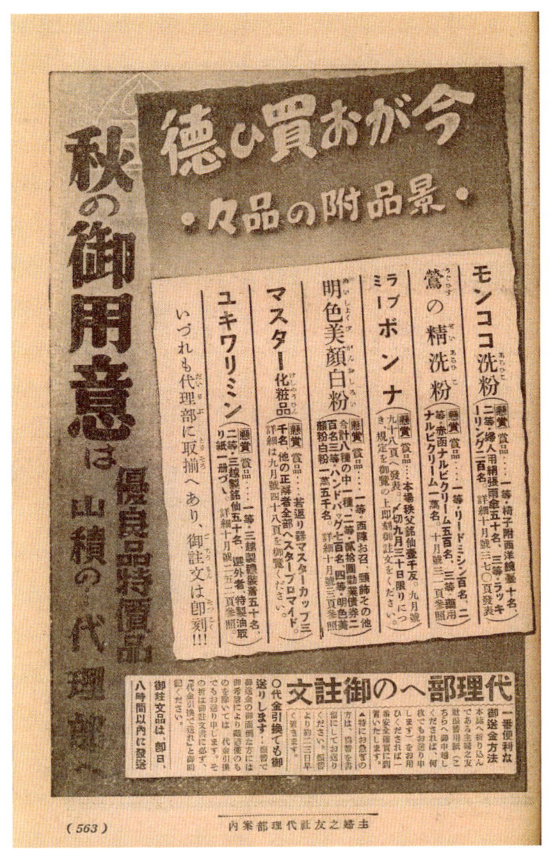

図1-5

図1-3：「特に治り難いニキビにはシーゾンクリーム」をうたう「麗顔」広告。❖『主婦之友』1933年3月号

図1-4：「ニキビにシーゾンクリーム麗顔」広告。❖『主婦之友』1933年4月号

図1-5：「今がお買い徳　景品付の品々」「秋の御用意は優良品特価品山積みの･･･代理部へ」。紹介されている「モンココ洗粉」「鶯の精洗粉」「ラブミーボンナ」「明色美顔白粉」「マスター化粧品」「ユキワリミン」は、以後『主婦之友』に数多くの広告を出稿する化粧品となっていく。❖『主婦之友』1933年10月号

裏表紙広告の美人たち

下の図は、『主婦之友』の裏表紙に掲載された桃谷順天館の「白色美顔水」(図1-7❖1931年12月号)および「美顔白粉」(図1-8❖1923年2月号)の広告である。

化粧品広告とはいっても、いつの時代も常に美人が宣伝していたわけではないことが、桃谷順天館の裏表紙広告からはわかるだろう。化粧品の購買を促す広告に、女性イメージが積極的に取り入れられるようになったのは、じつは昭和に入ってからのことである。明治期のポスターから続く美人画広告が、婦人雑誌における色刷り広告にも登場し、積極的に取り入れられるようになった。

そもそも『主婦之友』が創刊時から同種の婦人雑誌に比べ広告を重視していたことは有名だ。創業者の石川武美は少しでも女性が手に取りやすい価格にしようと、広告費の獲得に熱心であった。創刊号から他誌に比べても多くの広告を掲載していたことはよく知られている。

中央公論社の宮本信太郎は、『主婦之友』の「外見」について次のように述べている。

> 当時の雑誌は、コストの関係で表紙と大裏は別々に印刷され、いわゆる継ぎ表紙となっているものが多かったが、本誌は大裏も大切は構成要素ということで、同じ紙質、同じ4色印刷に改め、継ぎ表紙をくるみ表紙としたが、英断というべきであろう。[※4]

数ある雑誌のなかでもいち早く裏表紙(表4)を色刷りにしたことも有名で、雑誌の顔ともいうべき表紙と同様に、裏表紙には力を入れていた。『主婦之友』がその裏表紙を、自らの雑誌の一部に属するスペースと考えていたと思われる。表紙を別にしても裏表紙は雑誌においても最も目立つ部分である。裏表紙も表紙と同じく色刷りにすることができればそこは最も効果的な広告スペースとなる。当時の雑誌では、表紙は色刷りであっても、裏表紙は誌面と同様に単色印刷である場合も多かった。その広告効果を広告主に認識させられれば、広告料を高く設定することもできる。『主婦之友』では1932(昭和7)年12月号までは、裏表紙を描いた人物の名前(ここでは多田北烏)を、表紙を手掛けた画家と並べて目次内にクレジットしていた。雑誌の顔でもある表紙と同じく、

図1-7

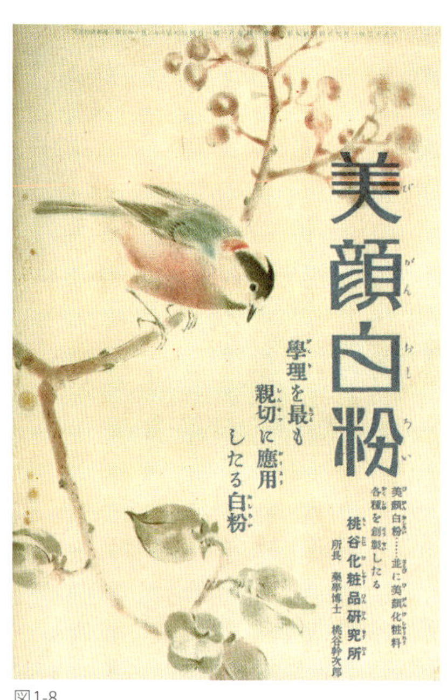

図1-8

4. 宮本信太郎「広告媒体としての雑誌の変遷」東京アートディレクターズクラブ編『日本の広告美術——明治・大正・昭和2 新聞広告、雑誌広告』1967年、美術出版社、19頁。

裏表紙（広告）の見た目にもこだわっていた主婦之友社の姿勢が見て取れる。

さて昭和の「白色美顔水」広告に見られるのは典型的なモガである。昭和初頭、銀座を中心に断髪におかま帽（今でいう婦人帽子のクロッシュ）、ドレスにハイヒールという出で立ちで登場し、話題となったのがモダンガール、いわゆるモガであった。日本女性において日常着として洋服が普及するのは戦後のことである。昭和初期の女性の服装は着物が一般的であり、洋装は一種の新風俗であった。彼女たちは「モガ」と呼ばれ、社会的には好奇の目で見られたとはいえ注目に値する「新しい女」であった。着物を着ているものの、この断髪のヘアースタイルが広告

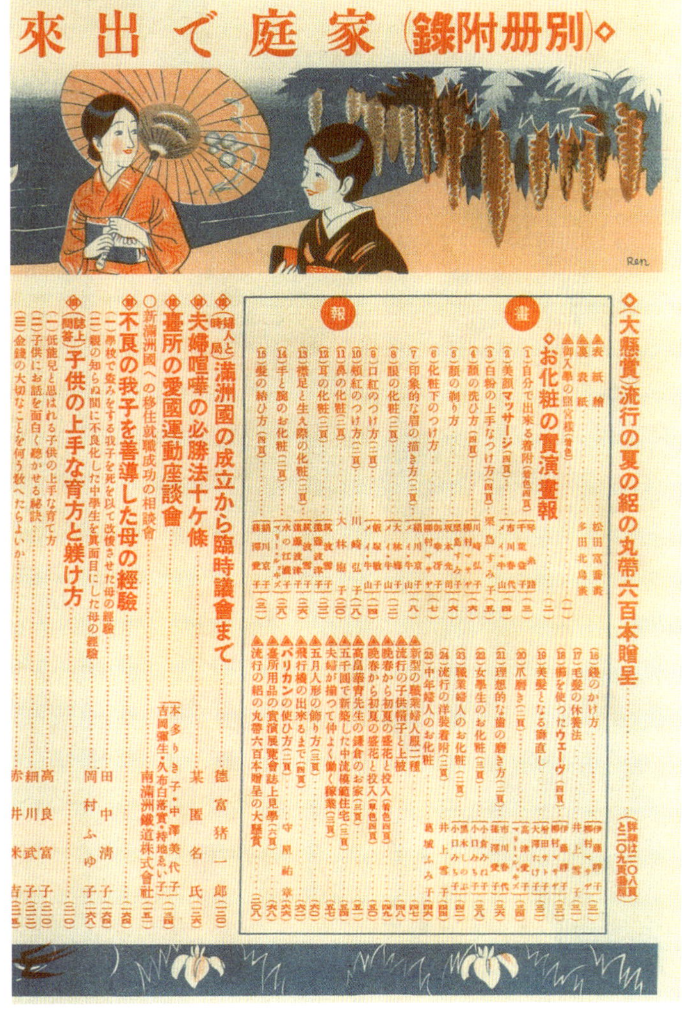

◇（別册附錄）家庭で出來る

◇（大懸賞）流行の夏の絽の丸帶六百本贈呈（詳細は二〇八頁と二〇九頁參照）

▲表紙繪……松田富喬畫
▲裏表紙……多田北烏畫
▲御入學の照宮樣（着色）……（一）

◇お化粧の實演畫報……（二）

（1）自分で出來る着附（着色四頁）
（2）美顔マッサージ（四頁）
（3）白粉の上手なつけ方（四頁）
（4）顔の洗ひ方（四頁）
（5）顔の剃り方
（6）化粧下のつけ方
（7）印象的な眉の描き方（二頁）
（8）眼の化粧（二頁）
（9）口紅のつけ方（二頁）
（10）頰紅のつけ方（二頁）
（11）鼻の化粧（二頁）
（12）耳の化粧（二頁）
（13）襟足と生え際の化粧（二頁）
（14）手と腕のお化粧（二頁）
（15）髮の結び方（四頁）
（16）鏝のかけ方
（17）毛髮の休養法
（18）鏝を使ったウェーヴ（四頁）
（19）美髮となる髮直し
（20）爪磨き（二頁）
（21）理想的な齒の磨き方（二頁）
（22）女學生のお化粧（三頁）
（23）職業婦人のお化粧（二頁）
（24）流行の洋裝着附（二頁）
（25）中年婦人のお化粧

▲新型の職業婦人服二種
▲流行の子供帽子と上被
▲晩春から初夏の盛花と投入（着色四頁）
▲晩春から初夏の盛花と投入（單色四頁）
▲高畠華宵先生の鎌倉のお家（三頁）
▲五千圓で新築した中流模範住宅（三頁）
▲夫婦が揃って仲よく働く稼業（三頁）
▲五月人形の飾り方（三頁）
▲飛行機の出來るまで（四頁）
▲バリカンの使ひ方（二頁）
▲臺所用品の實演展覽會誌上見學（六頁）
▲流行の絽の丸帶六百本贈呈の大懸賞……（二〇八）

◇（婦人と時局）滿洲國の成立から臨時議會まで……德富猪一郎
◇夫婦喧嘩の必勝法十ケ條……某匿名氏
◇臺所の愛國運動座談會……［本多りき子・中澤美代子・吉岡彌生・久布白落實・持地ゑい子］
○新滿洲國への移住就職成功の相談會……南滿洲鐵道株式會社
◇不良の我子を善導した母の經驗
（一）學校で盗みをする我子を死を以て改悛させた母の經驗……田中清子
（二）親の知らぬ間に不良化した中學生を眞面目にした母の經驗……岡村ふゆ子
◇（誌上問答）子供の上手な育方と躾け方
（一）低能兒と思はれる子供の上手な育て方……高良富子
（二）子供にお話を面白く聽かせる秘訣……細川武子
（三）金錢の大切なことを何う教へたらよいか……赤井米吉

図1-9

図1-9：『主婦之友』1932年5月号の目次（一部）。同号には、徳富猪一郎（蘇峰）による「〈婦人と時局〉満州国の成立から臨時議会まで」の寄稿や、「新満州国への移住就職成功の相談会」といった時局記事の一方で、「お化粧の実演画報」という口絵（グラビア）が約40頁にわたり掲載されている。「手と腕のお化粧」の水の江瀧子は、これが『主婦之友』初登場。表紙絵を手がけた松田富喬の名とともに裏表紙は多田北烏画と目次にも並記されていた。1933年からは表紙のみ製作者を記載した。❖『主婦之友』1932年5月号

図1-10

図1-10：「お化粧の実演画報」のトップページ。広告と記事の境界線はあいまいだ。女優は松竹の川崎弘子。その左には「マスターバニシングクリーム」の漫画広告。漫画中央には及川道子の姿が見える。「画報（グラビア）」は女優たちがモデルとなって化粧指南を行う特集記事である。このグラビア頁には適宜広告が挟みこまれた。化粧指南を行ったのは有名美容家の、千葉益子、大澤たけ、柳村マサジ、マリー・ルイズ、小口みち子、メイ牛山、篠澤愛子、遠藤波津子の名が並ぶ。❖『主婦之友』1932年5月号

に新鮮味を与えている。

それにしても顔も首も必要以上に白い。「色の白いは七難隠す」とあるように、この頃の女性たちにとって美とは何よりも色白であることであった。「美顔」に見えるように「白粉」を塗るのであり、少しでも白く見えるようになれる商品であることが大切だったようだ。今日のホワイトニングも真っ青の、色白美人が極端に礼賛される化粧品広告の時代であった。

桃谷順天館は1885（明治18）年、和歌山創業、現在は大阪に本社を構える化粧品メーカーである。1887（明治20）年に「にきびとり美顔水」がヒットし、世に名を知られた。当時は「美顔」シリーズの化粧品が看板商品であった。

多田北烏の美人画広告

次に、多田北烏が手がけた一連の『主婦之友』の裏表紙広告を見ていこう。北烏は1930年代に入ってから1932年12月号まで、桃谷順天館の化粧品広告のための美人画を手がけた画家である。

多田北烏は「ただ・ほくう」と読む。1889（明治22）年、長野県松本市で生まれ、13歳の時に画家を目指して上京する。日本画に加えて洋画も学ぶが、広告デザインに目覚めたことをきっかけに、東京高等工業学校工業図案科に入学した。

1922（大正11）年に日本のデザインスタジオとして先駆的な「サン・スタジオ」を設立し、1929（昭和4）年には「実用版画美術協会」を結成している。日本の「商業美術」、つまり商品宣伝のための複製画の原案やデザインを手がけた、代表的な画家でもあり図案家（当時の広告制作者の呼び名）でもあった。戦前のキリンビールの美人画ポスターをはじめとして、その女性像は誰もが一度は目にしたことがあると言われるほどである。昭和初期には婦人雑誌の表紙もたびたび手掛け、また『キンダーブック』では挿絵も数多く描き、童画家としても知られた。

1948（昭和23）年に死去した北烏の弟子に堀内治雄がいた。その息子が、1970（昭和45）年創刊の日本の先駆的女性ファッション誌『an・an』（平凡出版、現・マガジンハウス）創刊にあたってアート・ディレクターを務めた堀内誠一であった。[※5] 堀内治雄は多田北烏のサン・スタジオをまねてレインボー・スタジオをつくり、堀内誠一はそこで育った。

「美人画」とは、当時特にポスター起用するために描かれた女性像の総称である。そうした美人画ポスターの代表的存在が、三越の元禄美人であろう。三越が呉服店からデパートメント・ストア（百貨店）として生まれ変わった1907（明治40）年、東京勧業博覧会に先立つ約1ヶ月前に、石版、色刷りで「東京に来て博覧会を見ざる人ありや　博覧会を見て三越を見ざる人ありや」の文案（浜田四郎作）を入れ、元禄美人画（モデルは新橋芸妓清香）のポスターを発表し好評を得た。1911（明治44）年に行われた同社の懸賞ポスターでは、橋口五葉の美人画が入選した。

ポスターといえば美人画という暗黙の了承が、すでにできあがっていったが、しかしこの美人画たちは広告の機能、つまり商品を宣伝する存在としては不評だった。当時「広告のなかの画像（イメージ）」と「芸術作品」との間には明確な区分がなかった。そもそもなぜポスター（＝広告）に美人たちが描かれたのかといえば、簡易な贈答品として機能していたためである。[※6] 自社製品を置いてもらい、商品を扱い売ってくれるかは店主の一存にかかっていた。店に対するサービスとして店内に飾ることのできる「作品」が美人画ポスター

5．堀内誠一『父の時代・私の時代——わがエディトリアル・デザイン史』1979年、日本エディタースクール出版部（2007年、マガジンハウス）。
6．竹内幸絵『近代広告の誕生——ポスターがニューメディアだった頃』2011年、青土社。
7．小川正隆「ポスター百年の覚書」東京アートディレクターズクラブ編『日本の広告美術——明治・大正・昭和1　ポスター』1967年、美術出版社、14頁。

だったわけである。つまり、ポスターには宣伝の訴求力というより、絵画としての芸術性に価値が見いだされていたわけである。文化的意義のある芸術作品の代替物という意味を多分に含んでいたのである。ポスターにおける商品宣伝の機能は二の次であったため、「ほとんどが商業広告として一般の人たちの心にアピールしようということより、絵画による甘美なムードによって、人の目をひきつけようという意識ばかりが先行していた[※7]」、とも言われた。

裏表紙とはいえ、それも雑誌の「顔」のひとつである。1932（昭和7）年までの『主婦之友』の裏表紙を飾った美人画にもそうした側面があったといえるだろう。

美人画ポスターは商品を広く世に知らしめるという広告的役割よりも、むしろ絵画として鑑賞されることを目的としていた。それは当時のポスター作成方法とも関連している。当時は、画家の描き起こした下絵に広告主のロゴや店名、商品名を上書きする形式をとっており、ポスター全体としての構図、つまり「アートディレクション」は意識されないのが一般的であった。企業に美人画を依頼された画家たちは、その意識として「美人」を素材とした「絵画」を描いていたのであって、「広告」を描いていたわけではなかったからである。それは裏表紙上部には多田北烏の描く美人画、下部に商品名が記載されるという構図からも見て取れるだろう。

図1-11

図1-11：「生地まで美しくする」。その「生地」とは素肌のこと。化粧水でありながら白粉という、1本で二つの効果あり。モガがモデルの「白色美顔水」広告。❖『主婦之友』1931年5月号

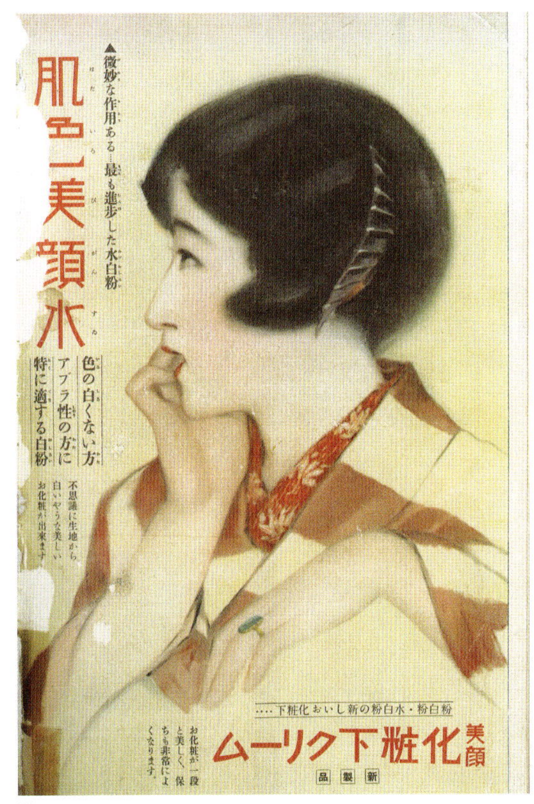

図1-12

図1-12：1931年11月号以前の裏表紙広告。満洲事変以前以後でも表現に大きな変化はない。「色の白くない」、「（化粧崩れしてしまうような）アブラ性」の人にお勧め！「微妙な作用ある･･･最も進歩した水白粉」。❖『主婦之友』1931年4月号

図1-13

図1-14

図1-15

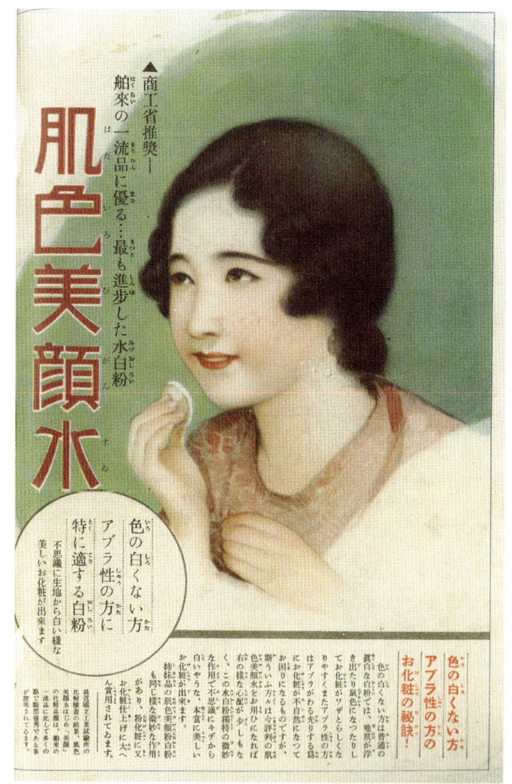

図1-16

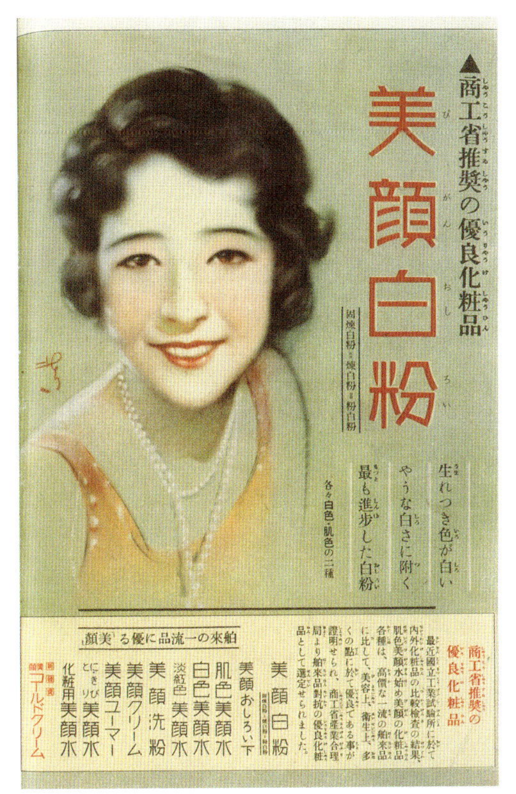

図1-17

図1-18

図1-13：多田北烏らしい、幼さの残る女性像。「色の白くない方　アブラ性の方のお化粧の秘訣！」を紹介した「肌色美顔水」広告。❖『主婦之友』1932年1月号

図1-14：帽子は流行のモダンガールイメージに必須のアイテム。「生まれつき色が白いような白さに付く最も進歩した白粉」の「美顔白粉」広告。❖『主婦之友』1932年2月号

図1-15：「白粉と化粧水の二重作用」、「化粧水を兼ねた…類のない白粉」「白色美顔水」裏表紙広告。❖『主婦之友』1932年3月号

図1-16：「舶来の一流品に優る…最も進歩した水白粉」の「肌色美顔水」広告。❖『主婦之友』1932年4月号

図1-17：ノースリーブのイブニングドレスを着たモダンガールの笑顔が目を引く「美顔白粉」広告。❖『主婦之友』1932年5月号

図1-18：「商工省選定の……欧米品に優る水白粉」の「白色美顔水」広告。「舶来品に劣らない」、「外国品に比べても優秀」をうたうコピーは当時流行ったキャッチコピー。商工省の展開する国産愛用品運動の影響もうかがえる。❖『主婦之友』1932年6月号

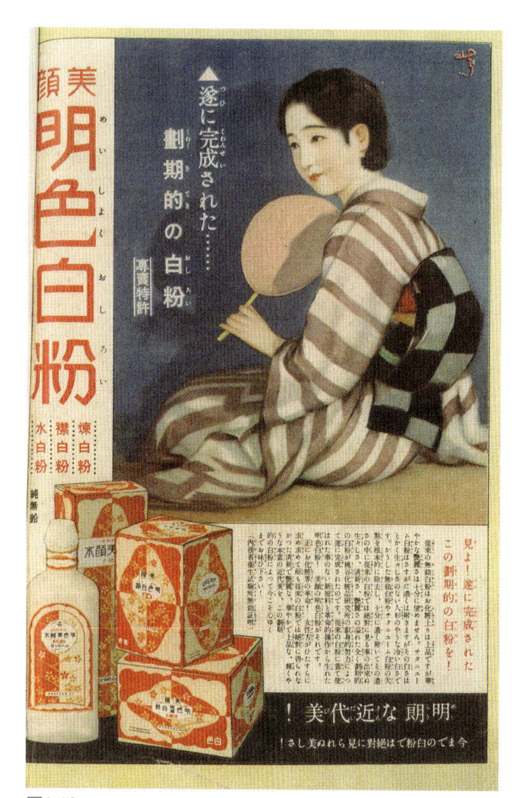

図1-19

図1-20

図1-21

図1-19：当時の商品パッケージを掲載。「遂に完成された……画期的の白粉」、「明朗な近代美！　今までの白粉では絶対に見られぬ美しさ！」という新発売の「美顔明色白粉」広告。❖『主婦之友』1932年7月号

図1-20：モデルの女性は洋装だが、煉白粉、襟白粉、水白粉は和装用の化粧品。丸の内美容院の山野千枝子が推薦、「試用して驚嘆」の美顔シリーズ「明色美顔白粉」の証言型広告。❖『主婦之友』1932年8月号

図1-21：「白粉界の驚異！　夏でも不思議な程化粧くずれのせぬ珍しい白粉！」の「明色美顔白粉」広告。❖『主婦之友』1932年9月号

図1-22

図1-24

図1-23

図1-22：「化粧水を兼ねた最も進歩した水白粉」の「白色美顔水／肌色美顔水」広告。❖『主婦之友』1932年10月号

図1-23：洋装と和装の二人の女性の「街頭風景」。化粧品広告では異なる衣装を身にまとった「双美人」は定番のモチーフ。色味はまだ「白色」と「肌色」の二種のみ。「明色美顔白粉」広告。❖『主婦之友』1932年11月号

図1-24：おかま帽をかぶったモダンガール。「目の覚めるような明るい感じ！　いかにも朗らかな近代的な感じ！」の「明色美顔白粉」広告。❖『主婦之友』1932年12月号

和服の美人は白い顔

「色の白いは七難隠す」の諺どおり、素肌から「白くなる」ことこそが美しくなることだ、と宣伝した広告は数知れない。ここではそうした化粧品広告の典型的な例を紹介しよう。

北鳥の手がけた「白色美顔水」や「明色美顔白粉」らの広告の女性の多くが和装であるように、1930年代初期には和装を想定した化粧品広告が中心となっている。和服では、顔や首や手だけが外から見えるが、それらが「白く」「美しく」見えることが大切だった。

その際、少しでも色白でありたい、あろうとする消費者の望みに訴えかけた化粧品たちは、その美しさをどのように表現したのだろうか。それらの広告は、「白色美」をイメージとして体現したものもあれば、科学的であることを説明したり、色白くないことがいかに問題かを訴えかけたりと多様である。色が白くなることをうたった薬品広告も一般的だった。

何かを摂取することによる作用で白く美しくなることを強調する広告がある一方で、きれいに何かを洗い流せば白く、美しくなるというタイプの広告もあり、あの手この手で、「美白（きれい）」を実現しようと訴えていたのである。

図1-25

図1-26

図1-25：「生まれつき色が白いような白さに付く最も進歩した白粉」。多田北烏による「美顔白粉」裏表紙広告。❖『主婦之友』1931年11月号

図1-26：「美白」をうたう広告は今日でも多いが、その元祖とも言える「魅力と色白さとスターと白美液」広告。発売元は、東京京橋区役所際電車通／白美化粧品研究所／橋本徳治郎商店。及川道子、田中絹代、入江たか子、栗島すみ子らも登場。同社広告は常に懸賞付きなのが特徴。❖『主婦之友』1931年11月号

図1-27

図1-28

図1-29

図1-27：どのような白粉であっても基調は「白色」だが、次第に色味は増えていく。「お頭〔つむ〕から爪先までお化粧はレートで」の「レート化粧料」広告。❖『主婦之友』1932年１月号

図1-28：白粉といえば伊藤胡蝶園。元祖無鉛白粉の「御園白粉」が代表的商品。「お肌の素地〔きじ〕から色白く美人になる」新商品の「水白粉」。無鉛でチタニューム配合、「今までの白粉と違って実に明るい朗らかな」「御園水白粉」広告。❖『主婦之友』1932年6月号

図1-29：「日活スター化粧室打ち明け話」。一見、取材記事のようだが、「キット色白く肌滑らかになる」ための「ラブミーボンナ」の3頁におよぶ広告の冒頭。❖『主婦之友』1932年3月号

図1-30

図1-30：図1-29に続く「ラブミーボンナ」広告の2-3頁目。和装から洋装まで数多くの品ぞろえ。❖1932年3月号

図1-31

図1-32

図1-33

図1-31：明治時代から続く平尾賛平商店のレート化粧品は、松竹の川崎弘子を起用した。「ほのぼのと白いお顔に」「一刷きのほほ紅」が女性に可憐さを与える。「レート水白粉／頬紅」広告。❖『主婦之友』1932年9月号

図1-32：昭和創業の久保政吉商店は、自社ブランドのウテナ化粧品広告に人気の新劇で活躍中の水谷八重子を起用。「色白くなる」を雪にシンボライズしたウテナの「バニシングクリーム」広告。❖『主婦之友』1932年12月号

図1-33：もちろん白さは洋装においても大切。水谷八重子の「色白く、いつも美しく」の「ウテナ雪印〔バニシング〕クリーム」広告。❖『主婦之友』1931年12月号

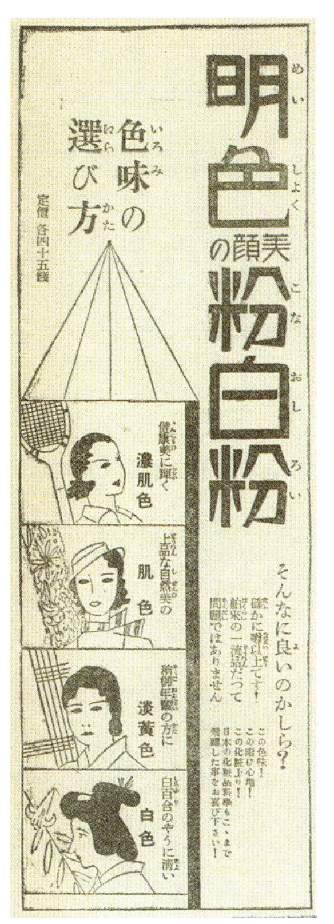

図1-34

図1-34：白粉の色味の使い分けが明快に図解されている。どの化粧品においても徐々に白粉の色味は多様化していくが、やはり白粉の「白色」は「白百合のように清い」日本髪の女性にふさわしい。多田北烏の美人画広告からの転換が見られる「明色美顔の粉白粉」広告。❖『主婦之友』1933年7月号

図1-35

図1-35：「濃くついて汗にとけず衿も汚さぬ」ことが、日本髪の女性の化粧では大切である。もちろん顔は「白い」に越したことはない。和装にふさわしい「アイデアル衿白粉」広告。❖『主婦之友』1933年7月号

洗浄力が要の洗粉広告

顔を白く美しくするためには、どのような手入れが必要か。そのためにはまず、きれいに汚れを洗い流すことが必須となる。それに必要な化粧品を一般に洗顔料と呼ぶが、当時の代表的洗顔料が「洗粉」である。

「あらいこ」とは今日では聞きなれない名称かもしれない。洗粉の歴史は、江戸時代に始まったと言われ、小豆や大豆をうすでひいてパウダー状にして香料を加え、小袋に入れて使用する。石けんとは異なる美容用の洗顔料の先駆である。

明治に中山太陽堂が手掛けた「クラブ洗粉」が大ヒット商品となったことで、大正以降もさまざまな化粧品メーカーから洗粉が登場した。現在ではヘチマコロンの姉妹品である「アヅキ洗粉」や、詩人の金子光晴が命名した「モンココ洗粉」をはじめ、さまざまな「洗粉」広告が『主婦之友』一誌においても掲載されている。風呂での使用をイメージさせるためか、洗粉広告には半裸の女性像が描かれることが多かったようだ。

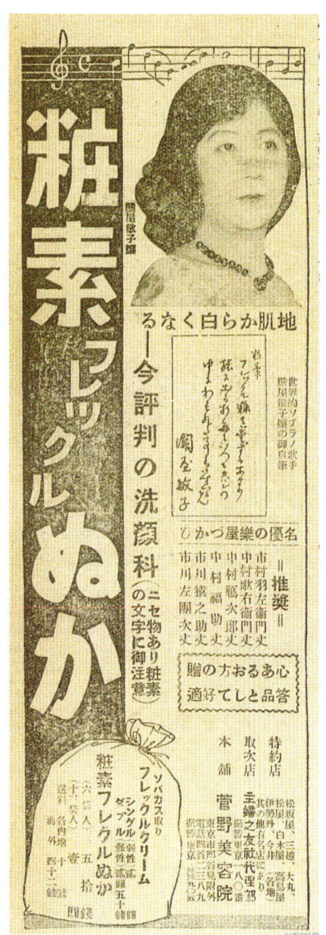

図1-36

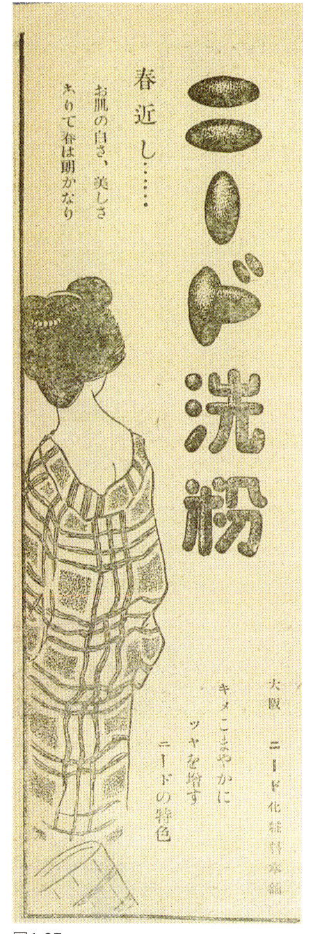

図1-37

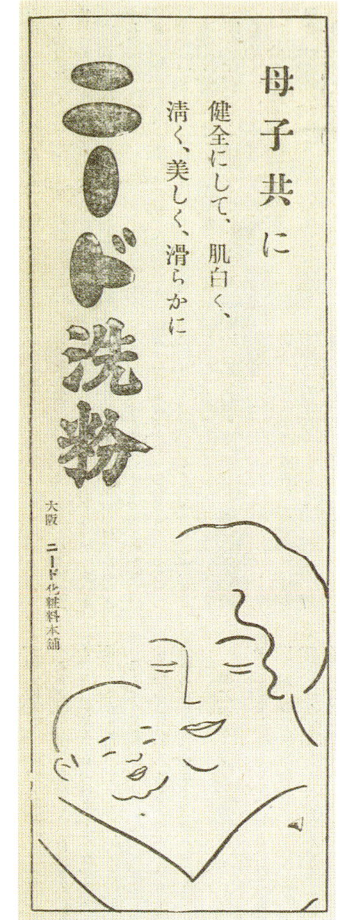

図1-38

図1-36：「世界的ソプラノ歌手　関屋敏子嬢」の自筆メッセージ入り。「ニセ物あり　粧素の文字にご注意」とあるように、主婦之友社代理部をはじめ、有名百貨店が名を連ねる特約店からの購入をうながした。「地肌から白くなる——今評判の洗顔料」の「粧素フレックルぬか」菅野美容院広告。❖『主婦之友』1931年12月号

図1-37：「ニード化粧料」は、1898年創業の大阪市の化粧品会社で、1910年には「ぬか袋」に新しいタイプの美容素を加えた自然派の「ニード洗粉」の製造販売を開始した。現在も「ニードぬかっこシリーズ」としてその名が受け継がれている。「春近し……お肌の白さ、美しさありて春は朗らかなり」の「ニード洗粉」広告。❖『主婦之友』1932年3月号

図1-38：洗粉は白さだけでなく、衛生的であるために必要な商品でもある。親子ともに健康にする効能をうたう「ニード洗粉」広告。❖『主婦之友』1932年6月号

図1-39

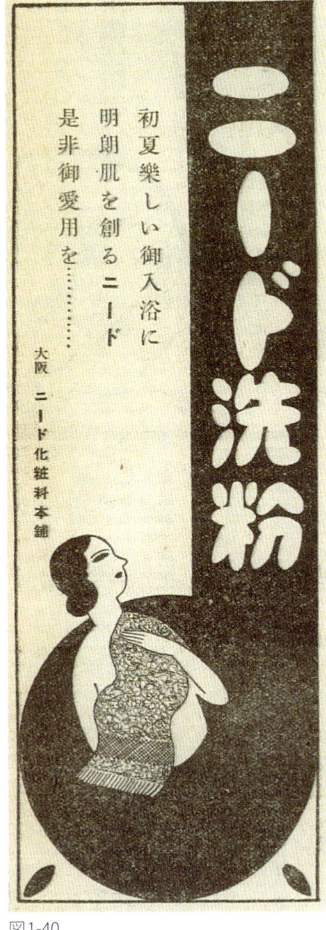

図1-40

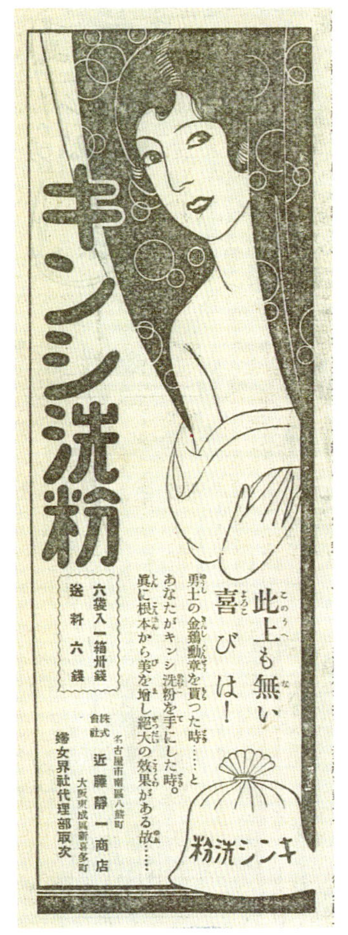

図1-41

図1-42

図1-39：豊満な乳房が印象的な「ニード洗粉」広告。❖『主婦之友』1932年8月号

図1-40：「初夏楽しいご入浴に」。同じく「ニード洗粉」広告。❖『主婦之友』1933年6月号

図1-41：「キンシ」は「金鵄勲章」から採られたのか。手にすれば「この上もない喜び」の「キンシ洗粉」広告。❖『主婦之友』1932年5月号

図1-42：日本人に適した「キンシ香水入髪洗粉〔シャンプー〕」広告。❖『主婦之友』1932年8月号

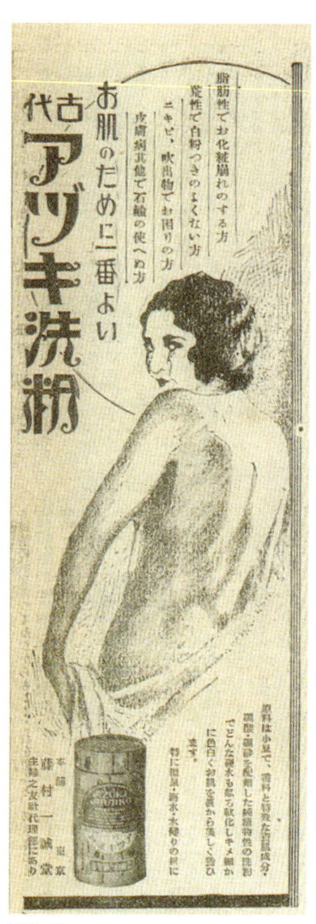

図1-43

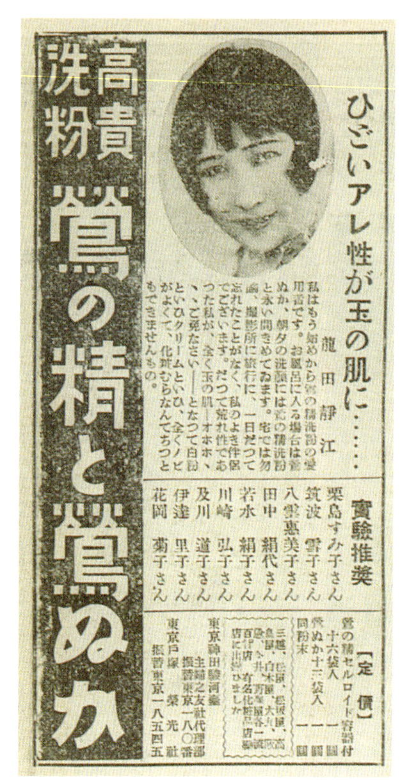

図1-44

図1-45

図1-46

図1-43：裸婦のデッサンがモチーフの「お肌のために一番よい　古代アヅキ洗粉」広告。❖『主婦之友』1932年5月号

図1-44：龍田静江の推薦文をはじめ、実験推奨には女優が名を連ねている。もちろん主婦之友社代理部取扱い商品。「高貴洗粉　鶯の精と鶯ぬか」広告。❖『主婦之友』1932年6月号

図1-45：昭和元年発売の「モダン髪洗粉」広告。洗粉と言いながら「植物性シャンプー」を指す、石けん成分を持つ洗粉。商品名に「シャンプー」という語を最初に用いたのが葛原工業所のこの「モダン髪洗粉」である。主婦之友社代理部取次品。❖『主婦之友』1932年4月号

図1-46：現在われわれが目にする「シャンプー」の容器とは異なるが、同じく「モダン髪洗粉〔シャンプー〕」広告。❖『主婦之友』1932年8月号

図1-47

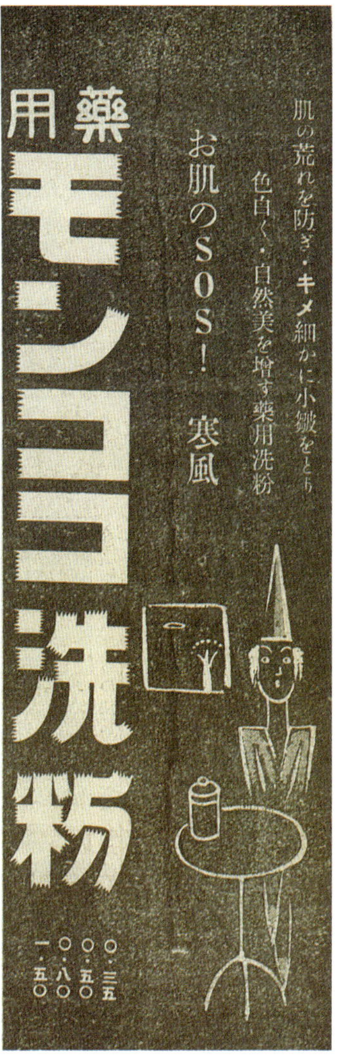

図1-48

図1-49

図1-47：日本髪は洗うのが大変、だからこそ汚れ落ちの良さが大事。帝劇女優一期生の森律子も推奨する「イワヤ髪洗粉」広告。❖『主婦之友』1932年5月号

図1-48：モンココ洗粉本舗は1932年創業の化粧品会社だが、その歴史は短く、戦後間もない1951年には廃業している。ただ同社の創業者が詩人の金子光晴の実妹で、金子光晴自身も同社の宣伝部で働いていたことで、その名を知る人も多い。光晴の評伝を書いた茨木のり子によると、「モンココ」なる社名（ブランド）を考えたのも、金子光晴本人とのこと。海外滞在歴の長い金子が、フランス語で「かわいこちゃん」を意味する「モンココ」と名付けた。当時、人気の海外化粧品といえばフランス製。そうした連想からとられたともいえるネーミング。日本人に愛される化粧品を目指したともいえようか。「モンココ洗粉」広告。❖『主婦之友』1933年12月号

図1-49：当時の洗粉は小袋に入っており、その小袋で肌を磨く化粧料であった。そのため、各洗粉広告には小袋のイラストが描かれた。「姫の友洗粉」広告。❖『主婦之友』1933年11月号

第2章
雑誌広告へのモダンデザイン台頭

1933（昭和8）年1月号『主婦之友』の裏表紙は、それまでの多田北鳥の美人画をやめ、新たな広告掲載に踏み切った。登場したのは、「ヘチマコロン」広告である。その見た目の印象は180度変わっている。いわば美人画からモダンデザインへと舵が切られたのだ。同時に、『主婦之友』の目次からは、裏表紙広告を手がけた画家の名前のクレジットが消えた。それは、雑誌主導から、広告主が主導する広告制作への変化と見なせるであろう。

その「ヘチマコロン」の発売は、1915（大正4）年。販売は、当時、東京随一の小間物商と定評のあった天野源七商店を通じて開始された。ヘチマコロンというネーミングについては、製造創始者とされる安永秀雄（1892〜1972年）の遺稿によれば、「何とか独自の商品を作り、宣伝を思い切ってやりたいと思い続け、当時化粧品のうちでは、オーデコロンというフランス製の化粧水が、全国的に有名でした。そこでヘチマの商標を持っていた谷さんという人からヘチマの商標を三百円で譲り受け、それに語呂のよさからオーデコロンのコロンを取り入れヘチマコロンの商標を考えた[※8]」のだという。

オーデコロンとはフランス語でeau de Cologneと書き、香水parfumeよりも弱い芳香を特徴とする。翻訳すれば「ケルンの水」の意であるが、元々は気分をリフレッシュさせる「驚異の水」としてドイツのケルンで商品化され、フランスで大流行した。そのため、「ヘチマコロン」では意味をなさないのだが、当時人気の舶来化粧品の持つムードと、その響きの良さがネーミングにおいて取り入れられたといえるだろう。ヘチマコロンの展開した派手な商品宣伝のエピソード（たとえば「ヘチマコロンタクシー」など）は同社ホームページに詳しい。

昭和に入り次々と派手な商品宣伝を展開しはじめた「ヘチマコロン」は、『主婦之友』の主要な広告主でもあり、ユニークな表現の広告を数多く残している。

裏表紙進出前年のヘチマ

裏表紙に進出する前年には、すでに『主婦之友』誌面にモダンデザインを駆使した広告が掲載され始めていた。その面白い例を紹介しておこう。

図2-1

8．〈「ヘチマコロン」物語「第2話」〉http://www.hechima.com/story200709.html（2015年12月閲覧）。

図2-2

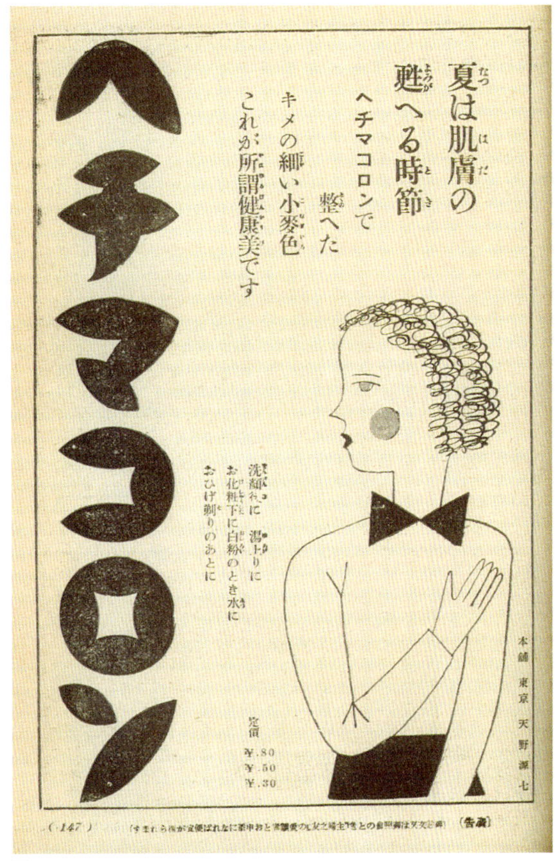

図2-3

図2-1：雪だるまもモダンなお顔。裏表紙進出前年の「ヘチマクリーム」広告。
❖『主婦之友』1932年2月号

図2-2：おかま帽をかぶったモダンガールの「ヘチマコロン」広告。❖『主婦之友』1932年2月号

図2-3：白さだけが美しさの指標ではない。小麦色の肌は健康美の象徴と見なされ、宣伝に取り入れられるようになる。満洲国が建国された年の夏の「ヘチマコロン」広告。
❖『主婦之友』1932年9月号

1933年『主婦之友』裏表紙のヘチマコロン本舗広告

「ヘチマコロン／クリーム」広告は、1933年から『主婦之友』の裏表紙に進出する。多田北烏の写実的な美人画から、単純化された女性像のイラストへの大転換である。それは、従来の『主婦之友』裏表紙広告イメージを刷新するものであった。こうした大きな変化は、果たして読者に受け入れられるのか。これにともない主婦之友社の広告部では、誌上でこの裏表紙のヘチマコロン新広告への読者の感想を募ったほどである（図2-5参照）。

ヘチマのイラストを手がけたうちの一人に、日本におけるグラフィックデザイナーやエディトリアルデザイナーの草分け的存在と言われる河野鷹思（こうの・たかし、本名・河野孝）がいた。1906（明治39）年東京・神田に生まれ、東京美術学校（現・東京藝術大学）図案科在学中の1929（昭和4）年、松竹の宣伝部に入り、ポスターを主として制作しながら、映画美術や演劇・舞踏の舞台美術も多数手がけた。のちに名取洋之助の日本工房にも参加しており、国策グラフ雑誌『NIPPON』において、レイアウトやグラフィックデザインなども担当した人物である。1940（昭和15）年から1941（昭和16）年にかけては、日本写真工芸社にも加わり、『VAN』と『NDI』という対外宣伝誌のデザインを担当した。※9

9.『名取洋之助と日本工房——1931-45』白山眞理・堀宜雄編、2006年、岩波書店。

図2-4

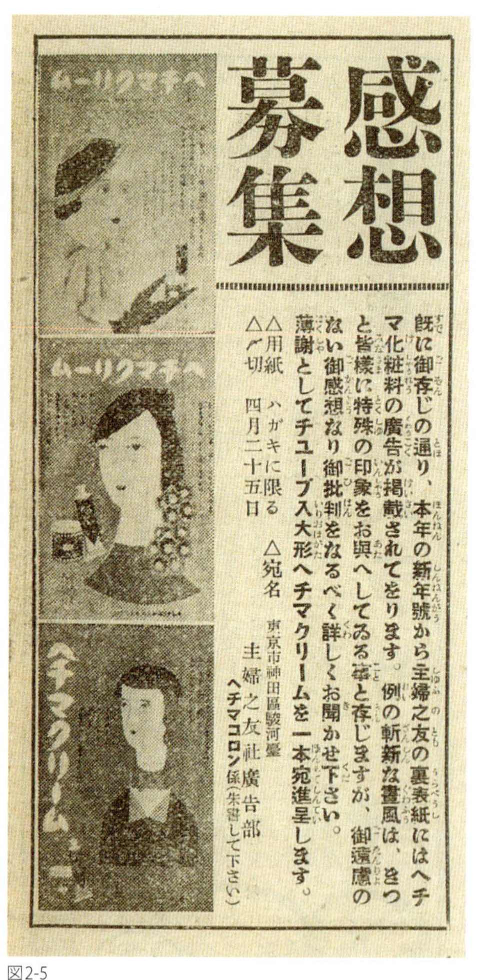

図2-5

図2-6

図2-7

図2-8

図2-4：短髪に細い眉、赤い口紅、そして「おかま帽」をかぶった、ヘチマ流モダンガール像。❖『主婦之友』1933年１月号

図2-5：『主婦之友』に掲載された「ヘチマクリーム」広告に関する「感想募集」記事。❖『主婦之友』1933年4月号

図2-6：「もっと・かならず・美しくおなりになれます　ヘチマクリームさえお使い下されば……」。❖『主婦之友』1933年2月号

図2-7：ヘチマコロン広告のイラストに登場するのは、日本人とも欧米人ともつかない洋装の女性。❖『主婦之友』1933年3月号

図2-8：「外国人さえその品質の良さを不思議がる」。日本における「国民的化粧水」、それが「ヘチマコロン」。❖『主婦之友』1933年４月号

図2-9

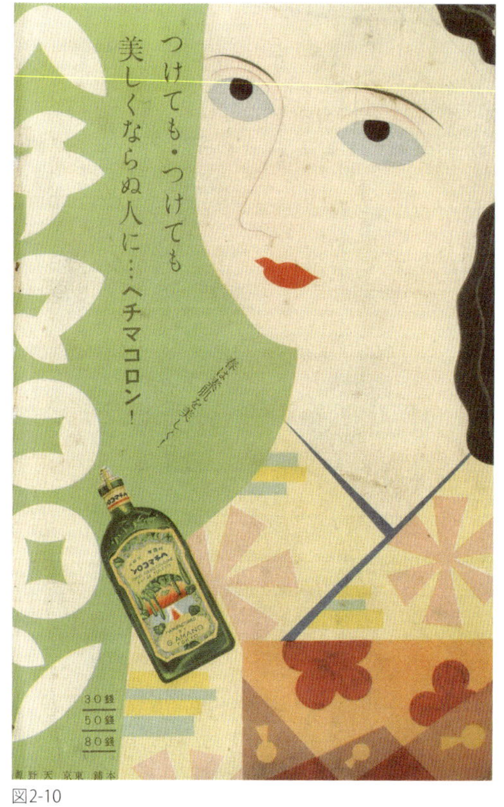

図2-10

図2-11

図2-12

図2-13

図2-9：「処女のお肌」「個性美」「手軽に」「健康色」など、素肌の美しさを多様に表現する。❖『主婦之友』1933年５月号

図2-10：図案化された、和装の女性像。「つけても・つけても美しくならぬ」なら、「ヘチマコロン」で「素肌を美しく！」。❖『主婦之友』1933年６月号

図2-11：浴衣黒髪の女性像。「お化粧のとき水に」とあるのは、固形白粉を柔らかくするための使い方。❖『主婦之友』1933年7月号

図2-12：夏が終われば、日焼けからの「快復」のための「お肌のお手入れ」が欠かせません。❖『主婦之友』1933年9月号

図2-13：夏といえば水着の女性なのは、今も昔も変わらない。当時すでに、夏の海水浴は健康な女性を表現する代表的イメージであった。❖『主婦之友』1933年8月号

図2-14

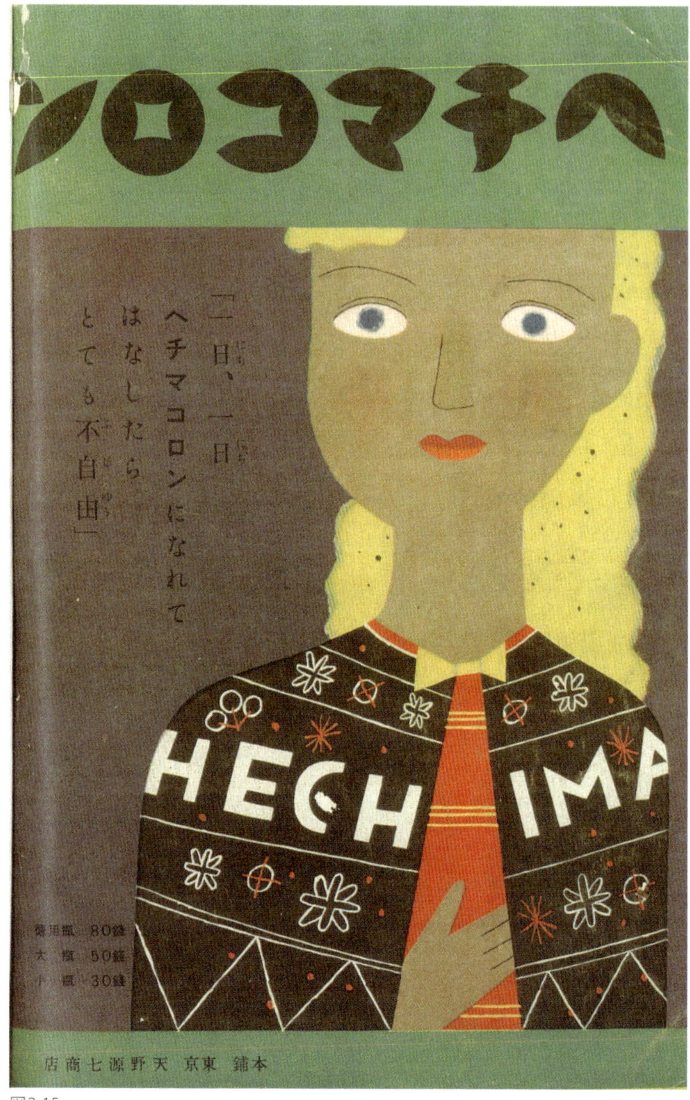

図2-15

図2-16

図2-14：女性だけではない。皆に愛されてこその化粧水。男性のひげそり後、乾燥しやすい子供の肌にも。金髪女性像が印象的。❖『主婦之友』1933年10月号

図2-15：「一日、一日　ヘチマコロンになれて　はなしたら　とても不自由」を表現したのか？　珍しい白肌ではない少女像の広告。❖『主婦之友』1933年11月号

図2-16：帽子の「HECHIMA☆COLOGNE」と首元のリボンの「R」がかわいい金髪の女性像。❖『主婦之友』1933年12月号

モダンデザイン広告 1931−1933

「クラブ洗粉」で知られる化粧品メーカーの中山太陽堂（現・クラブコスメチックス）は、1922（大正11）年に化粧品宣伝のためのPR誌を編集発行した雑誌出版社でもあった。今日では資生堂が同様の『花椿』を刊行しているように、化粧品メーカーと雑誌メディアには親和性が強い。

それは単に商品宣伝のためだけではなく、流行に敏感であるためや、独自の商品パッケージ・デザインを生み出すためなど、消費者とのコミュニケーションを円滑にするためのメディアを必要とするからなのだろう。

こうしたメディアで活躍したのが、独自の芸術性を備えた意匠家でありデザイナーたちであった。中山太陽堂が起こした「プラトン社」では、女性文芸誌『女性』を創刊し、翌1923（大正12）年には、文芸雑誌『苦楽』も世に送り出した。これらはアール・デコ調の装丁で彩られた、デザイン史にその名を残す雑誌であったが、とりわけ同誌で活躍し、後に資生堂でパッケージのデザインを手がける山名文夫は有名だ。1928（昭和3）年にプラトン社は廃業したものの、モダンデザインは化粧品広告に必須の意匠として、1930年代に花開いていったのである。

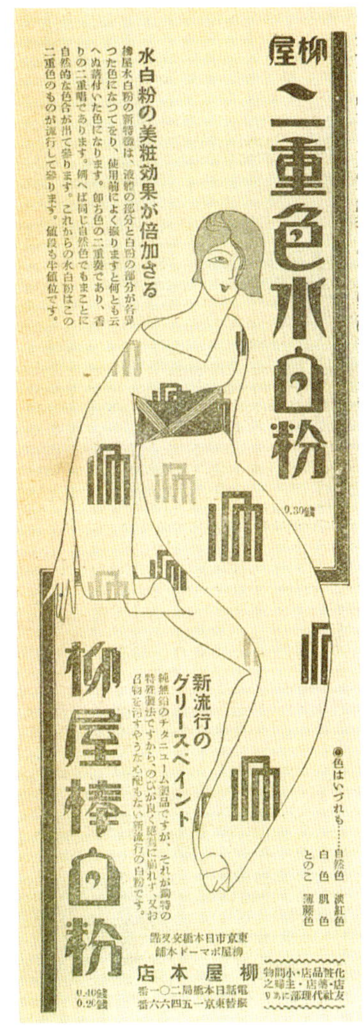

図2-17

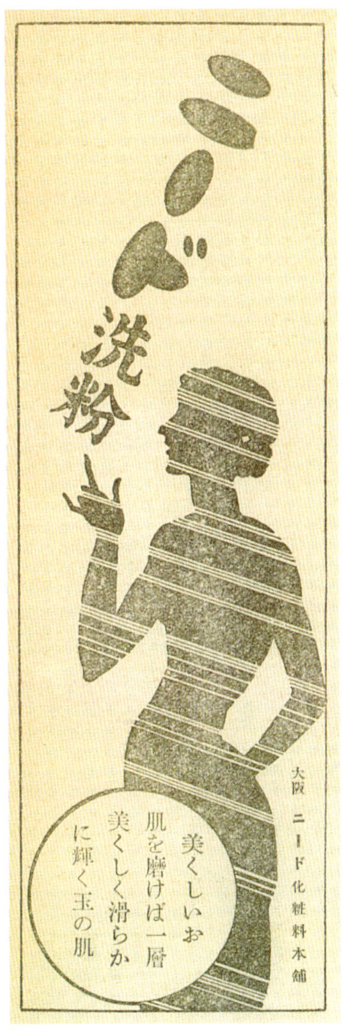

図2-18

図2-17：柳腰の断髪女性。「柳屋二重色水白粉／柳屋棒白粉」広告。主婦之友社代理部取扱い商品。❖『主婦之友』1931年12月号

図2-18：女性の柔らかな影とシャープな斜線を組み合わせた「ニード洗粉」広告。❖『主婦之友』1931年12月号

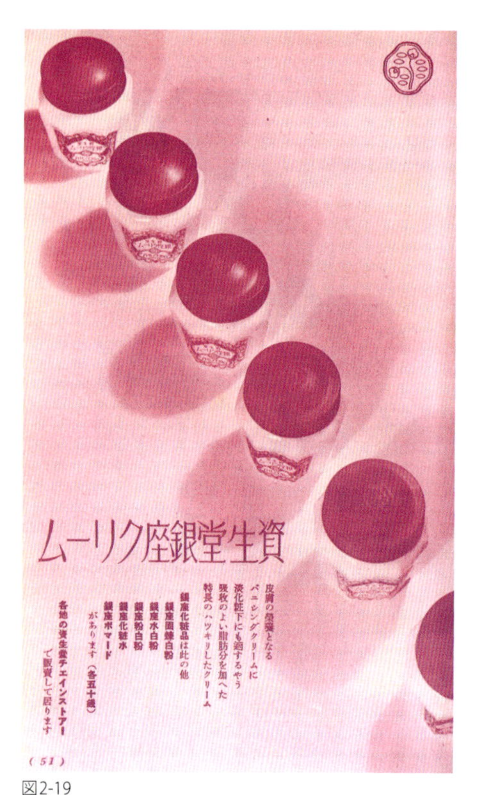

図2-19

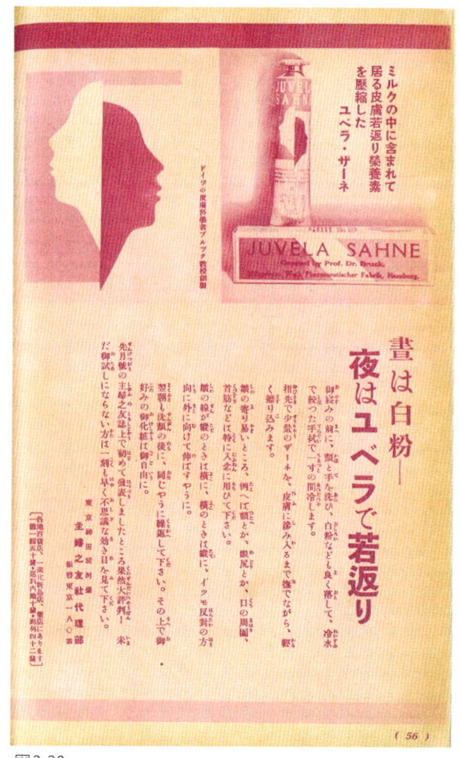

図2-20

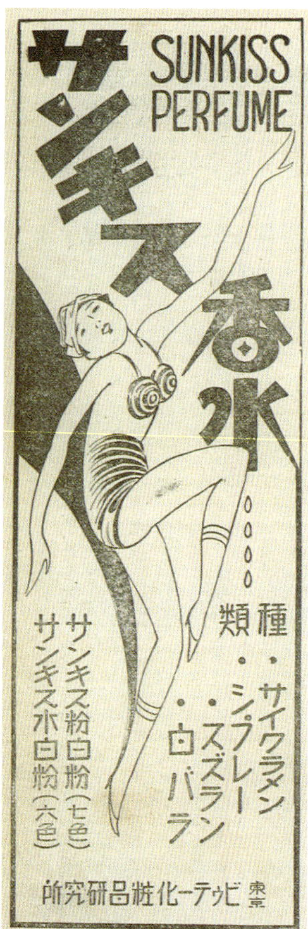

図2-21

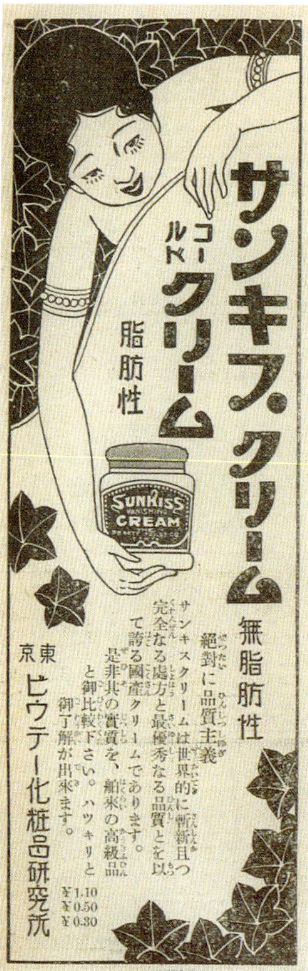

図2-22

図2-19：斜め一列に並べられた商品容器の陰影が印象的な「資生堂銀座クリーム」広告。❖『主婦之友』1931年12月号

図2-20：白と濃色の顔の対比で昼用・夜用を視覚的に表現した「ユベラ・ザーネ」広告。❖『主婦之友』1931年12月号

図2-21：少女歌劇の意匠が楽しい「サンキス香水」をはじめとする「ビゥテー化粧品研究所」広告。❖『主婦之友』1932年6月号

図2-22：こちらは妖艶な女性イラストの「サンキス」の「コールドクリーム」広告。❖『主婦之友』1932年11月号

図2-23

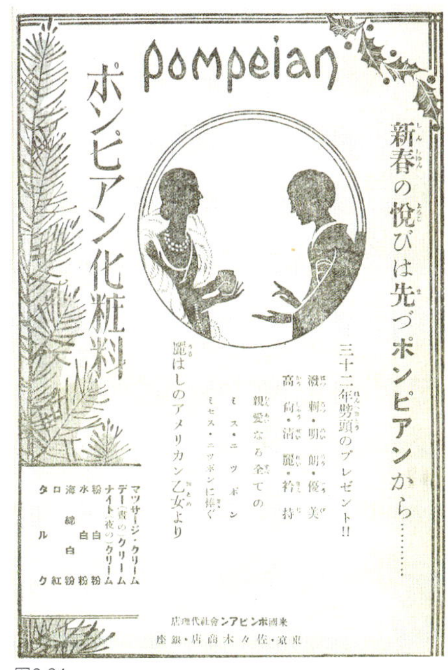

図2-24

図2-25

図2-26

図2-23：女性のイラストと商品値段のシンプルな構図。「ヘチマクリーム」広告。❖『主婦之友』1933年3月号

図2-24：洋装と和装の二人の女性の影を使ったデザイン。アメリカの「ポンピアン化粧料」広告。❖『主婦之友』1932年1月号

図2-25：ビアズレー風のイラストを中央に配置した資生堂「銀座固煉白粉」広告。❖『主婦之友』1932年3月号

図2-26：花弁と星印の配置が印象的な「ヘチマクリーム」広告。❖『主婦之友』1933年1月号

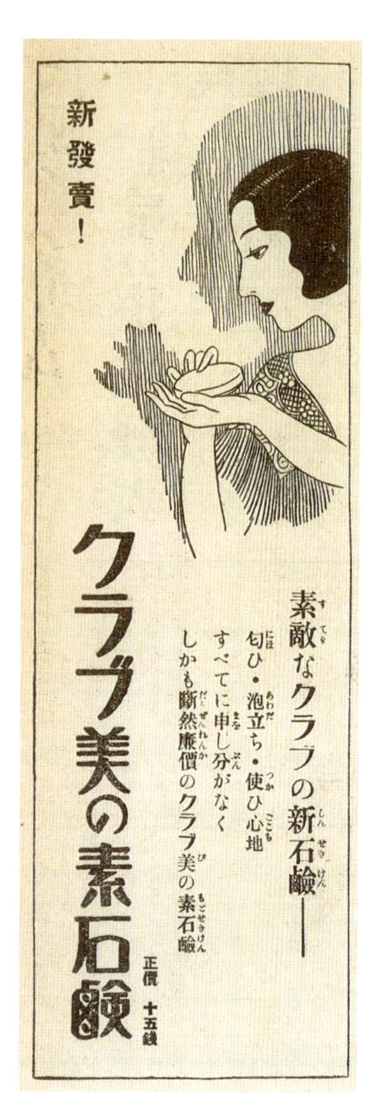

図2-27

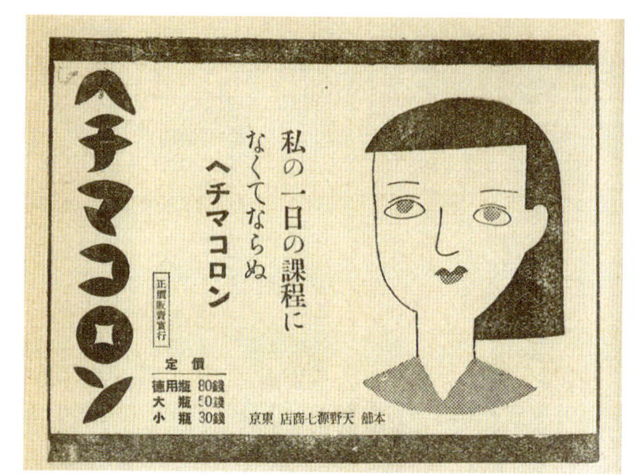

図2-28

図2-29

図2-30

図2-27：洋風にも和風にも見える美人による「クラブ美の素石鹸」広告。
❖『主婦之友』1933年12月号

図2-28：この時代の定番、おかっぱ頭の女性の「ヘチマコロン」広告。
❖『主婦之友』1933年12月号

図2-29：「はつらつとして　はつらつとして　そして　はつらつとして」。ボクサー女子の「ヘチマクリーム」広告。❖『主婦之友』1932年11月号

図2-30：妾〔わたし〕は「荒れ止め白粉下」に、僕は「ひげ剃りのあと」にと、「婦唱夫和」の「チューブ入　ヘチマクリーム」広告。❖『主婦之友』1932年11月号

図2-31

図2-31：フォントや商品配置に凝った「新しい女性の憧れ」の「ラブミー尖端色水白粉」広告。❖『主婦之友』1933年3月号

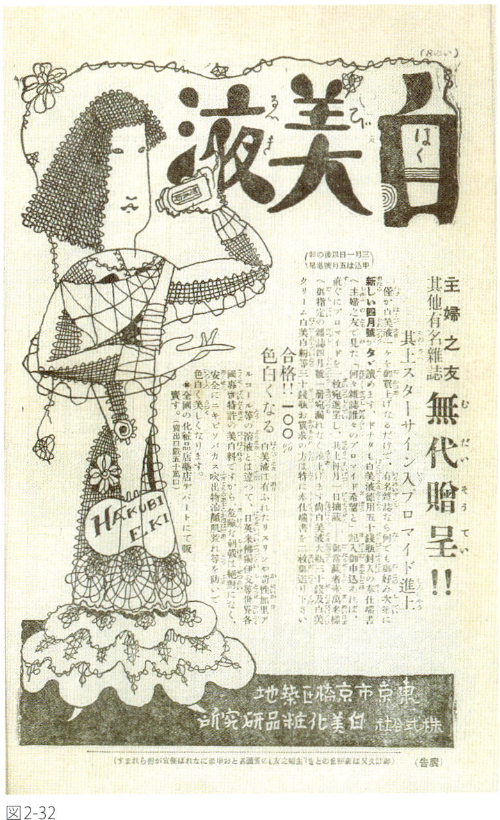

図2-32

図2-32：ドレスのモダンガール。雑誌贈呈やスターサイン入ブロマイド進上の懸賞も兼ねた「白美液」広告。
❖『主婦之友』1933年3月号

図2-33

図2-33：商品を模したチューブのイラストが印象的な「ヘチマクリーム」広告。❖『主婦之友』1933年12月号

図2-34

図2-34：「万人向化粧料！」もちろん和服の女性にも。「ヘチマクリーム」広告。
❖『主婦之友』1933年3月号

図2-35

図2-35：女性の黒髪が印象的な「髪洗い　モダン・シャンプー」広告。❖『主婦之友』1933年12月号

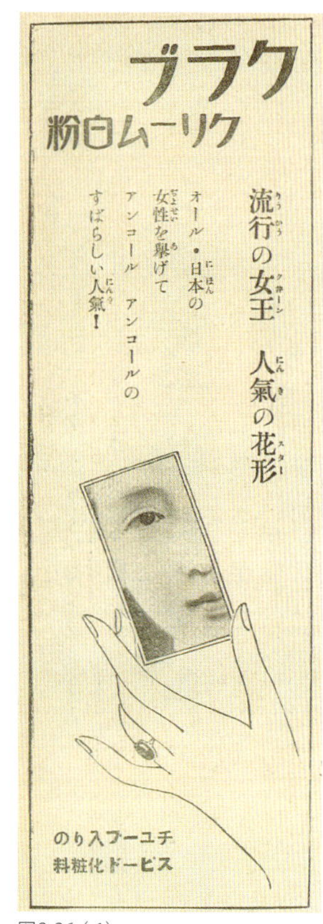

図2-36（-1）

図2-36（-2）

図2-36（-3）

図2-36：意匠の異なる三人の女性。「クラブクリーム白粉／クラブビシン／クラブ白粉」広告。❖三点とも『主婦之友』1933年11月号

図2-37

図2-37：綴じ込み広告のなかの「ヘチマコロン」と「ライラッククリーム／化粧水」広告。両広告にはさまれた真ん中の広告は「月経帯ビクトリヤ」で、デザインはマスター社の夫婦漫画広告に同じ。いずれも若い女性向けの商品広告。❖『主婦之友』1933年11月号

モダンガール広告

今日では、化粧品に限らず、女優やタレント、モデル等の女性を使って商品を宣伝することは当たり前のことだが、1930年代には新しい風俗であり、演出であった。

世の人の耳目を集めることが期待された女性モデルたちの登場は、1928（昭和3）年のことであった。きれいな着物を着て展示場に立ってイベントをＰＲする、生きた「マネキン」は、女性の新職業となっていく。同年、東京日本橋の高島屋が、百選会で女優の酒井米子、築地浪子に着物を着せてショー・ウィンドーに立たせた。マネキンたちはやがて職業としても自立し、1929（昭和4）年に東京マネキン倶楽部が設立されている。

マネキンガールにヒントを得て、専属の宣伝ガールを使ったのが資生堂である。1932（昭和7）年、「資生堂銀座石鹸」の発売にあたり、マネキンガール二人を一組として街頭広告を行った。東京の銀座通りをはじめ市内の盛り場を9月1日から1ヶ月余りにわたって練り歩かせたが、同社内では彼女らを「パラソルガール」と呼んでいた。

その先駆は、1920年代後半、すなわち昭和初頭に断髪におかま帽（婦人帽子のクロッシュ）、ドレスにハイヒールという出で立ちで登場し、世の話題をさらった「モダンガール」であろう。昭和初期においてその独自のファッションは社会的には好奇の目で見られ、それだけに誰もが知るひとつの「スタイル」となった。広告するモダンガールたちは、雑誌においても消費者の目をひきつける存在として積極的に活用されることになる。

図2-38

図2-39

図2-38：「クリーム美人」として、日活の映画女優、市川春代を起用した「美白カガシクリーム」広告。❖『主婦之友』1932年1月号

図2-39：「雪の如〔よう〕　清浄〔きよらか〕です。涼しく爽快〔さわやか〕です。地肌〔きじ〕から美しく色白くなるクリームです。」色白さはモダンガールにも必須の条件。目次裏掲載の「ウテナ雪印〔バニシング〕クリーム」広告。❖『主婦之友』1932年7月号

図2-40

図2-41

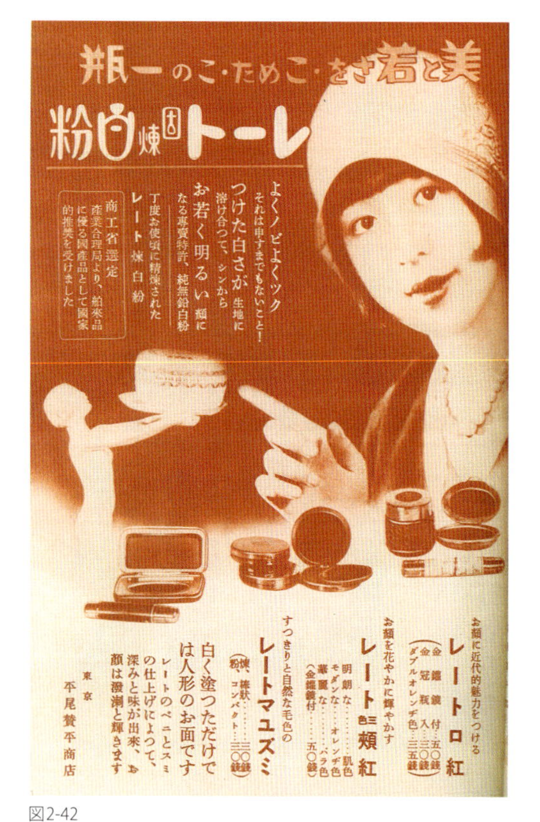

図2-42

図2-43

図2-44

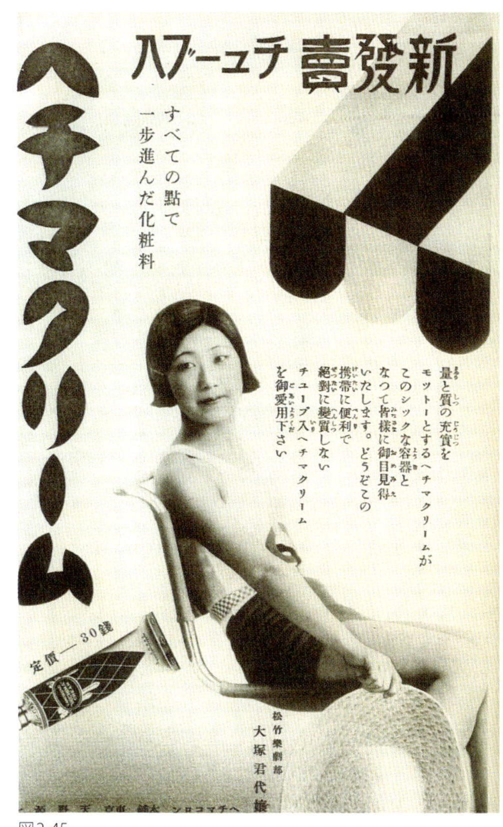

図2-45

図2-40：とくに若い女性層で需要を伸ばそうとしている。「カガシ美人」として起用されているのは、日活の市川春代。「はちきれる若さは今こそ燦然〔さんぜん〕とアナタの肌に輝く」カガシクリーム広告。
❖『主婦之友』1932年12月号

図2-41：カガシ粉白粉本舗は『少女の友』（実業之日本社）にも積極的に広告を掲載していた。「いきいきとモダンな少女化粧に…ほんのりと床しい通学化粧に…とても評判」だという「カガシクリーム」広告。
❖『少女の友』1933年6月号

図2-42：「美と若さを・こめた・この一瓶」の「レート固煉白粉」広告。「白く塗っただけでは人形のお面」だからと「レート口紅／頬紅／マユズミ」も同時に宣伝。
❖「『主婦之友』1932年 3 月号

図2-43：イラストによるデザイン広告のみではない。女性の写真を使った「ヘチマコロン／ヘチマクリーム」広告。❖『主婦之友』1932年7月号

図2-44：夏川静江が紹介する、「キット色白くする」「夏は片時も手離されぬ」「肌の守護神〔マスコット〕」である「ラブミーボンナ」広告。❖『主婦之友』1932年8月号

図2-45：夏といえば水着の女性。帽子を手にする断髪の大塚君代（松竹）による「ヘチマクリーム」広告。❖『主婦之友』1932年8月号

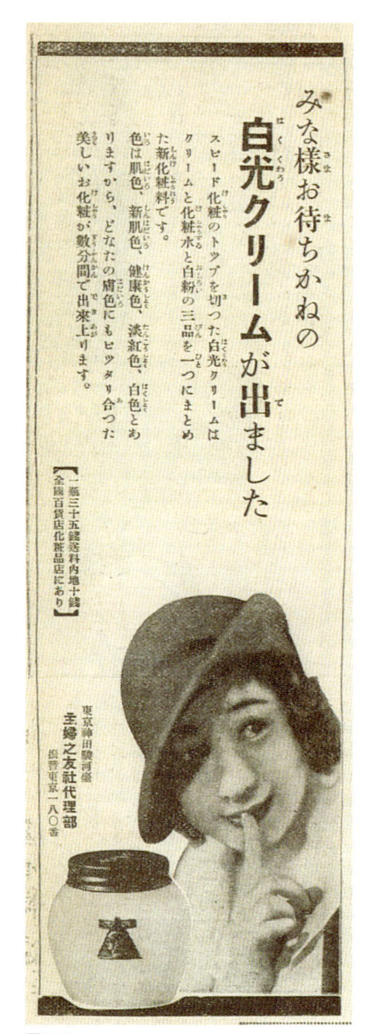

図2-46

図2-47

図2-46：クリームと化粧水、そして白粉を兼ねる「白光クリーム」広告。❖『主婦之友』1932年11月号

図2-47：断髪女性の「花王シャンプー」広告。❖『主婦之友』1932年11月号

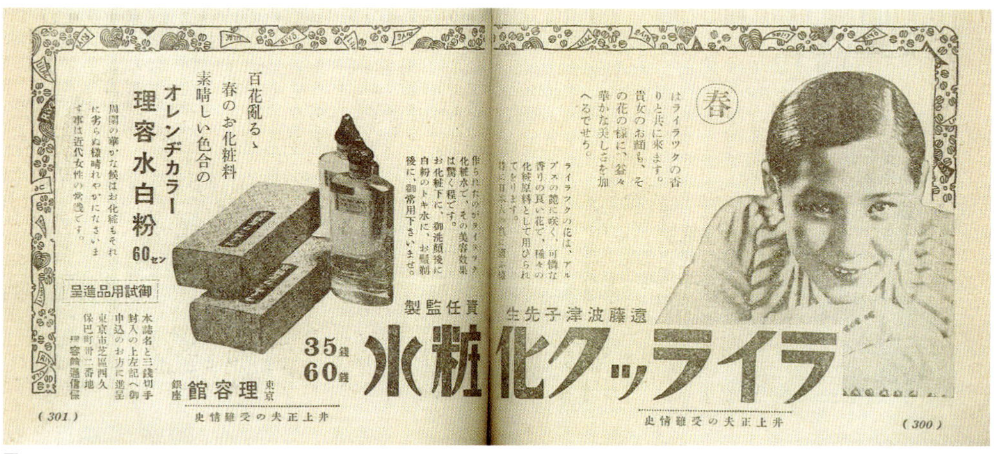

図2-48

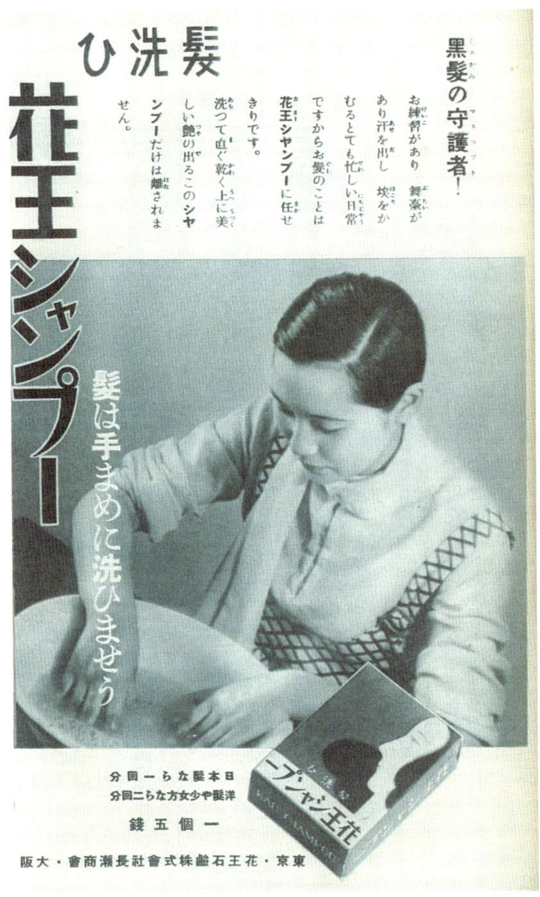

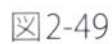
図2-49

図2-50

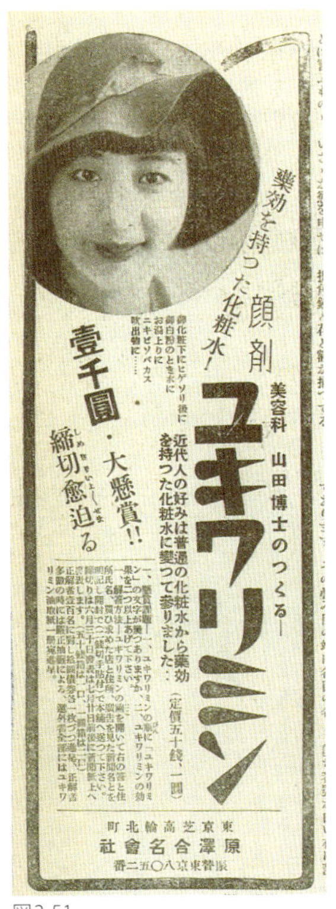

図2-51

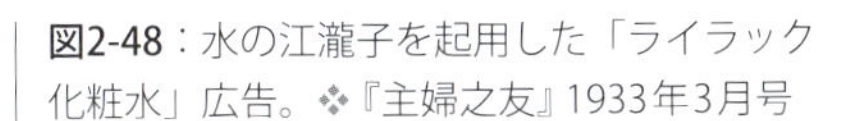

図2-48：水の江瀧子を起用した「ライラック化粧水」広告。❖『主婦之友』1933年3月号

図2-49：「日本髪なら一回分　洋髪や少女方なら二回分」。花王の広告攻勢により「シャンプー」の呼称が一般に定着していく。水の江瀧子起用の「髪洗い　花王シャンプー」広告。❖『主婦之友』1933年6月号

図2-50：レート化粧品から新感覚白粉が新発売。「新興日本女性美のために／ネオレート白粉」広告。白粉の色味は増えていく。❖『主婦之友』1933年9月号

図2-51：薬効を持つ化粧水「ユキワリミン」広告。美容博士による薬効をうたう製品も増えていく。❖『主婦之友』1933年7月号

図2-52

図2-53

図2-52：ポマードといえば男性用化粧品のイメージだが、モダンガールにも欠かせない整髪料だった。「洋髪にも…断髪にも…」使える「メヌマポマード」広告。❖『主婦之友』1933年10月号

図2-53：断髪女性の「資生堂コールドクリーム」広告。❖『主婦之友』1933年10月号

図2-54

図2-54：仲良しのボンナ党、女優の夏川静江と美容家のメイ牛山（牛山春子）のツーショットによる「ラブミーボンナ」広告。女性二人が見開きで並ぶ写真が圧巻。❖『主婦之友』1933年11月号

モダンガール意匠の広告

女優やモデルの写真をモダンガールに仕立てる広告だけではなく、モダンガールを図案化し、その意匠を駆使した斬新なデザイン広告も数を増していく。女優写真ほど効果はないかもしれないが、デジタルカメラや安価なフィルムのない時代において、広告を作る手間と費用は格段に節約できたはずである。また、その意匠に古臭さを感じさせないものが多いのも面白い。

図2-55

図2-55：夏はモダンガール意匠が大活躍する季節。「ヘチマコロン」広告。❖『主婦之友』1932年7月号

図2-56：いつまでも若さを保つ「資生堂クレモリン」広告。❖『主婦之友』1932年7月号

図2-57：チューブ入りとなり携帯に便利。「ヘチマクリーム」広告。❖『主婦之友』1932年10月号

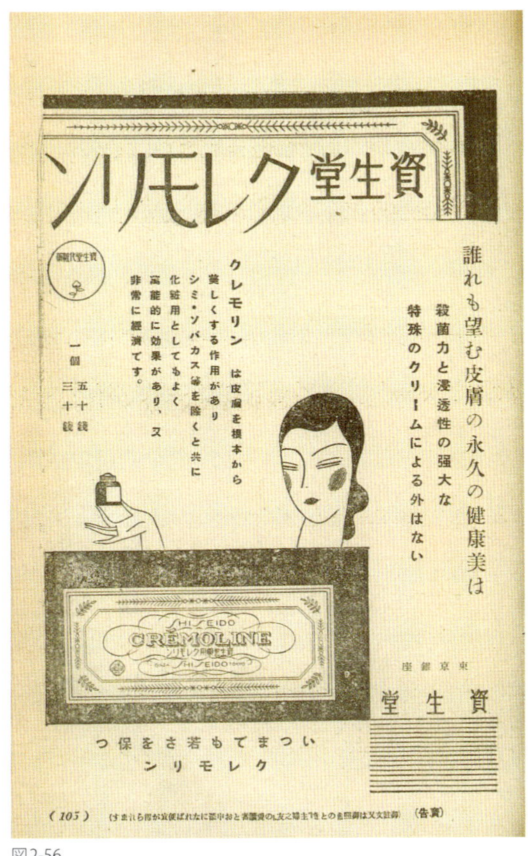

図2-56

図2-57

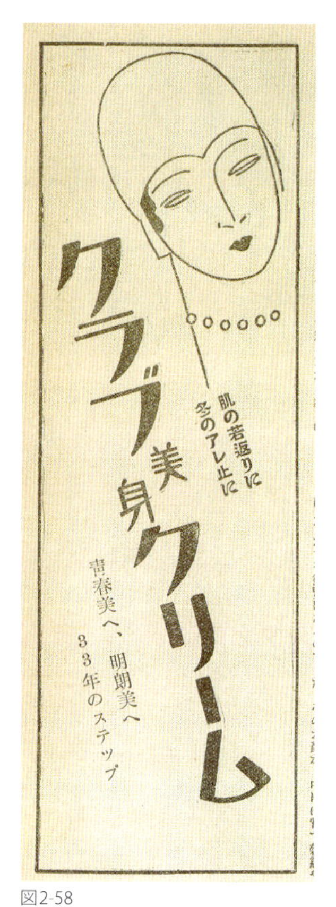

図2-58

図2-59

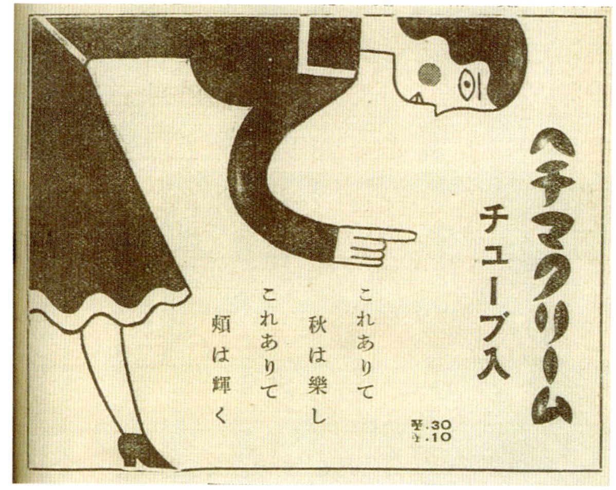

図2-60（-1）

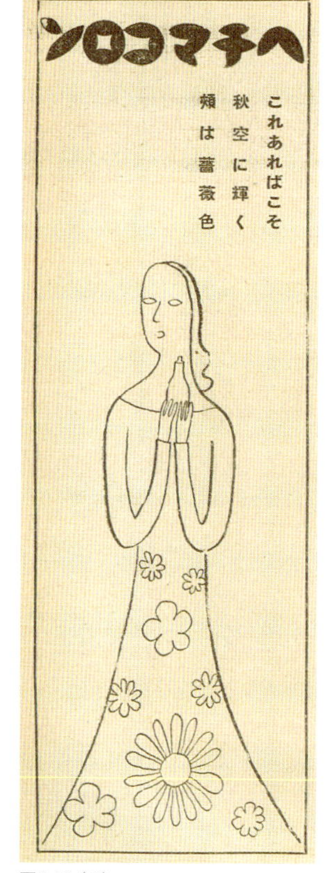

図2-60（-2）

図2-60（-3）

図2-58：おかま帽の女性像。「クラブ美身クリーム」広告。❖『主婦之友』1933年1月号

図2-59：水を使わない冬の化粧に。「ウテナ粉白粉」広告。❖『主婦之友』1933年12月号

図2-60：それぞれ意匠の異なる「ヘチマクリーム／コロン」広告。❖三点とも『主婦之友』1932年11月号

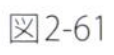
図2-61

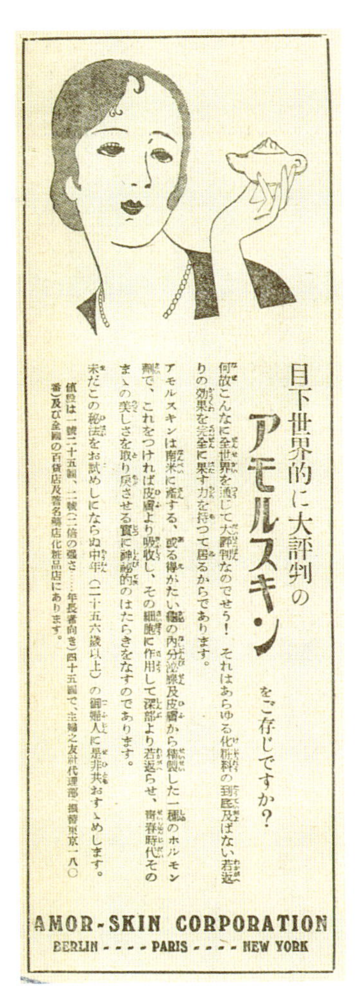

図2-62

図2-63

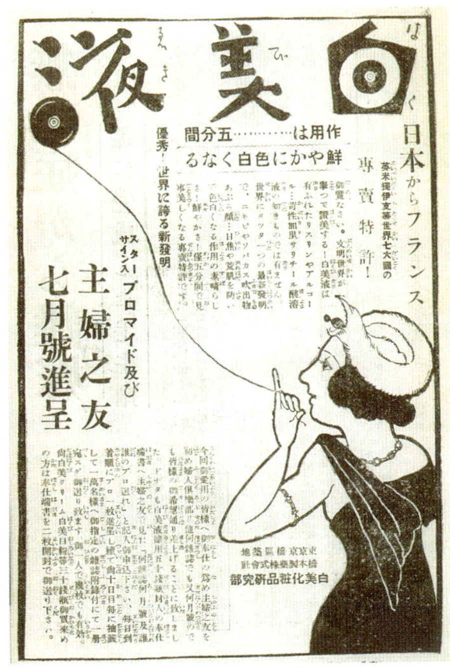

図2-64

図2-61：寝ている間に小人がモダンガールの肌を整える。「サンキスニキビ薬ソバカス取り用化粧水」広告。
❖『主婦之友』1933年4月号

図2-62：「目下世界的に大評判のアモルスキン」広告。ホルモン配合による若返りという効能を紹介。ホルモン配合は以後の基礎化粧品の主流となる。
❖『主婦之友』1933年7月号

図2-63：「近代麗人のシックな化粧美」の「クラブ刷白粉」広告。❖『主婦之友』1933年4月号

図2-64：フランス女性風？　たびたび意匠を変えた「白美液」広告。❖『主婦之友』1933年6月号

図2-65

図2-66

図2-67

図2-65：鏡に映るモダンガール。「クラブ白粉」広告。❖『主婦之友』1933年7月号

図2-66：モダンガールは断髪に帽子。「ウテナ化粧水」広告。❖『主婦之友』1933年8月号

図2-67：「あなたはモットモット美しくおなりです」。意匠に比べコピーの古さは否めない「クロバーレモンクリーム」広告。❖『主婦之友』1933年12月号

第3章
懸賞タイアップ広告の数々

化粧品販売の競争が激化するなかで、各社はこぞって大衆娯楽メディアとして全盛期を迎えていた映画メディアとのタイアップ広告方式を採用するようになる。

とくに1933（昭和8）年には、化粧品と映画とのタイアップ広告が著しく増加した。それに伴って、「広告原稿の形式も従来の平面的静的表現より動的」となり、「商品の性質を懸命に説明する」よりも「自分の広告に惹きつけようとする傾向」が強くなったと業界年鑑は報告している。[※10]

1930年代の婦人雑誌の化粧品広告には、映画女優らが頻繁に登場している。広告に写真が多用されるようになったためである。こうしたスターにあやかる懸賞広告が、この時期の雑誌広告のひとつの特徴である。そして、商品を掲載するだけではなく、女優たちが化粧法を指南したり、映画のワンシーンを紹介したりするような広告も登場する。各社が採用した、想定購買者層に向けた映画や演劇への招待会の告知広告も見逃せない。同時に、化粧品各社は映画や演劇のスポンサーとしても名を連ね、大々的なタイアップ広告を展開し、化粧品の販路拡大を狙った。

こうした広告の増加は、従来重視された化粧品の質向上のアピールよりも、タイアップした作品や女優たちの知名度や人気度を重視した商品アピールおよびおまけの懸賞に依存することになったことを示している。高価な賞品を提供をしてでも商品を売りたい、他社が懸賞やタイアップで人気を博しているのであれば、自社も追随せざるを得ないという、化粧品業界での競争激化の象徴こそが、懸賞タイアップ広告であった。

10. 東京小間物化粧品商報社編『小間物化粧品年鑑　昭和十年』1935年、東京小間物化粧品商報社、161頁。東京日日新聞広告部長の島田昇平による報告。

懸賞の付いた広告

各社がその賞品で派手に競い合った懸賞広告の数々。法による規制がないと、際限がなくなるであろうことを予感させるに十分。こうした懸賞には商品の空函が利用され、乱売をひきおこす要因ともなった。

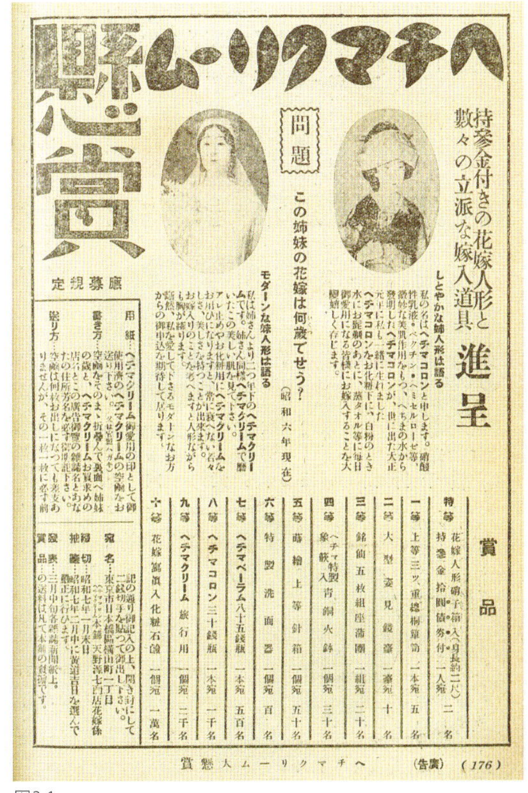

図3-1

図3-1：特等から十等までをそろえた、誰でも問題の答えがわかる「ヘチマクリーム」懸賞広告。❖『主婦之友』1931年12月号

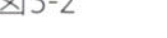
図3-2

図3-3

図3-4

図3-2：一等から七等まで商品数千点をうたう、「美白カガシクリーム」大懸賞広告。❖『主婦之友』1931年12月号

図3-3：宝塚少女歌劇にも行ける、「大懸賞カザリンクリーム」広告。❖『主婦之友』1932年1月号

図3-4：「大懸賞は2月末日まで」。斜めのレイアウトが斬新な「レートクレーム」広告。❖『主婦之友』1932年2月号

図3-5：「愛用者大優待　全国レートデーレート化粧料大売出し」。レートデー期間中には、商品一点買い上げごとに「フルーツ型アブラ取紙」を一冊もれなく進呈。❖『主婦之友』1932年4月号

図3-6：図3-7のグラビア頁と連動した空函利用の懸賞を告知。「ウテナ水白粉」広告。❖『主婦之友』1932年3月号

図3-7：ウテナは人気女優の水谷八重子を前面に出し、「水谷八重子嬢の訪問着と愛用品を分配贈呈」する懸賞を展開。❖『主婦之友』1932年3月号

図3-5

図3-6

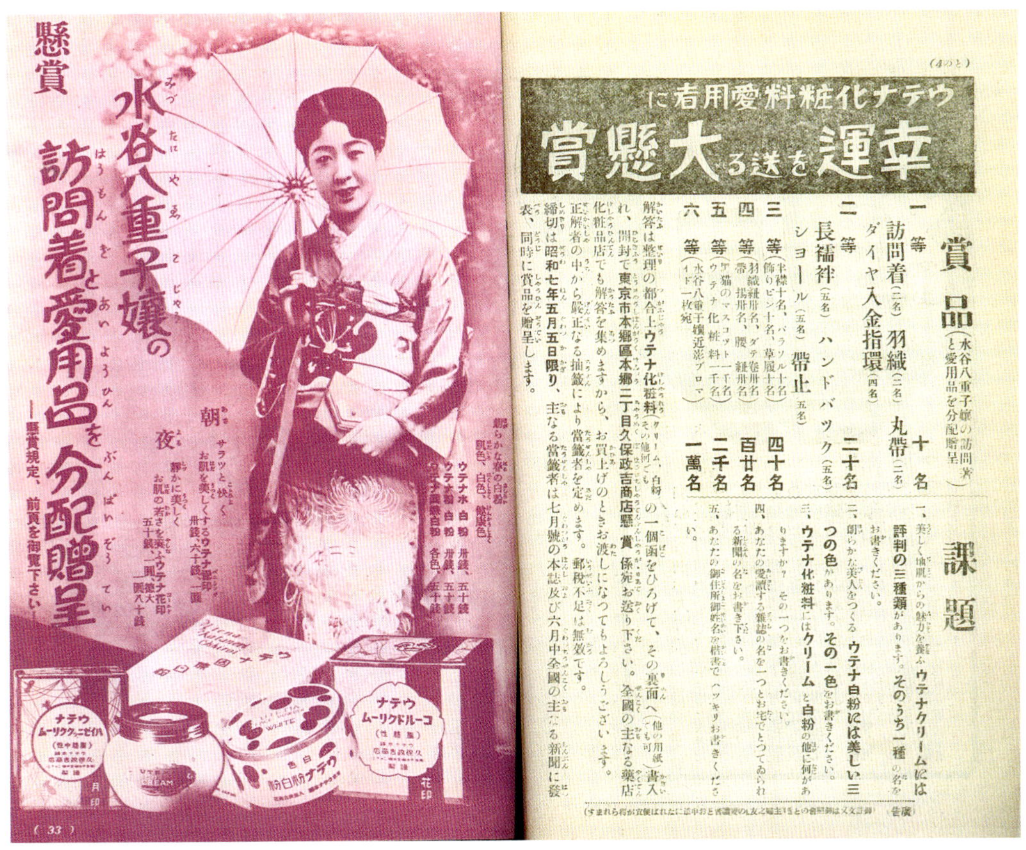

(その4)

ウテナ化粧料愛用者に
幸運を送る大懸賞

賞品（水谷八重子孃の訪問着と愛用品を分配贈呈）

一等　訪問着（二名）羽織（三名）丸帶（二名）ダイヤ入金指環（四名）　十名
二等　長襦袢（五名）ショール（五名）帶止（五名）ハンドバック（五名）　二十名
三等（半襟十名、パラソル十名、飾りピン十名、草履十名）　四十名
四等（羽織紐卅名、ダテ卷卅名、帶揚卅名、腰紐卅名）　百廿名
五等（聖猫のマスコット一千名、ウテナ化粧料一千名）　二千名
六等（水谷八重子孃近影ブロマイド一枚宛）　一萬名

課題

一、美しく地肌からの魅力を養ふウテナクリームには評判の三種類があります。そのうち一種の名をお書きください。

二、朗らかな美人をつくるウテナ白粉には美しい三つの色があります。その一色をお書きください。

三、ウテナ化粧料にはクリームと白粉の他に何がありますか？　その一つをお書きください。

四、あなたの愛讀する雜誌の名を一つとお宅でとつてゐられる新聞の名をお書き下さい。

五、あなたの御住所御姓名を楷書でハッキリお書きください。

解答は整理の都合上ウテナ化粧料（クリーム、白粉、その他何でも）の一個函をひろげて、その裏面へ（他の用紙でも可）書入れ、開封で東京市本郷區本郷二丁目久保政吉商店懸賞係宛お送り下さい。全國の主なる藥店化粧品店でも解答を集めますから、お買上げのときお渡しになつてもよろしうございます。正解者の中から嚴正なる抽籤により當籤者を定めます。郵税不足は無效です。締切は昭和七年五月五日限り、主なる當籤者は七月號の本誌及び六月中全國の主たる新聞に發表、同時に賞品を贈呈します。

（廣告）
図3-7

図3-8

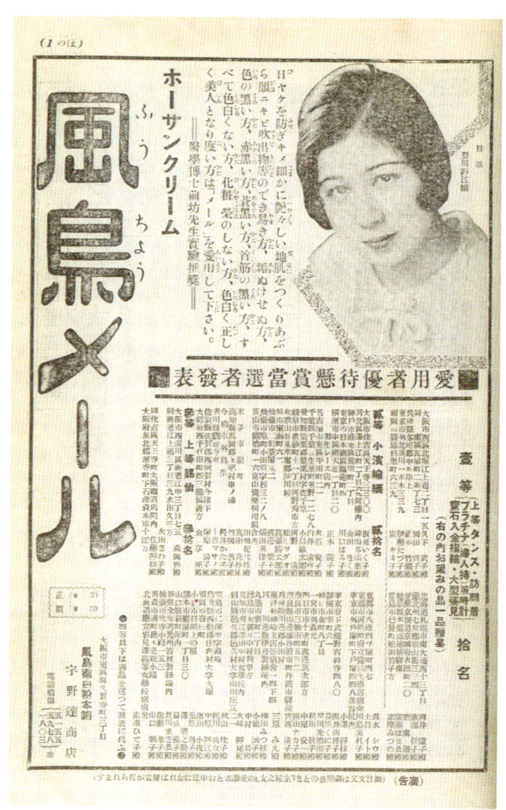

図3-9

図3-10

図3-8：「ご愛用御礼景品付大売出（空くじなし）」をうたう光川京子による「御園固煉白粉」広告。❖『主婦之友』1932年3月号

図3-9：「愛用者優待懸賞当選者」の氏名を住所入りで載せた「ホーサンクリーム　風鳥メール」広告。❖『主婦之友』1932年5月号

図3-10：「あなたお応募〔だし〕になって？」。かならず当たる空箱利用の通信福引。この二人は女主人と女中だろうか。「御園クレーム」広告。❖『主婦之友』1932年10月号

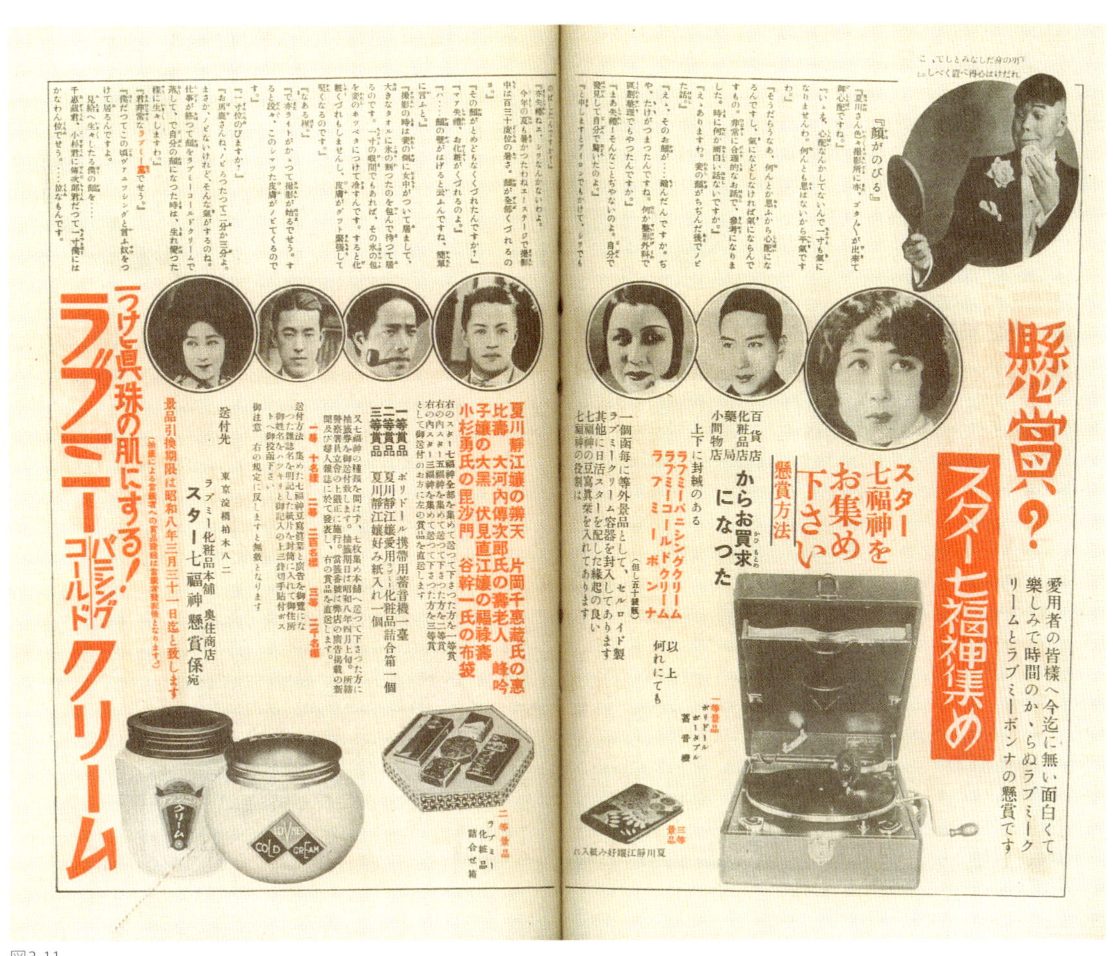

図3-11

図3-11：片岡千恵蔵や大河内伝次郎など男優大スターも登場する「ラブミーボンナ」懸賞広告。❖『主婦之友』1932年10月号

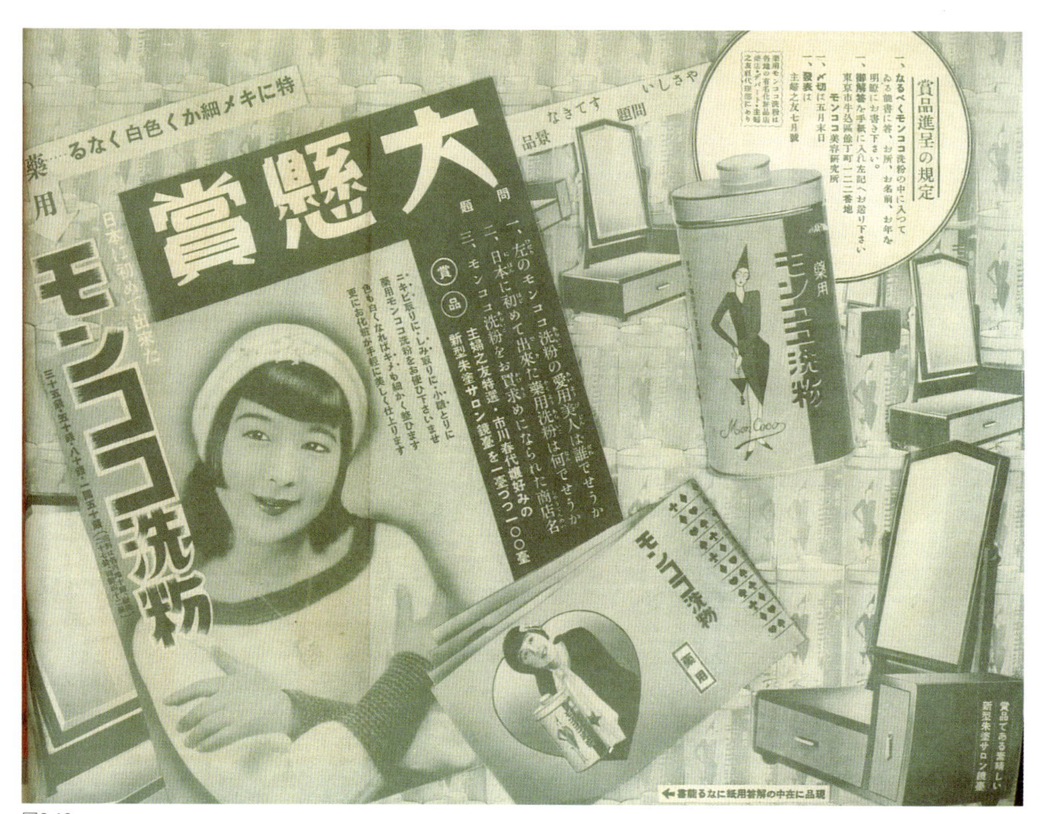

図3-12

図3-13

図3-12：とじこみの見開き頁を使った市川春代の名を当てさせる「モンココ洗粉」懸賞広告。❖『主婦之友』1933年4月号

図3-13：一等は読者が「お好きな物を何でも金五十円分」買えるという、水の江瀧子を起用した化粧品「トレビアン」懸賞広告。❖『主婦之友』1933年5月号

新作映画や映画女優とのタイアップ広告

新作映画宣伝とのタイアップや映画女優の有名性に名を借りた化粧指南を用いた広告。映画は今以上に重要な広告メディアであった。とにかく派手だ、というのがこの時期の化粧品広告の印象である。

図3-14：夏川静江が実演、「ニキビ・ソバカスを手軽にとる青春美洗顔法」を指南する、「ラブミーボンナ」広告。
❖『主婦之友』1932年2月号

ニキビ・ソバカスを簡單にとり・美人となる

青春美顔法

銀座ハイウッド美容室 メイ牛山女史指導
日活スター 夏川静江嬢公開

簡單にできて
費用も僅かで
完全無缺の美
人になるので
大好評

(205)

図3-14（-1）

◉ニキビ・ソバカスを手輕にとる青春美顔法◉

指導 銀座ハイウッド美容室 メイ・牛山
實演 日活スター 夏川静江

私の知合ひの者でニキビで大へん惱んでゐる人に、ラブミーボンナを使はせたところ、僅かの日數で綺麗にとれてしまつて、大へんよろこばれたのです。ニキビはお化粧の大敵です。その大敵が跡方もなくとれて、生れながらの美しさを取戻した喜び……

もう一人はソバカスの人です。ソバカスは皮膚の下に色素が沈澱したもので、これもお化粧の邪魔になることはひどいもの。

これもまたボンナを教へてあげましたら、だんだんとれて、今では別人のやうに青春の香り高き、美人になつてをられるのです。

ニキビやソバカスに素晴らしい作用のあるボンナ、それは深山に實る或る高貴な果實の精を主成分とする藥液で、脂肪をとり、キメを細かにし、色を白くするのに、こんなによいものは絶對他にありません。ボンナはニキビ、ソバカス患者にとつて救ひの神です。

『青春美顔法』といふのは、このラブミーボンナを主として、ニキビ、ソバカスを手輕にとるために、私が苦心考案した美顔法でございます。日數もかけず、手數もかけず、それで僅か一圓五十錢か二圓の費用で、生れ變つたやうな美しさになるといふのです。

洗顔後のお顔を丁寧にふきましたら、[illegible]やうに脱脂綿にボンナを[illegible]つけて、[illegible]なく顔から蝋を拭いて下さい。するとどんなアブラ顔の方でも、忽ち爽かなお肌になり、朗かな氣分になります。その朗かさの失せぬうちにラブューをひいて下さい。

『ラブュー』はおしろいとクリームの二重作用をもつ、比類なき化粧下で、これ一つでも簡單なお化粧さへ出來るといふ、實に重寶なものであります。そして最後の仕上げには、私の考案した尖端色水白粉か粉白粉を刷ひて頂くのです。『青春美顔法』はこれだけです。

夏川さんの青春美顔法に使はれたラブミーボンナ、ラブュー、尖端色白粉、いづれも東京神田駿河臺、主婦之友社代理部（振替東京一八〇）にあります。ボンナ普通瓶五十錢徳用一圓・ラブュー五十錢・尖端色の粉、水白粉何れも三十錢と五十錢の二種。（送料内地十四錢 海外四十九錢）本舗は東京淀橋成子坂、ラブミー化粧品本舗（振替東京五七四九六）です。御希望の方はお申込次第、即刻お送り申上げます。（係り）

無代進呈

ラブミーボンナ

ラブミー尖端色白粉

(207)

(206)

図3-14（-2）

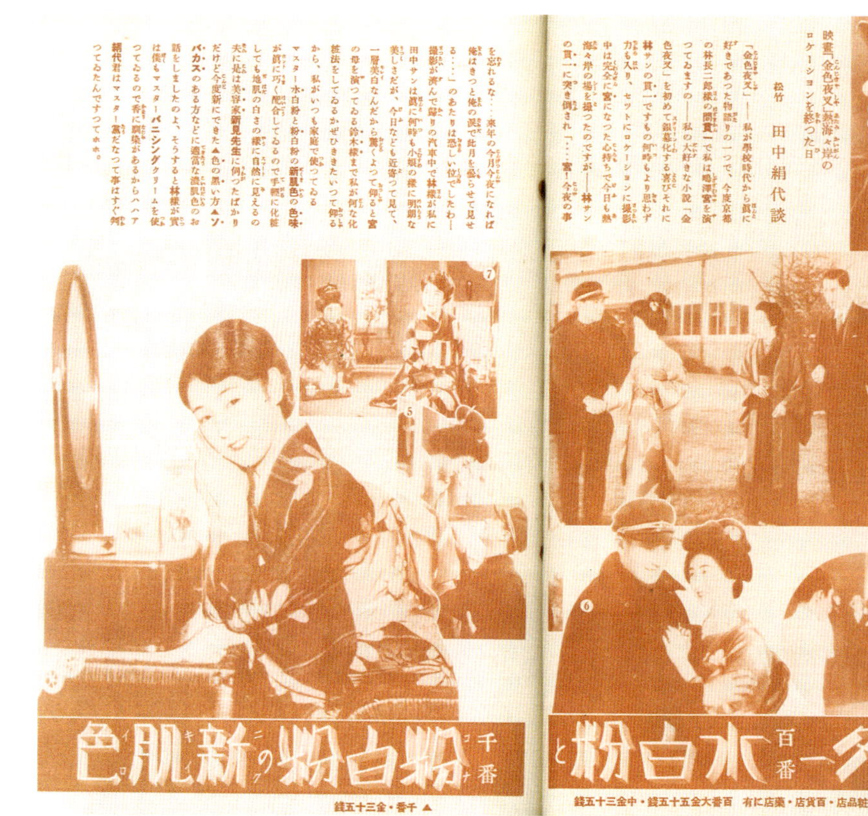
主演 金色夜叉
映畫「金色夜叉」熱海々岸のロケーションを終つた日
松竹 田中絹代談
マスター百番水白粉と
千番粉白粉の新肌色
▲化粧品店・百貨店・薬店に有　百番大金五十五銭・中金三十五銭
▲千番・金三十五銭

図3-15

松竹映畫
銀座の柳
映畫「銀座の柳」の主役、菊江を力演中の田中絹代サンを訪ねる、既に撮影は物語の中ばを過ぎて女給姿に扮装した絹代サンに會ふ
「處」松竹蒲田撮影所「人」絹代サンと婦人記者
マスター百番水
白粉濃肌色
▲化粧品店・百貨店・薬店に有▲百番▲中金三十五銭▲大金五十五銭
▲マスターバニシングクリーム▲金三十銭

図3-16

図3-17

図3-15：松竹の新作映画《金色夜叉》の熱海海岸ロケが終わった日を語る田中絹代。「マスター百番水白粉」と「千番粉白粉の新肌色〔ニクキイイロ〕」広告。❖『主婦之友』1932年2月号

図3-16：松竹映画≪銀座の柳≫主演の田中絹代による、お化粧ができるまでのグラビア付き「マスター百番水白粉の濃肌色」広告。❖『主婦之友』1932年6月号

図3-17：吉屋信子の小説『彼女の道』のヒロイン「潮」に扮するための化粧をする栗島すみ子。「マスター百番水白粉」広告。❖『主婦之友』1932年8月号

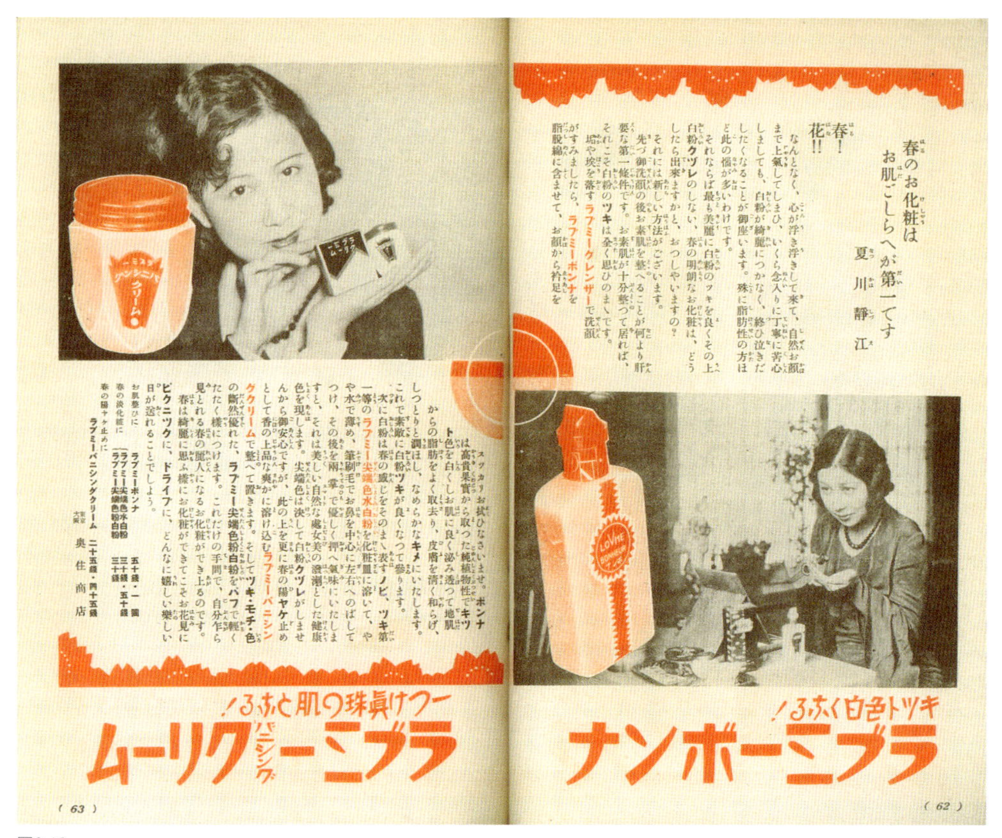

図3-18

図3-19

図3-18：夏川静江が紹介する「キット白くなる！　ラブミーボンナ／一つけ真珠の肌となる！　ラブミーバニシングクリーム」広告。❖『主婦之友』1933年4月号

図3-19：「天晴れ美容師気取」の及川道子と「御園のお化粧でますます可愛らしい」子役の高峰秀子。蒲田撮影所の風景を描く「御園白粉」広告。❖『主婦之友』1933年5月号

ウテナ化粧品広告の水谷八重子

水谷八重子は、1905（明治38）年東京神楽坂生まれ。昭和の演劇界を代表する新派の女優である。1923（大正12）年の関東大震災直後、新派に初参加し、1927（昭和2）年以降常連となった。時を同じくして水谷八重子は新興の化粧品本舗である久保正吉商店のウテナ化粧料（現・株式会社ウテナ）の広告の顔ともなる。

初代社長である久保政吉は、1923（大正12）年から、信頼度の高かった主婦之友社代理部商品として、『主婦之友』を通じて美白液「ウテナ」の販売を開始、順調に「ウテナ」の名とその名の付いた商品を『主婦之友』読者を通じて世間に流通させて売り上げを伸ばし、1927（昭和2）年に久保政吉商店を創業する。

昭和に入って新たに登場した化粧品メーカーという点で、久保政吉商店は後発であった。その不利を挽回し、商品ブランドとしての「ウテナ」の名をより広めるために、新派女優として名をはせ、女性たちに人気のあった水谷八重子を同社宣伝の「マネキン」として起用したのである。

1937（昭和12）年9月、水谷八重子が32歳の時、歌舞伎役者の守田勘彌と結婚したが、「結婚するまで、私の芝居を見にくるお客さんは、75%ぐらい女性によって占められていた[※11]」と述べているほど、特に同性に好かれた女優であったことからも、化粧品広告の「マネキン」としていかに適任であったかがわかる。

水谷八重子が、昭和前期のウテナ化粧品広告における「顔」として長く活躍したことは、当時の広告を考えるうえでも特筆に値しよう。

---

11. 水谷八重子「水谷八重子／新派女優」『シリーズ私の履歴書　女優の運命』2006年、日本経済新聞社、183頁

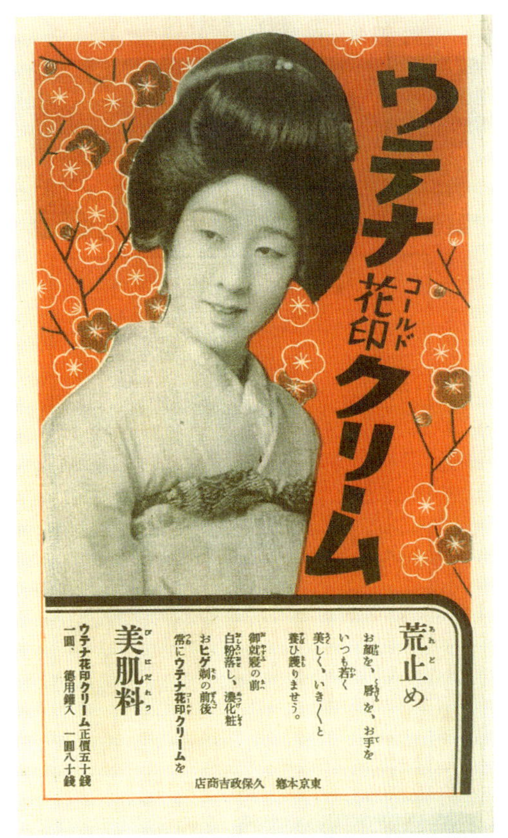

図3-20

図3-21

図3-20：目次裏には水谷八重子が登場するウテナの広告が定番に。「ウテナ花印〔コールド〕クリーム」広告。❖『主婦之友』1932年2月号

図3-21：「春はサラッとした雪印〔バニシング〕」。「ウテナ雪印〔バニシング〕クリーム」広告。❖『主婦之友』1932年3月号

図3-22

図3-23

図3-24

図3-22：「来るよ夏！　若人の夏、幸〔さち〕の夏！　雪の夏、ウテナの夏！」。「ウテナ雪印〔バニシング〕クリーム」広告。❖『主婦之友』1932年6月号

図3-23：二等でも水谷八重子演劇写真集が1万名にも当たる「ウテナ」大懸賞広告。❖『主婦之友』1932年12月号

図3-24：「若さの、美の保険！」のために。「ウテナクリーム」広告。❖『主婦之友』1933年4月号

図3-25：「色白く地肌〔きじ〕から美しくなる」効能の「ウテナ雪印〔バニシング〕クリーム」広告。しかし「春の流行は肌色へ…」という「ウテナ水白粉」の広告からは、白色よりも肌色のナチュラルな化粧の人気が高まっていたことをうかがわせる。
❖『主婦之友』1933年5月号

図3-25

図3-26（-2）

図3-26（-1）

図3-26：洋装で登場の水谷八重子。「流行の肌色　ゆかしい濃肌色　明るい白色　夏向の健康色」の「ウテナ粉白粉」とその容器「ウテナ粉パクト」および、目次裏の「色白くなる雪印〔バニシング〕クリーム」広告。❖『主婦之友』1933年7月号

ウテナ レモンクリーム広告

久保政吉商店は、水谷八重子を看板商品「ウテナバニシング／コールドクリーム」の顔として起用する一方で、こうした家庭向けや既婚女性向けとは異なる新商品を開発し、販路を拡大しようとしていた。それが若い女性向けの「ウテナレモンクリーム」である。新商品の広告には水谷八重子は起用せず、分かりやすい商品イメージの差異化をはかった。

ウテナ化粧品はこれまで、色白くなる効能のバニシングクリームを「雪印」、肌荒れ防止のコールドクリームを「花印」と呼び、和装や色白さで表現する美しさに対応させてきたが、それらとは異なる、はつらつとした若さという新しい美を「レモン」に象徴させ、「ウテナレモンクリーム」を新たに発売した。

新商品「ウテナレモンクリーム」の『主婦之友』掲載広告は、この時期にはイラストを用い、一般女性向けの水谷八重子広告との差異化を図っていたことがわかる。

また、実業之日本社刊行の少女向け雑誌『少女の友』では、少ない広告スペースのうちの裏表紙広告を毎号ウテナが担っていた。こちらでは、「雪印」や「花印」もイラストによる宣伝が主であった。

つまり、当時のウテナ広告では、女学生をはじめとする若い女性向けにはイラスト女性像による宣伝、一般女性向けには水谷八重子を起用した宣伝をして、広告表現を使い分けていたことをうかがわせる。

図3-27

図3-28

図3-29

図3-30

図3-27：「小麦色というのは日本人の一番白いあの白さです」。白い小麦色は日本人の肌のこと。「ウテナレモンクリーム」広告。❖『主婦之友』1933年5月号

図3-28：若い人向けの化粧品はどうあるべきなのか。表現を模索中の「肌は和肌　小麦肌 ウテナレモンクリーム」広告。❖『主婦之友』1933年7月号

図3-29：レモンイエローの背景を使った「ウテナレモンクリーム」広告。❖『主婦之友』1933年8月号

図3-30：若者向けのモダンタイプ。「ウテナレモンクリーム」広告。❖『主婦之友』1933年12月号

図3-31

図3-32

図3-33

図3-31：少女の美しい肌を保護するのも化粧品の役割だ。少女雑誌裏表紙の「ウテナクリーム」広告。❖『少女の友』1931年5月号

図3-32：セーラー服にお下げ髪の少女像を使った「ウテナ雪印〔バニシング〕クリーム」の裏表紙広告。❖『少女の友』1932年10月号

図3-33：1935年になると『少女の友』でも山路ふみ子のグラビアが使われるようになる（後述）。「ウテナレモンクリーム」広告。❖『少女の友』1935年3月号

第4章
明朗漫画のマスター化粧品広告

ウテナと同じく後発の化粧品本舗であり、そのために誌上での派手な化粧品広告を行ったのがマスター化粧品である。メーカー名は尚美堂（セイビドウ）。戦前の著名な婦人運動家でもあった、美容家で、また歌人としても活躍した小口みち子が中心となって販売された。小口は、1919（大正8）年の秋、東京芝公園の自宅に「東京婦人美容法研究会」を開業した。それ以前には、「美顔」シリーズ化粧品で有名な桃谷順天館の顧問も務めていた。

同社も『主婦之友』の代理部を通じ、早くから通信を利用した化粧品販売を行っている。マスター化粧品の広告において注目すべき第一点は、小口みち子が美容師養成や化粧品の製造販売に携わる一方で、自らが化粧方法を指南する「先生」として、幾度となく『主婦之友』をはじめとして雑誌に登場していることであろう。彼女がそうしたメディアに露出することで、それがマスターのひとつの広告宣伝ともなっていた。今日でも自らが化粧品の開発に携わる美容家や美容研究家は多いが、その先駆ともいえる。マスター化粧品の広告は、大正期から続く『主婦之友』との関係もあり、昭和に入ってからは、同誌において数多く掲載されるようになった。

さらにマスター化粧品の広告において注目すべき点は、小口みち子の夫が日活映画の脚本家だった小口忠であったことであろう。彼が脚本を書き、監督を務めたと思われるその広告は、映画のワンシーンを切り取ったスタイルのものが多い。単なる商品宣伝を超えた面白さが同社広告の売りであった。だがこの明朗漫画広告は非常時にはふさわしくないと見なされるようになる。

個性的なマスターの広告

映画の撮影風景やワンシーンを連想させるような、物語性の強いコピーを組み込んだマスター化粧品の典型的な広告。

図4-1

図4-1：目次裏の「純無鉛美白料応用　マスター新肌色〔にくきいろ〕」広告。単に肌色とは表現しないところがこだわりか。
❖『主婦之友』1932年3月号

図4-2

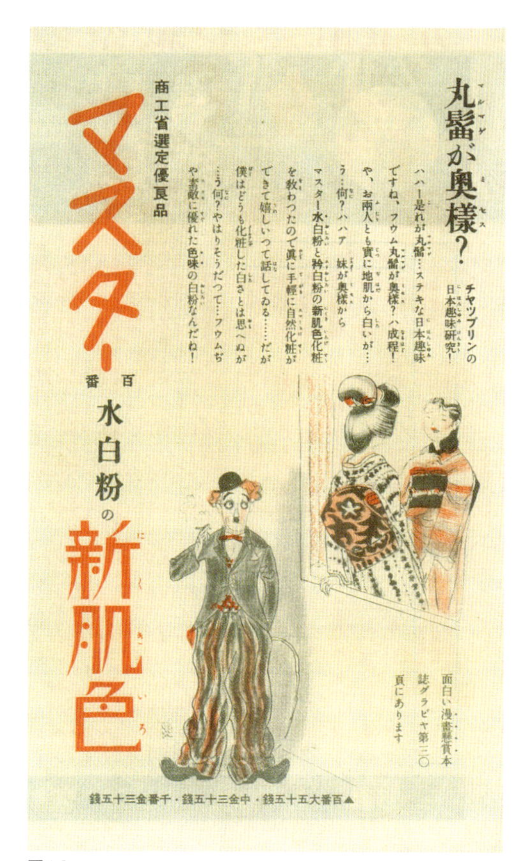

図4-3

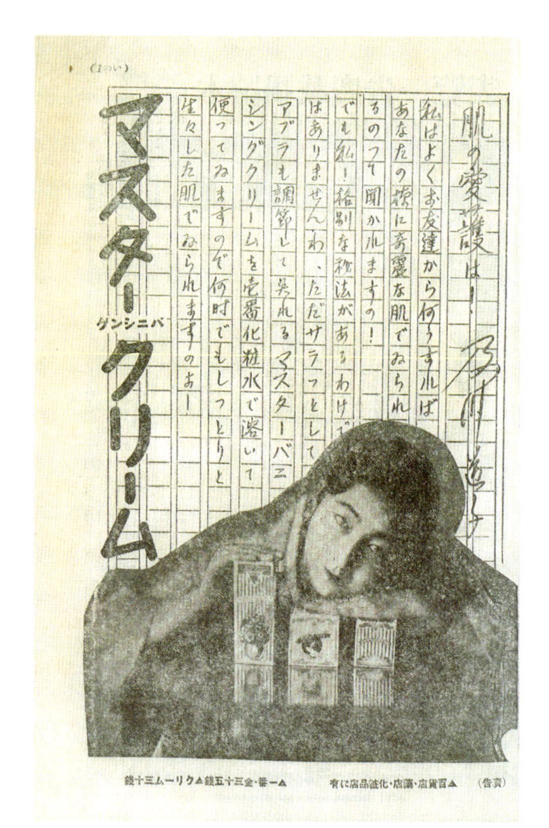

図4-4

図4-5

図4-2：目次裏の「マスター百番水白粉の新肌色〔にくきいろ〕」の広告。中央では松竹の田中絹代が映画撮影前のメイク中という設定。会話も凝っている。❖『主婦之友』1932年5月号

図4-3：チャップリンが紹介する「マスター百番　水白粉の新肌色〔にくきいろ〕」の広告。チャップリンの来日は同年5月のこと。❖『主婦之友』1932年7月号

図4-4：日活の及川道子による、原稿用紙が教養を連想させる自筆（風）「マスターバニシングクリーム」推薦広告。❖『主婦之友』1932年4月号

図4-5：香りが良いこともいい化粧品の証。目次裏の「美肌料ラセラン応用　オークル・マスター」広告。❖『主婦之友』1933年10月号

図4-6：田中比左良の漫画に、女優の入江たか子が演じる凸山高子夫人が登場。「漫画懸賞　良人〔おっと〕に好かれる秘訣は？」の「マスター五百番　衿白粉の濃肌色」広告。田中は、1921年に主婦之友社入社後、同誌に漫画や小説の挿絵を描く画家として活躍。❖『主婦之友』1932年7月号

マスターの夫婦広告

「マスター（主人）」の名を持つ化粧品ブランドだからか、男性が広告によく登場するのも同社広告の特徴のひとつである。男性目線による商品紹介を漫画やイラストによって表現した広告が多かったのは、化粧品とはいえ、女性のみならず男性を含めた家族での使用を勧める目的があったからだろう。

男性にもひげ剃り後や入浴後に愛用してもらえる商品になることを、メーカー側は企図していたのである。化粧品購入者である妻が、夫に自分の愛用品を紹介するというスタイルで作られた広告が、この時期に数多く見られた。

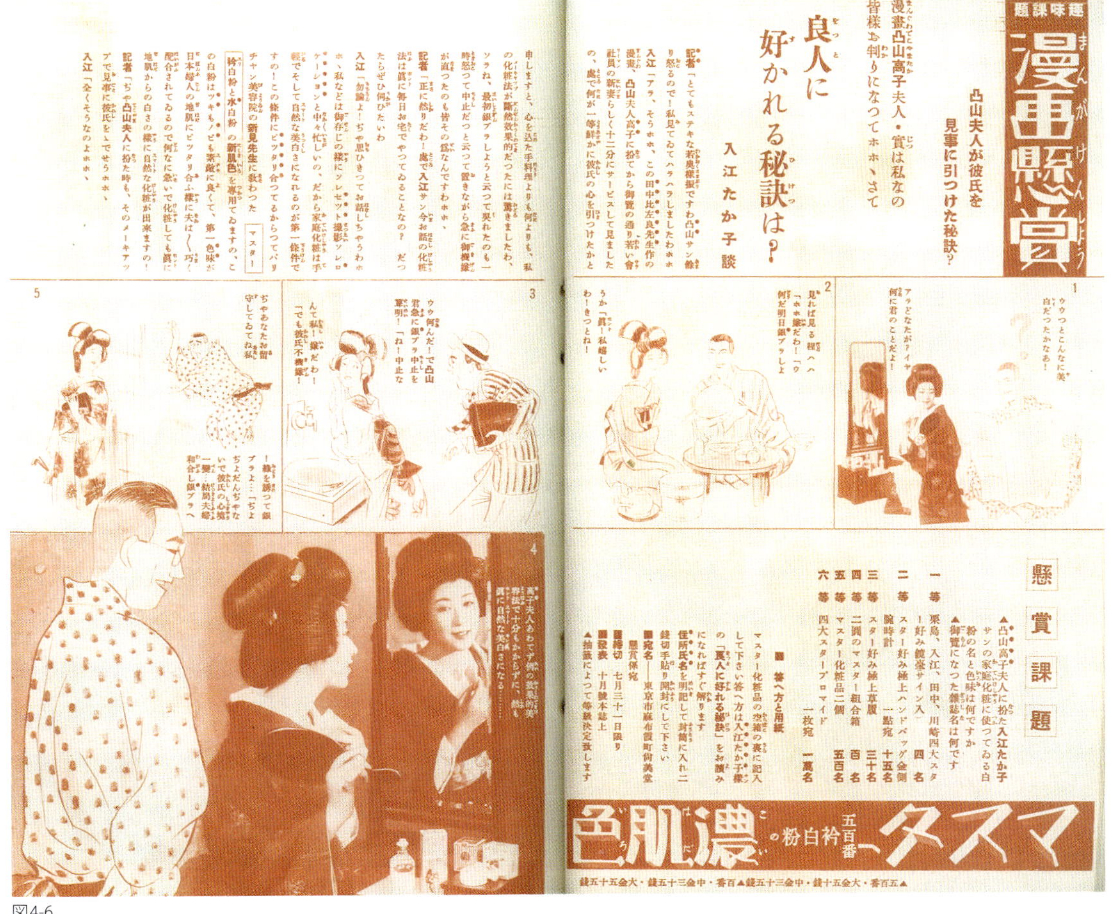

図4-6

図4-7

図4-8

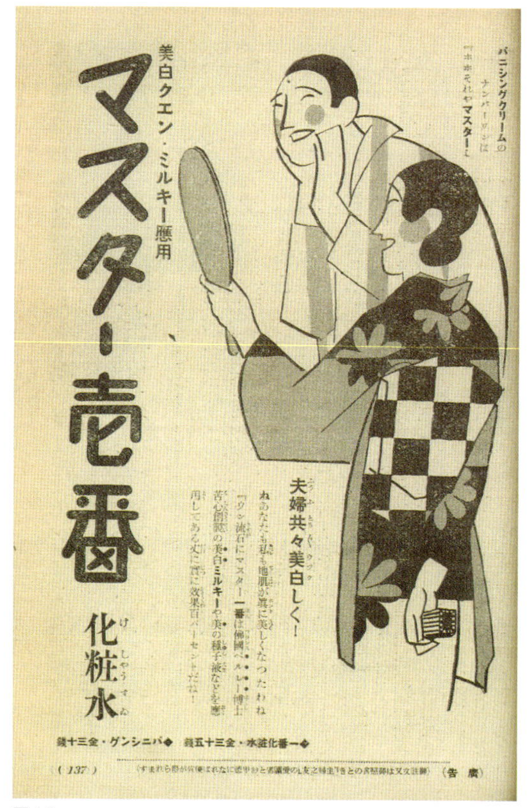

図4-9

図4-7：「アラネクタイが変だわ！」。夫婦唱和でその効能をうたう「マスター壱番化粧液」広告。❖『主婦之友』1932年12月号

図4-8：口コミで広まる奥様の自然美。「マスター五百番衿白粉」広告。❖『主婦之友』1932年8月号

図4-9：夫婦そろって地肌が美しくなった会話の「マスター壱番化粧水」広告。❖『主婦之友』1932年9月号

図4-10

図4-11

図4-12

図4-10：息子を軸に核家族会話で「新肌色〔にくきいろ〕」効果を演出する「マスター千番粉白粉」広告。❖『主婦之友』1932年11月号

図4-11：ホテルのポーターの独白を用いた目次裏の「マスター百番水白粉」広告。❖『主婦之友』1933年3月号

図4-12：兄にオークル使用の友人を紹介しようとする妹。目次裏の「オークル・マスター」広告。❖『主婦之友』1933年4月号

図4-13

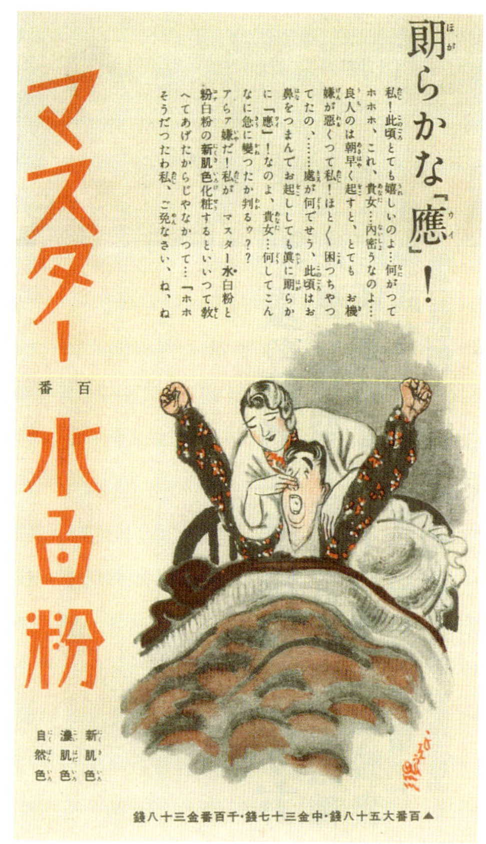

図4-14

図4-13：新商品「オークル」の登場。「オークル」はマスター化粧品が商標登録していた。妻が夫にその効能を吹聴する「オークル・マスター」広告。❖『主婦之友』1933年3月号

図4-14：知人にマスター使用による夫婦仲改善を自慢する、目次裏の「マスター百番水白粉」広告。❖『主婦之友』1933年5月号

図4-15

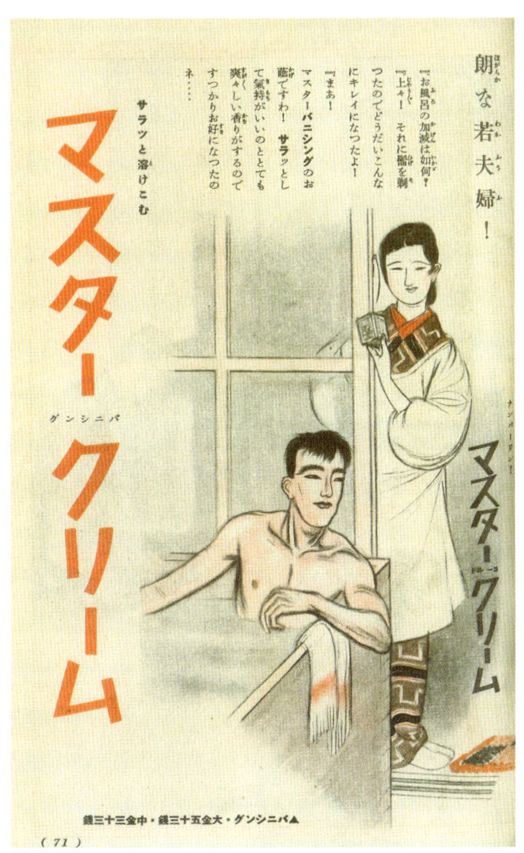

図4-16

図4-15：二人をめぐり合わせた化粧品でもある、「マスター五百番襟白粉／マスター千番粉白粉」広告。❖『主婦之友』1933年12月号

図4-16：入浴時、若夫婦の夫も使う。サラッと溶けこむ「マスターバニシングクリーム」広告。❖『主婦之友』1933年11月号

マスターと競う
他社の夫婦広告

我が道を行くマスターのほかにもシナリオやデザインに凝った夫婦広告はあった。第一部の最後に、それらを少し紹介しておきたい。

図4-17

図4-18

図4-17：夜景を見つめる「夫婦」の会話によれば、モンココとはフランス語で「私の愛人」の意。「色白くキメ細かになる薬用　モンココ洗粉」広告。❖『主婦之友』1933年6月号

図4-18：来客時、夫の帰宅時に、おしぼりに数滴。「ヘチマコロン」広告。❖『主婦之友』1933年6月号

図4-19

図4-20

図4-19：夫婦二組。（左）「日本で最初の黄金コロイド製　珍しい二段式ニキビ取り法」の「バスクレース　薬用ナルビークリーム」広告。（右）水の江瀧子印、新発売で無色の「ライラック化粧水」広告。
❖『主婦之友』1933年6月号

図4-20：漫画「ワイフを探す」。「ほんのりと色白くなる　美白カガシクリーム」広告。❖『主婦之友』1933年10月号

インターミッション

戦時下創刊の女性誌『新女苑』にみる「若い女性」と化粧品広告

「支那」事変、いわゆる日中戦争が始まる前年の1936（昭和11）年12月、実業之日本社から『新女苑』（1937年1月号）が創刊された。

新女性誌創刊を告げる朝日新聞広告が、「少女雑誌からすぐ婦人雑誌に跳ぶ雑誌界の現状は不自然ではないでしょうか？　その中間に、若き女性のため、真にその心の糧となり、魂の友となる雑誌があってよい筈です」(1936年12月6日付朝刊一面）とアピールするように、『新女苑』は既存の主婦向け実用雑誌と、女学生向け少女雑誌との中間を狙った雑誌メディアだった。

そこに掲載された化粧品広告からは、女学校卒かつ未婚女性としての「若い女性」にどのようにして化粧品を売り込むべきかを競う、各社の差異化戦略が浮かび上がる。一方で当時の化粧品各社は、より多くの広告媒体を求めていた。

『新女苑』は、『主婦之友』に比べれば色刷り頁は少なく、掲載広告数でも遠く及ばない。だが雑誌（読者）が異なれば、自ずとその意匠は違ってくるのだった。

ここでは、『新女苑』を通して、少女と婦人の間を狙った化粧品広告の特徴と変遷を追ってみたい。

■『新女苑』の代表的な広告

『新女苑』の裏表紙には『主婦之友』同様にクラブ化粧品が、目次裏にはウテナ化粧品の広告が見られる。「若い女性」を消費者として想定してきたレートやヘチマ化粧品も、この若い女性のための雑誌『新女苑』に広告を出稿した。

図 I-1

図 I-1：クラブ化粧品は、創刊号でこそ『主婦之友』掲載広告と同様に「健康化粧」を提唱したものの、その後『新女苑』では「健康美容」と言い変えた。「若き女性の美容日課」は「健康美容」なのだ。顔や手を美しくし、ニキビや吹き出物を解消してこそ「若い女性」向けの化粧品といえよう。「クラブ乳液」広告。❖『新女苑』1939年4月号

図 I-2：目次裏の見開き頁を使って、『向き合う二人の女性を描く。使えば若い女性の「柔肌」は輝き、もっと魅力的になれることをうたう、「ウテナコールド／バニシングクリーム」広告。❖『新女苑』1938年12月号

図 I-3：「若肌のまもり！」「青春〔わかさ〕の誇り」「魅力の若肌！」、それが「現代女性〔みなさま〕の美容必需品」ですと若い消費者に呼びかける「レートクレーム」広告。❖『新女苑』1937年1月創刊号

図 I-4：コロンから生まれる「新しい美しさ」がある。それが「智的な明るさと新鮮さ」。デビューしたばかりの日活の日暮里子を起用した「ヘチマコロン」広告。❖『新女苑』1938年11月号

ウテナクリーム（雪印）バニシング

此の美肌料が約す
君が若肌の魅力！

★キメを細かに ★お顔剃後に ★淡化粧下に

サラリと強力な美肌素がお肌に溶け込む！

冷酷な季節の襲はお肌を虐げ、ニキビ吹出物の原因を造りますから、御入浴や御洗顔後には必ず國産最高のウテナバニシングでお手入れ下さい…

・ウテナバニシングは外部の刺戟からお肌を護ると共にサラリと皮膚深部に溶け込んで少しもベトつかぬ純良のバニシングです。お肌に滲透した強力な美肌素は分泌機能を活潑にし、皮下組織に活力を與へてニキビ吹出物等の肌アレを防ぎ餘分の色素を除いて色白の溌剌とした若肌を増ひます。

正價・四十セン 七十二セン

法服を着る日 短篇小説 田中正子（二六〇）

ブック・レヴュウ……阿部知二（二〇〇）
三人の横顔……田島準子（二〇一）
望郷（映畫物語）……飯島正（二七四）
映畫短評……内田岐三雄（二七六）

ウテナクリーム（花印）コールド

荒き季節の息吹にも
柔肌は輝きを増す！

★マツサージに ★濃化粧下に

滲透力の強い栄養素

・秋から冬にかけては皮脂の分泌が衰へ、外氣が乾燥しますからお肌が荒れ小皺やタルミを造ります。お肌の手入れには必ずウテナコールドを御使用下さい。お肌に潤ひを與へ、強力な榮養が皮膚深部に滲透し、皮脂の分泌機能を調節して新陳代謝を旺んにし肌アレや小皺タルミを解消して血色のよい柔肌を増ひます。

正價・六〇セン 一圓二〇セン

入浴美容法

お肌を清拭してウテナコールドをたつぷり塗りそのまゝ入浴しますと湯氣と温氣で氣孔が開き榮養が滲透して艶やかな柔肌を育みます。その後でウテナ化粧水で肌を引緊めます

図 I-2

CREME DE LAIT

五百萬名様總當り
大懸賞募集中です
（詳細は御近所の懸賞参加販賣店でお問合せ願ひます）

若肌のまもり！

レートクレーム

青春の誇り
魅力の若肌！

東京・平尾賛平商店

図 I-3

図 I-4

■「若い女性」のヘアースタイル

『新女苑』では、整髪料広告が目を引く。すでに「若肌」を持っている女性であれば、その関心は「若返り」中心の機能性化粧品より、自らを魅力的に見せるための髪型に向かうためだろう。

『新女苑』創刊から7ヶ月後には盧溝橋事件が起こり「支那」事変へと突入する。同誌編集を務めた内山基は時局を誌面に反映させようとしなかったため、3年後の1940（昭和15）年にその地位を解任された（戦後復帰）。ゆえに内山主筆時代は、『主婦之友』ほど非常時色が強い広告が見られないという特徴もある。

内山解任後の1941（昭和16）年になると、時局を意識した広告の姿が勢いづき、用紙統制も厳しい中、1942（昭和17）年には1頁広告が姿を消した。

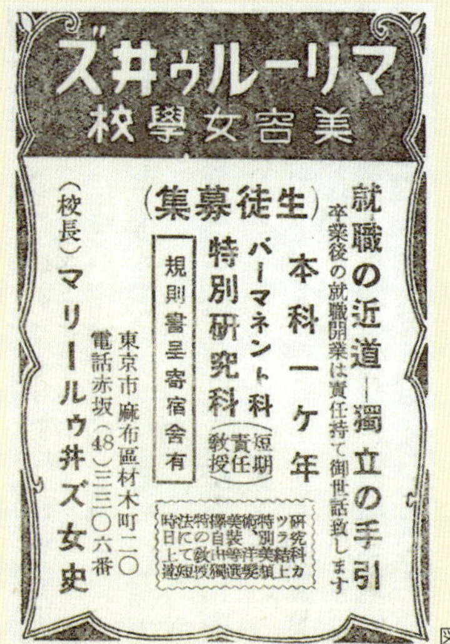

図 I-5

図 I-6

図 I-5：マリールイズ女史が手がけたのは化粧品だけではない。1913（大正2）年、マリールイズ美容講習所を開き、1929（昭和4）年には「マリールイズ美容女学校」（現・マリールイズ美容専門学校）を創立。『新女苑』では生徒募集を行った。「マリールイズ」広告。❖『新女苑』1939年4月号

図 I-6：二体の人形が支えるテーブルに商品が並ぶ。人形の写真は、まだ少女時代を忘れられない女性へのアピールだろうか。「アイデアルバニシングクリーム」広告。❖『新女苑』1939年11月号

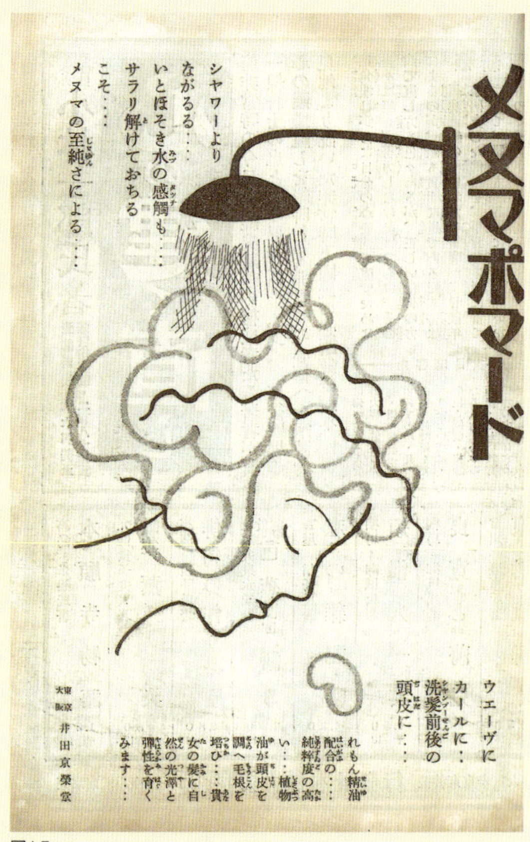

図 I-7

図 I-7：「貴女の髪に自然の光沢〔つや〕と弾性〔やわらかみ〕」を育む整髪料。ウェーブでもカールでもヘアースタイルは思いのまま。「メヌマポマード」広告。❖『新女苑』1938年11月号

図 I-8

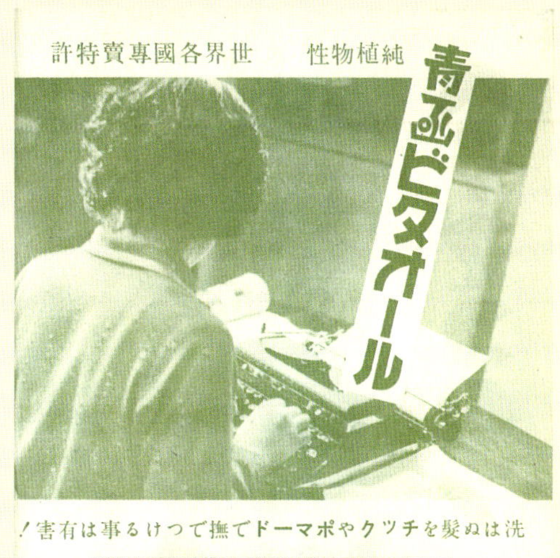

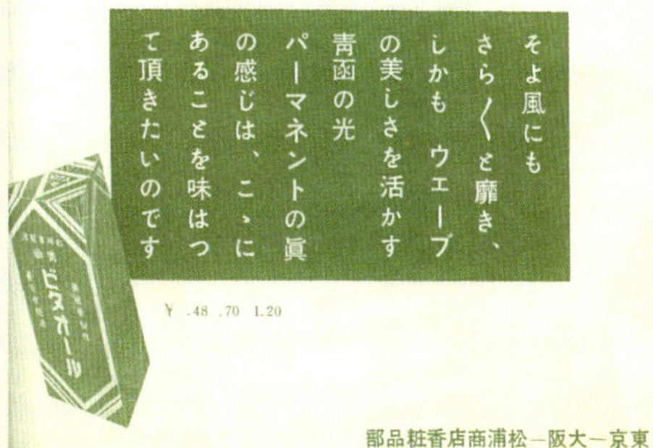

図 I-9

図 I-10

図 I-8：「秋のお髪の美しさをガッチリと作る」洋髪香油。世の自粛ムードを受け、イラストではパーマネントを使わない髪型を紹介している。「養毛つや出し洋髪香油ゴコー」広告。❖『新女苑』1938年12月号

図 I-9：タイプライターをたたく働く女性の髪型に注目。パーマのウェーブを真に美しく見せるは整髪料の力。「青函ビタオール」広告。❖『新女苑』1938年12月号

図 I-10：「身躾〔みだしなみ〕を忘れぬ非常時〔このさい〕の心構え!!」とあるが、コピーからは「非常時」が汗ばむ夏に向けての時期を指すのか、それとも倹約を押し進める時局を指すのか不明である。「ヨウモトニック」広告。❖『新女苑』1939年4月号

図 I-11

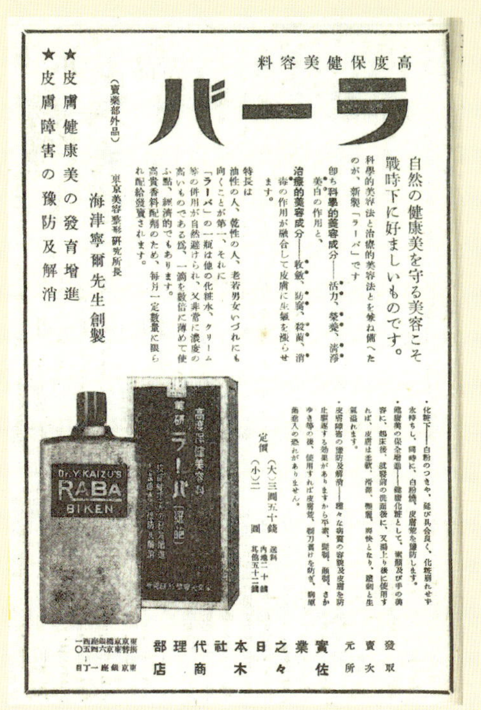

図 I-12

図 I-13（-1）

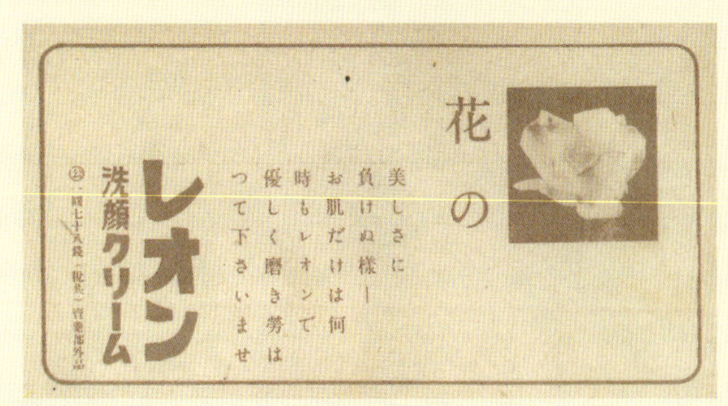

図 I-13（-2）

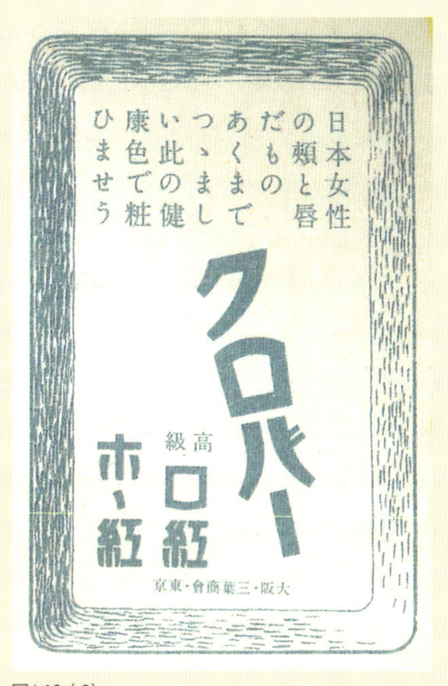

図 I-13（-3）

図 I-11：「昭和国民礼法」は、1941年4月発表の文部省「礼法要項」に基づく、新時代にふさわしい日本人のための教典。「人前での見苦しいお化粧直し」は問題外。「タンゴドーラン」広告。❖『新女苑』1941年7月号

図 I-12：「自然の健康美を守る美容こそ戦時下に好ましいものです」。あらゆる効能をひとつにした実業之日本社代理部の化粧品。薬品広告のような「高度保健美容料　ラーバ」広告。❖『新女苑』1941年7月号

図 I-13：これら三点の広告から、総力戦下で増産に励む若い勤労女性像が想像できるだろうか。「勝ち抜く力は健康明朗な心身から」という「テルミー化粧料」、「花の美しさに負けぬ様」にという「レオン洗顔クリーム」、そして「あくまでつつましい」日本女性らしい「健康色で粧いましょう」という「クロバー口紅／ホホ紅」広告。❖『新女苑』1942年6月号

第Ⅱ部

化粧品広告興隆期

1934（昭和9）年1月号から1937（昭和12）年9月号まで

満洲国皇帝溥儀が即位した1934（昭和9）年から、後世に日中戦争の開始と位置づけられた1937（昭和12）年の盧溝橋事件までの3年間、国内では、婦人雑誌の紙質はますます向上し、写真印刷も色刷り頁も鮮やかさを増していく。婦人雑誌に掲載された化粧品広告は、それまでより一層華やかとなった。

1930年代初期の女優を動員した派手な懸賞広告は、化粧品の乱売と射幸心をあおるとして社会問題となる。

懸賞品目的での消費者の購買意欲をあおるような広告は、商品の品質を問うことなく、ブランドのイメージを高め消費者の信頼を得るという、本来的に重要な機能を損なっていると見られたためである。

ただ売れれば良いとする販売競争は、結局のところ化粧品の価格の低下と不安定化を招き、化粧品業界にとっては手痛い打撃となる。以後、乱売はできるだけ避ける方向で、商品価格の維持と安定が求められていくようになる。それを反映するかのように、派手な懸賞広告は、以前に比べると影を潜めるようになった。

だが、映画や舞台で人気の女優を化粧品広告に起用するという手法は廃れることがなかった。写真技術の向上もあって、彼女たちは化粧品広告に不可欠な要素となった。起用される女優たちは、舞台用や和装用の化粧をした姿から、次第に素顔や自然な美しさが強調された姿に演出されることが多くなっていく。結果として、知名度やその実力以上に、齢の若い女優が化粧品広告に起用され、登場することが増えていった。

華やかさを増したのはメディアの変化だけによるものではない。化粧品業界そのものが大きな進展期を迎えていた。1930年代における化粧品業界の飛躍を象徴するのが、業界初の年鑑が編集刊行されたことである。

1933（昭和8）年の回顧から始まった『小間物・化粧品業界年鑑』（昭和9年版のみこの呼称。以後『小間物化粧品年鑑』で統一）は、その後、昭和18年版まで毎年出版された。※1

発刊の目的は、「過去一年間に於ける業界の記録」にあり、「業界発展の過程とともにその現有勢力をして一目の下に瞭然たらしめ、その生産機構および販売戦線に於ける複雑多岐なる様相を明確に把握し得る」ためであった。化粧品業界の著しい発展とその維持のために、同業者組合的な系統的記録を必要としたのであり、また、それを可能にするだけの業界の実力が獲得されていたわけである。

この『小間物化粧品年鑑』には、化粧品を中心に美容や服飾関連の業界の1年の動きがまとめられている。また組合や団体、そして生産・販売の動向を細かく記録記載した。その内容は、業界および各商品の販売状況についての情報だけではなく、内務省、商工省、大蔵省、外務省、鉄道省、特許局、内閣統計局、警視庁といった各省庁からのデータも幅広く掲載していた。また、当時の化粧品販売において行われた宣伝活動や、メディアを利用した広告の様相などを知ることもできる資料となっている。※2そこからは、化粧品各社にとって、商品の広告媒体として婦人雑誌メディアが重視されていたことがうかがえ、その利点として、まず女性のみに集中して宣伝活動できる点であり、新聞にはない色刷り広告が可能なこと、さらに消費者への訴求力が1ヶ月続くことなどが挙げられている。

1．1935年版からは東京小間物化粧品商報社編『小間物化粧品年鑑』東京小間物化粧品商報社と記載されるようになった。
2．現在、一般財団法人日本粧業会のホームページを通じて資料が公開されている。http://www.tga-j.org/documents/（2016年4月閲覧）

年鑑の記述を証明するかのように、『主婦之友』での広告は、まず色刷り（カラー）ページにおいて化粧品が占めることが一般化し、また見開きを使ったグラビアページでは大々的な化粧品広告が登場することが多くなった。

一方で、華やかさを増せば増すほど、化粧品広告は諸刃の剣ともなった。化粧品に対する奢侈的イメージが広がれば、さらなる課税対象品とされてしまうからである。輸入原料を使用することも多い商品であるが、あまりに価格が上昇してしまうと販売は鈍ることになる。商品に余剰が増えれば、乱売による価格の低下や不安定化を招きかねない。

単なる販売のためだけではなく、化粧品に対する奢侈的イメージを払拭し、日常生活に不可欠な品との認識を広めるためにも、化粧品広告のイメージ戦略は重要視されていく。

いったい、化粧品という商品群には、どのような傾向の広告表現こそがふさわしいのか、という模索も始まっていくのである。

第5章
華やかな化粧品広告の世界

1930年代半ばにさしかかると、化粧品広告合戦の華やかさに拍車がかかった。繰り広げられる広告合戦の様子からは、化粧品宣伝のタブーがまだ明らかではなかったことうかがえる。それだけに自由な化粧品広告が制作されていた。

雑誌の化粧品広告において、過去の広告の使い回しはほとんど見られない。毎号同じ商品の宣伝でありながら、広告は毎号異なる意匠で消費者を魅了しようとした。数多くの商品を前に、「有名」ブランド化粧品、つまり広告で名の知られたものでなければ、小売りが扱わないという事態も生じた。

『年鑑』記載の代表的広告

『小間物化粧品年鑑』には、当時の代表的化粧品各社の「広告」が数多く収録されている。一般消費者の目には止まらないそれらの広告は、当然ながら商品を売ることを目的としているわけではない。それらは、化粧品業界内での、自らの存在を誇示すべく制作され掲載されたもので、今でいう「広報」すなわちＰＲに近い。

各社がそのプライドをかけて広報合戦を繰り広げるなかで、クラブやレート、ウテナといった、婦人雑誌にあって際立つ広告を掲載していた化粧品会社のＰＲは、業界向け年鑑のなかにあっても、商業誌同様、色刷りで華やかさを醸し出していた。

図5-1

図5-2

図5-3

図5-1：クラブ化粧品の広告意匠を代表する、東郷青児描くところの女性イラスト入り広告。❖『小間物化粧品年鑑　昭和9年』1934年

図5-2：「レートクレーム」に「レコード石鹸」のブランド広告頁。❖『小間物化粧品年鑑　昭和9年』1934年

図5-3：「御園白粉」ブランドの広告頁。❖『小間物化粧品年鑑　昭和10年』1935年

図5-4

図5-5

図5-6

図5-4：桃谷順天館の「明色美顔水」は、自社研究所と工場を掲載。❖『小間物化粧品年鑑　昭和10年』1935年

図5-5：ウテナ化粧品で活躍するのが二人の女優、水谷八重子と山路ふみ子。二人が同じ広告頁に並ぶことはめったになかった。❖『小間物化粧品年鑑　昭和11年』1936年

図5-6：「化粧品はホルモン時代！」。クラブ化粧品は自社広告イメージを1936年末には一新、美的なイメージよりも、科学的根拠（ホルモン配合）を示す内容を重視するようになる。❖『小間物化粧品年鑑　昭和12年』1937年

図5-7

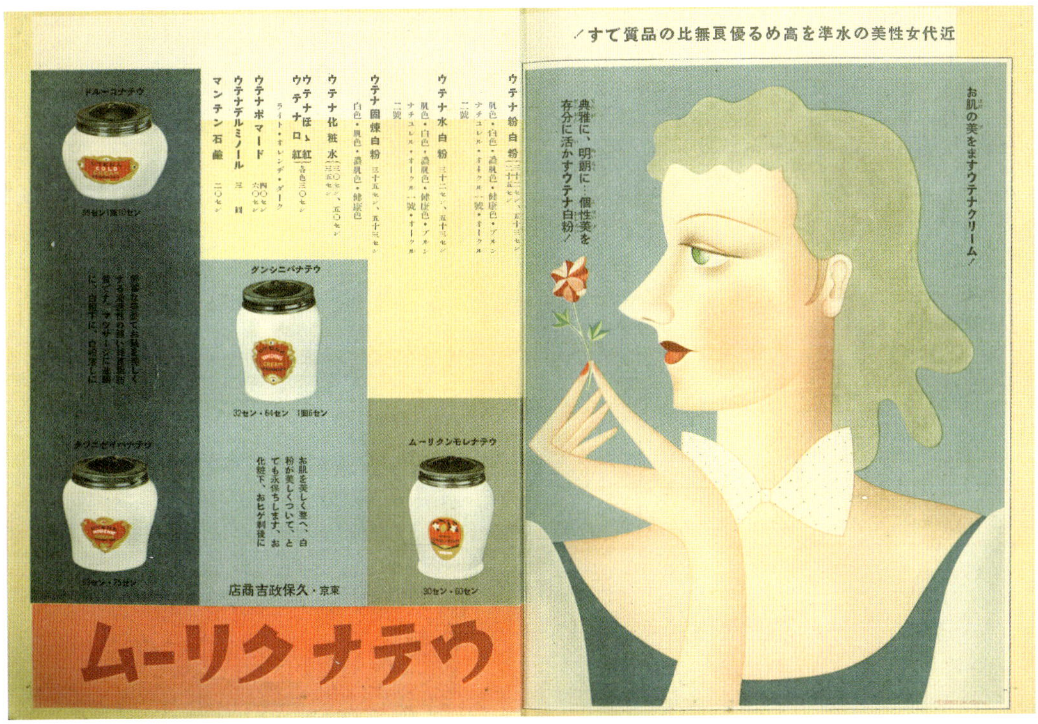

図5-8

図5-7：東郷青児が描く和装と洋装、二人の女性。クラブ化粧品の広告頁。❖『小間物化粧品年鑑　昭和11年』1936年

図5-8：女優を起用するだけではなく、モダンなイラストを使ったウテナクリーム商品の広告頁。❖『小間物化粧品年鑑　昭和12年』1937年

ヘチマコロン時代の『主婦之友』裏表紙

第Ｉ部で見たように、1930年代にモダンデザインを取り入れ、斬新な表現で独自性の強い広告展開を見せたのが「ヘチマコロン／クリーム」の広告である。その傾向は1933（昭和8）年にも引き継がれ、『主婦之友』の裏表紙を派手に彩った。そんなヘチマコロン／クリームの裏表紙広告にも、意匠の変化が表れていた。

図5-9

図5-10

図5-11

図5-9：赤と緑の補色ボーダー（縞々）となっているのは、雑誌新年号の発売が実際には前年12月であり、クリスマスが意識されていたためだろうか。「ヘチマコロン」裏表紙広告。❖『主婦之友』1934年1月号

図5-10：「春にさきがけて咲きいづる君が美しさ!!」。ヘチマのイラストが大きく転換。ヘチマ色が印象的な「ヘチマコロン」裏表紙広告。❖『主婦之友』1934年3月号

図5-11：「春の第一化粧料」。物語のプリンセスのイメージだろうか。女性が写実的・耽美的になっていく。❖1934年4月号

図5-12

図5-12：独創的なのはそのお化粧？　それとも HECHIMA デザインの衣装？❖『主婦之友』1934年2月号

図5-13

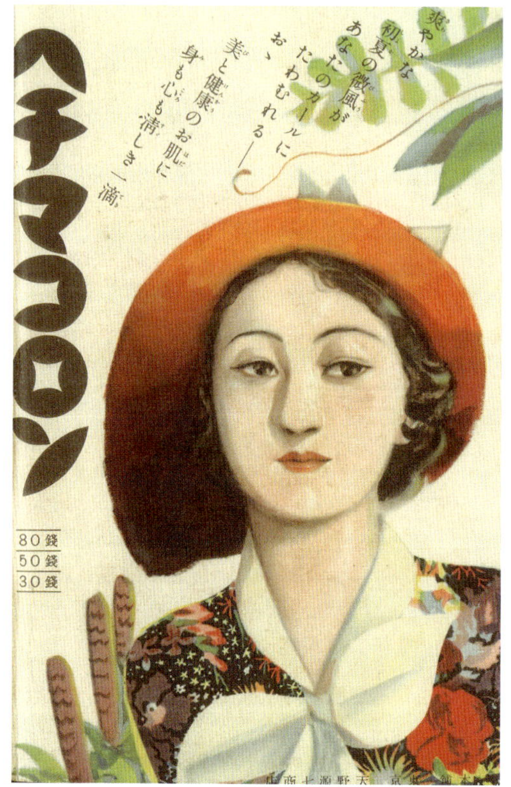

図5-14

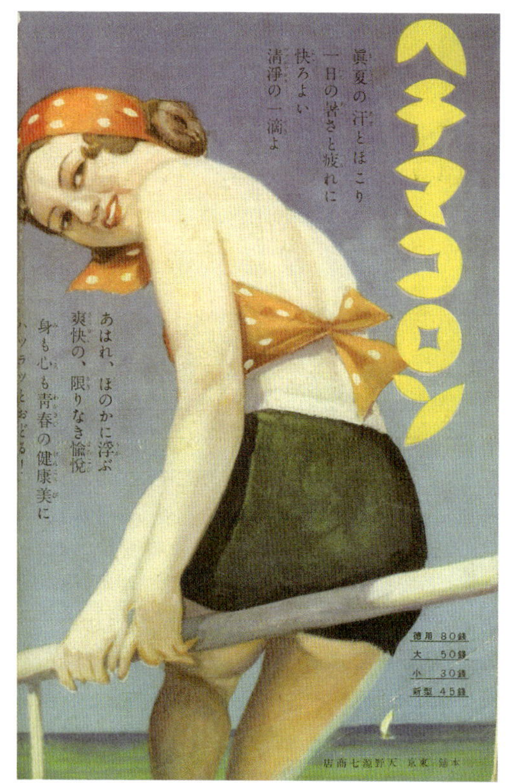

図5-15

図5-16

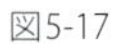
図5-17

図5-18

図5-13：「佳〔よ〕き人に春は楽し」。美人画への回帰とも見えるが、描かれるのは異国情緒あふれる女性。❖『主婦之友』1934年5月号

図5-14：「爽やかな初夏の微風…」。帽子をかぶったモダンガール風。❖『主婦之友』1934年6月号

図5-15：「真夏の汗とほこり…」。ピンナップガール風のセクシーな白人女性が海辺に登場。❖『主婦之友』1934年7月号

図5-16：「星の夜を灯せば…」。背後には夏祭りの提灯が描かれている。❖『主婦之友』1934年8月号

図5-17：「秋立つ雲の動きよ…」。フェルトの帽子に毛糸のパーマと、写真とイラストを組み合わせている。❖『主婦之友』1934年9月号

図5-18：「澄みわたる秋の空気に…」。黒と黄色のボーダーが目を引くモダンガール風の女性。❖『主婦之友』1934年10月号

図5-19：「ああ、秋のわれらが誇…」。洋装の女性と幾何学デザインを組み合わせた「ヘチマコロン」裏表紙広告。❖『主婦之友』1934年11月号

図5-19

図5-20

図5-20：「冬来〔く〕れど…」。冬の化粧品広告には、帽子に襟巻姿の洋装の女性が定番。❖『主婦之友』1934年12月号

多彩なヘチマコロンの広告表現

　数多い化粧品会社にあって、ヘチマコロンの広告はその多様性でも特筆に値する。

　ここでは雑誌記事の中にあってそのさまざまなパターンで展開されたその広告を紹介したい。

図5-21：黒いワンピースにカーディガン、おかっぱ頭の当世風の女性。❖『主婦之友』1934年1月号

図5-22：「吹く風を　八月の読書に耽る　その薄化粧………」。とくに商品説明はない、イメージ喚起型の広告。「ヘチマコロン」広告。❖『主婦之友』1934年8月号

図5-23：プロポーズ？「恋に賭けるヘチマコロン！」という一コマ漫画広告。❖『主婦之友』1934年2月号

図5-24：裏表紙だけではなく誌面内でも色刷りでさかんに広告を掲載。「ヘチマクリーム」広告。❖『主婦之友』1936年1月号

図5-21

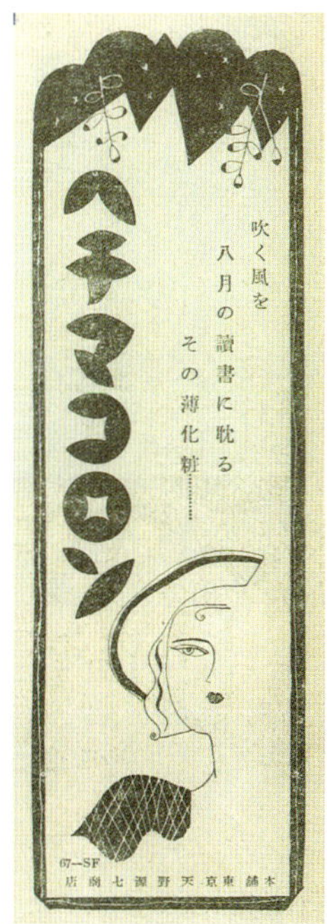

図5-22

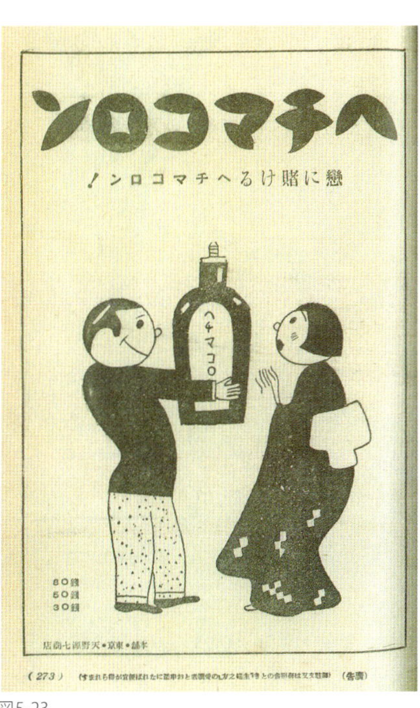

図5-23

図5-24

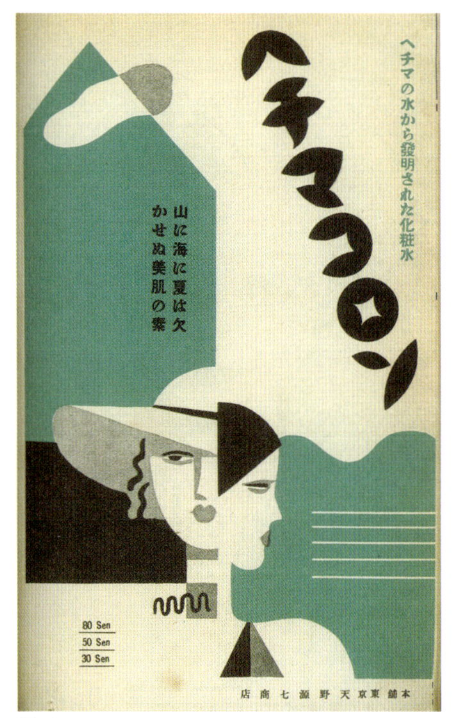

図5-25

図5-26

図5-27

図5-25：「山に海に夏は欠かせぬ美肌の素」。つば広の帽子をかぶった女性に水着の女性。二人の女性で夏のイメージを演出。❖『主婦之友』1935年8月号

図5-26：青色を基調とした二色刷の広告。「自然美のために　ヘチマクリーム」の広告。❖『主婦之友』1935年9月号

図5-27：額の巻き毛に一工夫ありのヘアスタイル。フランス国旗のトリコロール調のデザイン。「新製　ヘチマクリーム」の広告。❖『主婦之友』1936年2月号

図5-28

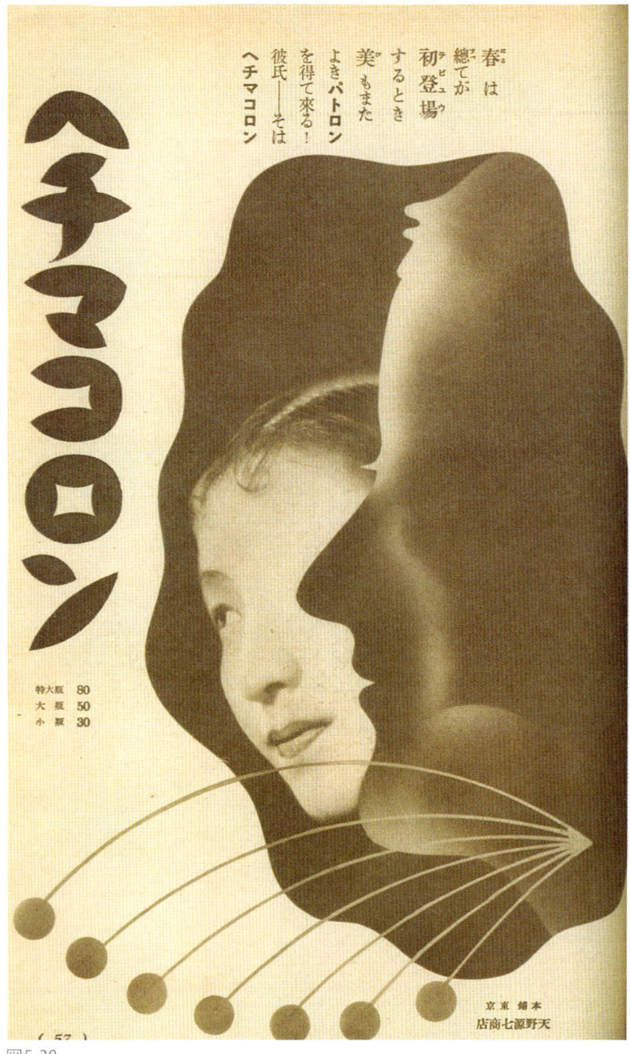

図5-30

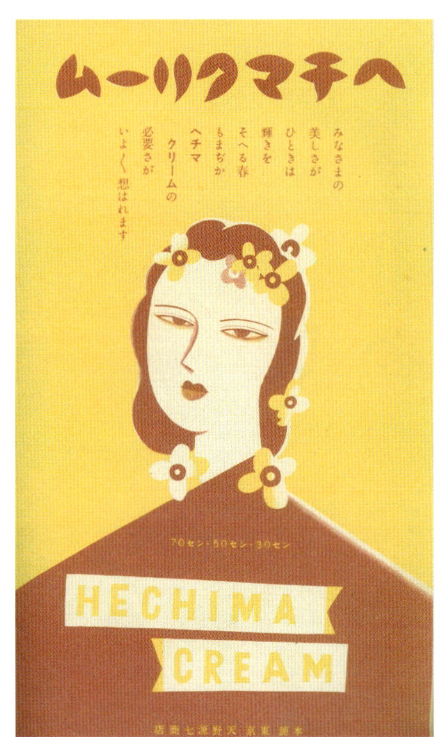

図5-29

図5-28：こちらはピンクを基調とし、中央の商品イラストだけが化粧品広告を思わせる。「生きたお化粧・お肌の春は　ヘチマコロン」広告。❖『主婦之友』1936年4月号

図5-29：こちらは黄色を基調としたデザイン。中央に女性の顔を配置。「ヘチマクリーム」広告。❖『主婦之友』1936年3月号

図5-30：写真との組み合わせで抽象的な広告も制作するように。「ヘチマコロン」広告。❖『主婦之友』1934年4月号

図5-31

図5-32

図5-33

図5-31：「日焦〔や〕けしらぬ真珠の肌こそただコロンの賜」。海辺にずらりと並んだ水着の女性たちの写真で、夏を演出。❖『主婦之友』1936年8月号

図5-32：女性の躍動感のある写真。「うるわしの肌と豊かな自然美はいつもきみのもの、近代的に完全なバニッシングクリーム」。❖『主婦之友』1935年12月号

図5-33：「特殊強力乳化装置コロイド・ミル使用の超微粒子クリーム」という商品説明がなされ、「科学」を意識した広告となっている。❖『主婦之友』1936年11月号

図5-34

図5-35

図5-36

図5-34：女性二人が散策する様子の写真を使っている。自然美がヘチマコロンの魅力。❖『主婦之友』1937年6月号

図5-35：イブニングドレスに、「HECHIMA・COLOGNE」と印された大きな扇子を持つ女性。「科学的に純粋な最高級化粧水　ヘチマコロン」の広告。❖『主婦之友』1937年3月号

図5-36：咲きほこる花に女性の手のイラストを使ったデザイン。化粧品広告のなかでもとくに多様なデザインを展開した。❖『主婦之友』1937年7月号

レート広告の多様性

1930年代当時、「東のレート、西のクラブ」と呼ばれた二つの化粧品会社があった。どちらも明治創業の化粧品メーカーで、代表的な国産化粧品会社に数えられていた。

1954（昭和29）年、創業76年目にして廃業したため今やその名を知る人は少ないが、「東のレート」こと、レート化粧品（LAIT TOILET）で知られたのが平尾贊平商店である。1878（明治11）年に静岡出身の平尾贊平（初代）が東京市日本橋区馬喰町で開業、1918（大正7）年に発売した、クリームと白粉をセットした「レートメリー」が人気を博した。

看板商品の「レート」シリーズは、戦前には最もよく知られた商品のひとつである。レートとはフランス語のlaitからとられており、日本語の「乳」を意味するが、本来は「レ」と発音するのが正しい。「レート」と呼んだところに、日本人のフランスへの憧れを取り入れつつ、音の響きの良さを優先した命名が見て取れる。

この時期のレート化粧品の広告は実に多様である。そのため逆に、とくに決まった特徴を持たないとも言えるが、懸賞中心の広告から、写真、イラスト等を利用したものまで、その幅広さは国内随一であった。

アレを止メ若肌になる
レートクレームの大懸賞
こゝに人氣スターの美しいお顔が六つ並んでゐます。誰々でせうか？ スターの名の〇の所に何の字を入れたらよいでせう？
1レビュー 〇ノ江瀧子さん
2歌劇 草笛〇子さん
3映畫 川〇弘子さん
4映畫 桂 珠〇さん
5ジャズ歌手 川畑〇子さん
6小唄歌手 勝太〇さん
答案用紙と書き方
レートクレームの箱をそのまゝお開きになり裏の白地へ又は他の用紙に左の順序でお書き下さい。
1懸賞答案の四字。
2スターの名二名以上。
3この廣告を見られた雑誌の名。
4レートクレームをお求めの店の所と名。
5回答者のお名とお所。
答案お屆け先
レートクレームをお求めになつた店又は、封書にて左記へ。
東京市日本橋區馬喰町一丁目 平尾贊平商店
答案締切 昭和九年二月末日
當選發表 昭和九年三月末日 新聞紙上
賞品
麗德錦紗 五百反 壹反宛五百名へ進呈
羽二重帯側 壹千本 壹本宛壹千名へ進呈
レート脂取紙 壹個宛 壹萬五千名
レートネオ粉白粉 壹個宛 五萬名
正解者多數の場合は抽籤により當選並に順位を定めます。
愛用者優待 錦紗五百反 帯側一千本 その他の豪華賞品
メ切 2月末日
今スグお出し下さい
(53)

図5-37

図5-38

図5-37：水の江瀧子から勝太郎までがずらりと並ぶ「レートクレームの大懸賞」広告。
❖『主婦之友』1934年2月号

図5-39

図5-40

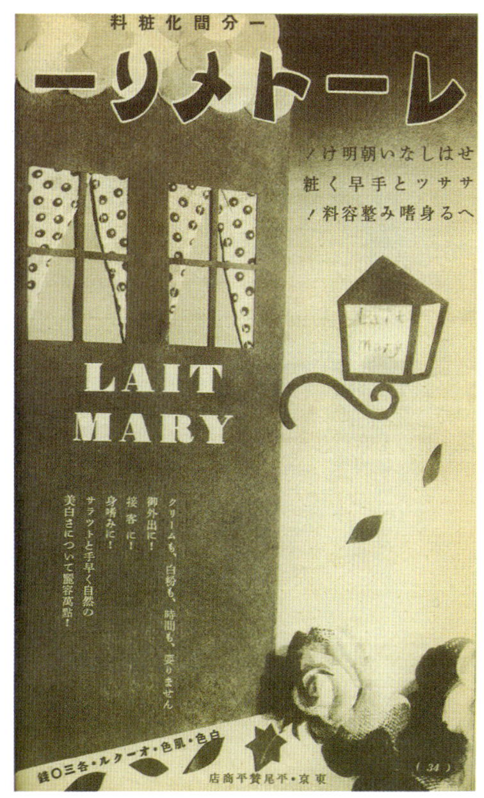

図5-41

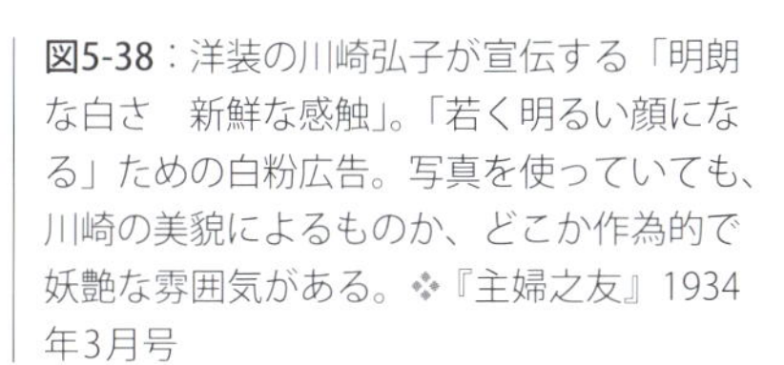

図5-38：洋装の川崎弘子が宣伝する「明朗な白さ　新鮮な感触」。「若く明るい顔になる」ための白粉広告。写真を使っていても、川崎の美貌によるものか、どこか作為的で妖艶な雰囲気がある。❖『主婦之友』1934年3月号

図5-39：日の丸に見えるが、じつは夏の太陽と雲の白。日やけ防止に化粧は必須。写真と色刷り（レタッチ）の組み合わせ。レモンイエローが印象的な「レートクレーム」広告。❖『主婦之友』1935年8月号

図5-40：「憧れの美の世界へ」と向かう飛行機。飛んでいるのは「肌」の上か？　写真を加工した「レートクレーム」広告。❖『主婦之友』1935年10月号

図5-41：写真とイラストの組み合わせ。木枯らし吹く秋のイメージ。「一分間化粧料　レートメリー」広告。❖『主婦之友』1935年11月号

図5-42

図5-43

図5-44

図5-45

図5-42：つば広の赤い帽子の女性イラスト。詩的な表現で化粧美を表現した広告から、徐々に科学性、機能性の説明するへと広告文は移行していく。「囁く愛の言葉のそれにもにたる　美も若さも魅力もレートクレーム」広告。❖『主婦之友』1935年10月号

図5-43：「白粉〔おしろい〕」であれば、face powder（フランス語ならpoudre）とすべきところだが、ただ「白」を意味する「BLANC」を使ったところに、レートらしさが表れている。黄色を基調としたシンプルな「美と魅力のレート白粉」広告。❖『主婦之友』1936年3月号

図5-44：黒バック白ヌキに赤い帽子のコントラストを効果的に使った広告。女性の表情は、愛らしいような妖しいような。レートのイラスト広告の女性イメージは常に異なっており、統一されているのは商品名のフォントのみである。「早春の若肌！　レートクレーム」広告。❖『主婦之友』1936年3月号

図5-46：こうした細面で手足が長く線の細い女性は、いわゆる「柳腰」の日本美人イメージの系譜に連なる。ただし病的ではなく、明るくはつらつとした「青春の柔肌」が持ち味。「レートクレーム」広告。❖『主婦之友』1936年4月号

図5-46

図5-46：「明朗美！　表情美！　青春美！　健康美の優勝盃はレート愛用嬢の手へ!!」。既婚者だけではなく、若い女性を意識した広告もさかんに作られた。「レート白粉」広告。❖『主婦之友』1935年11月号

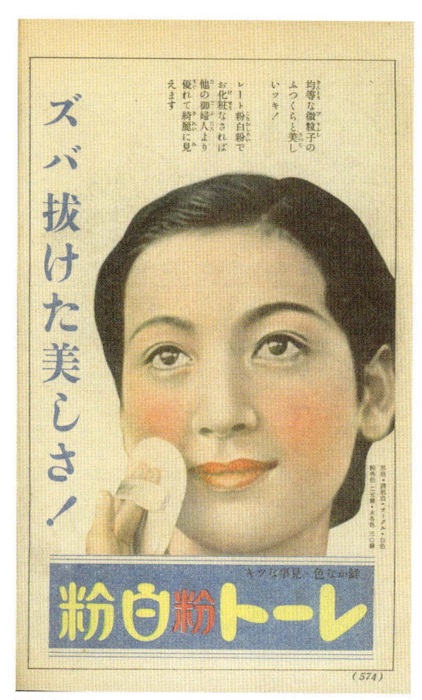

図5-47

図5-48

図5-47：「ズバ抜けた美しさ！」。原節子の写真を使った色刷り（レタッチ）広告。原はレート化粧品のマスコットとして活躍することになる。「レート粉白粉」広告。
❖『主婦之友』1936年10月号

図5-48：少女向け雑誌では、手軽な化粧を女学生に向けて宣伝。「レートメリー」広告。❖『少女の友』1937年４月号

東郷青児から健康化粧へ、クラブ広告の時代性

「東のレート」に対抗する「西のクラブ」こと、クラブ化粧品（CLUB COSMETICS）は、大阪の中山太陽堂（現・クラブコスメチックス）が手がけた化粧品シリーズである。創業者は山口県生まれの中山太一で、彼が1901（明治34）年に雑貨と化粧品の小売りの行商を神戸の花隈で始め、1903（明治36）年に「中山太陽堂」の看板を掲げ店舗を持った。開業当時は洋品雑貨や化粧品の卸商であった。

社史『百花繚乱――クラブコスメチックス百年史』（2003年、クラブコスメチックス）によれば、1906（明治39）年、創業3年目にして自社製造第1号商品「クラブ洗粉」を発売し、本格的に化粧品製造に転身した。翌年に商都大阪に本店を移し、そこを拠点に派手な広告宣伝を展開、同社は全国区の化粧品メーカーとしての知名度を獲得する。「クラブ洗粉」に続いて、「クラブ白粉」「クラブ歯磨」というクラブシリーズを世に送り出した。『主婦之友』裏表紙には、1935（昭和10）年になると、「ヘチマコロン」化粧品広告にかわって「クラブ」化粧品が登場した。同社の広告の挿絵画家としても活躍した東郷青児のモダンイラストによる広告である。だがさらに、東郷青児のイラスト入り広告は、同社の商品ラインナップを使った化粧指南の広告に替わっていく。それはスリーステップで完成する「健康化粧」と命名された。クラブが提案した新しい化粧法であった。

こうした変化は次のように見なせるだろう。洗練されたイラストによる広告はどこか非日常的で高級感がともなう。これまではそうした美のイメージが化粧品広告には求められてきたと言える。だが次第に、日々の生活に必要な日用品としての化粧品とのイメージを定着させることが重視されていく。そうした化粧品会社の新たな思惑がまさったイメージ転換であった。

なお、中山太陽堂は別にプラトン社を起こし、ＰＲ雑誌『女性』や『苦楽』を発行したことでも有名だ。1922（大正11）年創刊の『女性』は、中山太陽堂顧問の小山内薫が編集を行い、山六郎や山名文夫といったイラストレーターが独自の装丁や、タイトルロゴを制作したことで知られる。1928（昭和3）年5月に廃業したプラトン社は、その歴史は短いながらも、出版史に名を残している。詳しくは『モダニズム出版社の光芒――プラトン社の一九二〇年代』（小野高裕ほか、2000年、淡交社）を参照してほしい。

図5-49

図5-49：東郷青児が描く冬のモダンガール。「クラブはき白粉／美身クリーム」裏表紙広告。❖『主婦之友』1935年1月号

図5-50

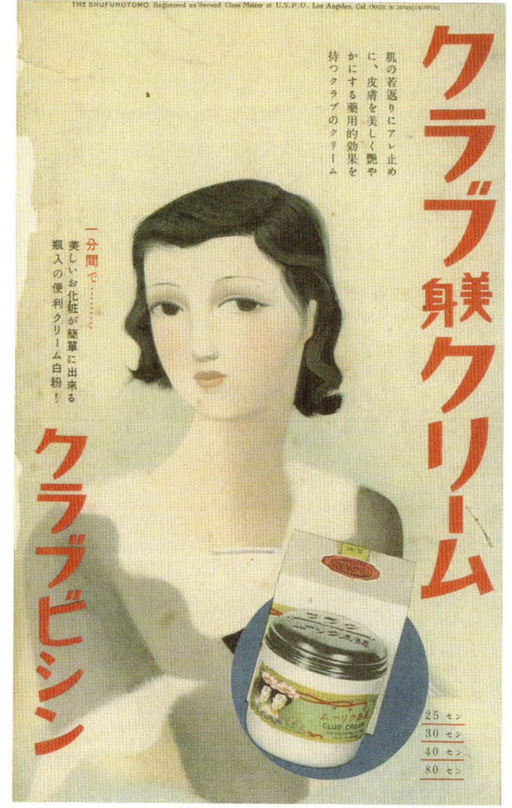

図5-51

図5-52

図5-53

図5-54

図5-54：化粧水と乳液は、今日ではまったく別の役割をもつ基礎化粧品だが、当時はその境界線が未分化だ。「クラブ歯磨／若返り化粧水　クラブ乳液」広告。
❖『主婦之友』1935年5月号

図5-50：白を基調とした淡い色合いは、乳液をイメージしたものだろうか。女性の白いドレスもどこか非日常的。「クラブ乳液／白粉」裏表紙広告。❖『主婦之友』1935年2月号

図5-51：1分間で美しいお化粧が簡単にできるのが「クラブビシン」、肌の若返りと荒れ止めには薬用的効果を持つ「クラブ美身クリーム」を。「クラブ」裏表紙広告。❖『主婦之友』1935年3月号

図5-52：首のリボンがトリコロール調。クラブの女性イラストは洋装が圧倒的に多い。「クラブ白粉／カテイ洗粉」裏表紙広告。❖『主婦之友』1935年4月号

図5-53：若返りや荒れ止めのための商品だったクリームは、パウダー状の粉白粉が主流となるなかで、新たに「白粉下〔おしろいした〕」、今日で言うところの化粧下地として定着していく。❖『主婦之友』1935年6月号

図5-55

図5-56

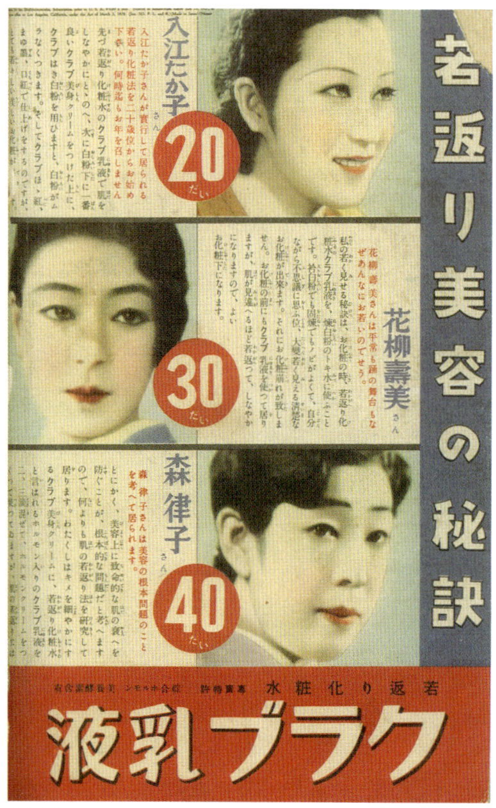

図5-57

図5-58

図5-59：「ホルモン応用健康化粧」と「クラブ美身クリーム」の詳細な解説。裏表紙誌面の情報量が格段に増加した「クラブ」広告。❖『主婦之友』1937年1月号

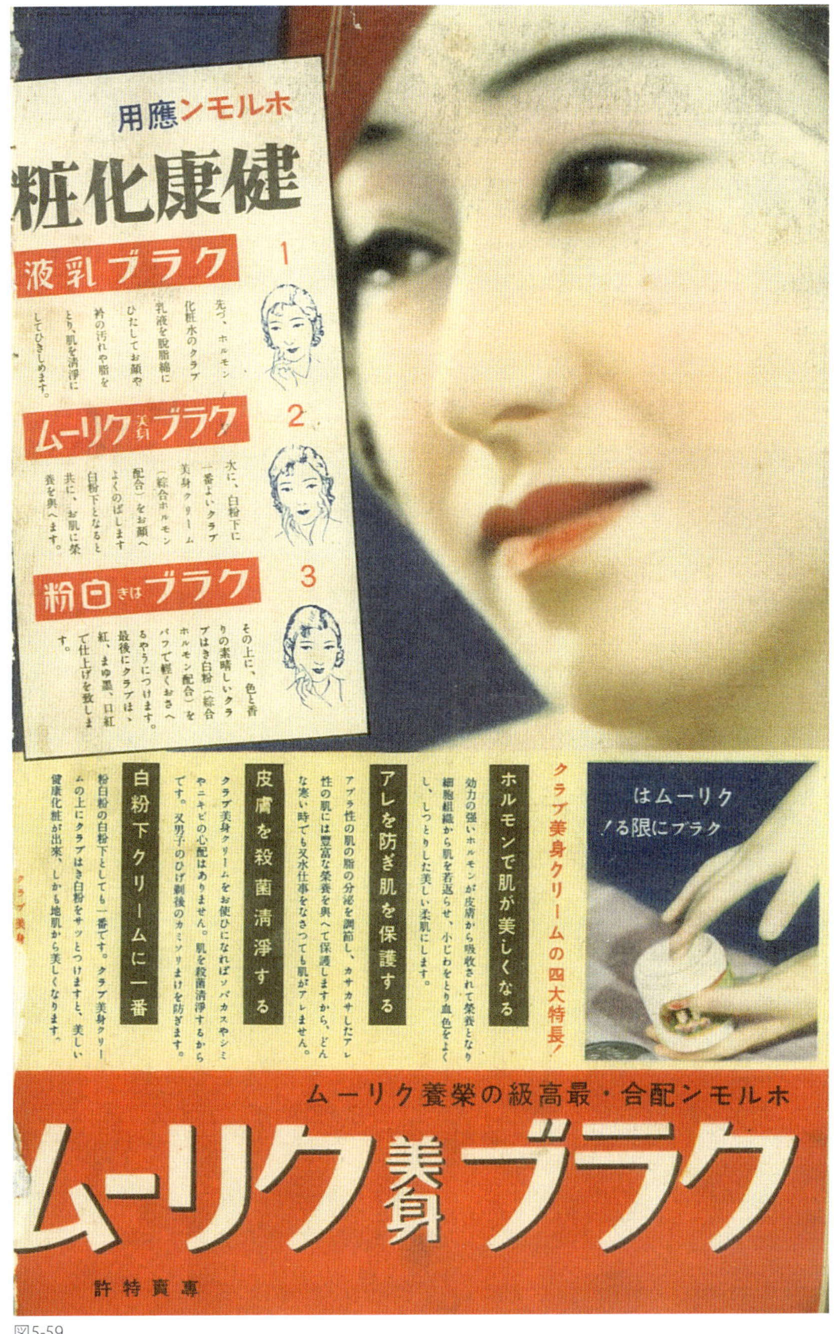

図5-59

図5-55：「ホルモンクリームのつくり方」といったような、説明調や化粧指南のコピーが誌面を埋めるようになっていく。「若返り化粧水　美養素ホルモン　クラブ乳液」広告。❖『主婦之友』1935年/月号

図5-56：クラブ広告の女性イメージが大きく転換。入江たか子が紹介する「一分間化粧」。お化粧は早さ、簡素を求める時代へ。「クラブ乳液／美身クリーム／はき白粉」裏表紙広告。❖『主婦之友』1935年8月号

図5-57：どのような年代の女性であっても「若返り美容の秘訣」さえ手にすればお化粧はいつでも安心。「クラブ乳液」裏表紙広告。❖『主婦之友』1935年9月号

図5-58：「最も新しいホルモン美容」として「健康化粧」を提案。「クラブ乳液／美身クリーム／はき白粉」裏表紙広告。❖『主婦之友』1936年3月号

第6章
誌面内写真利用広告の展開

『主婦之友』における広告スペースにおいて、最も効果的な場所は、色刷りが可能な裏表紙や目次裏であった。その一等地は、どちらも常に化粧品広告が占拠していた。だが同誌への広告出稿希望数は増加する一方だったのだろう。その、慢性的広告スペース不足のなかで登場してきたのが、二ページの見開きで掲載される誌面内広告や、グラビアページのなかに登場する写真利用の広告である。

雑誌誌面内において、2頁の見開きで展開される化粧品広告の多くが、従来は懸賞広告であった。だが次第に、この広いスペースを利用し、写真を用いた印象的な広告が製作されるようになる。

そのような新手の宣伝手法を見せる見開き広告をはじめとして、写真を効果的に使った魅力的なもの、意匠に富んだもの、独特のセンスで表現されたものを紹介したい。

1934年の写真付きタイアップ

1934（昭和9）年から翌年まで、新作興行や封切映画や流行音楽などとのタイアップを意識した広告が誌面内広告には数多く見られる。それらは、コラージュの多用など、写真メディアの特性を生かしたデザインに変わっていく。

図6-1

図6-1：美容家の山野千枝子が、文藝春秋主催「全日本麗人競美」で第一等に当選したミス日本・玉千代を訪問しインタビューした記事広告。お座敷に出るときは「水白粉…明色美顔水」を、ふだんは「明色美顔粉白粉」の肌色を愛用。「明色美顔粉白粉」広告。❖『主婦之友』1934年9月号

図6-2：宝塚レビューを誌上で楽しむ。草笛美子、雲野かよ子にラインダンス写真。下段は明治座での《ハムレット》公演でオフィーリアに扮する及川道子の楽屋風景写真。「御園クレーム／つぼみ白粉」広告。❖『主婦之友』1934年2月号

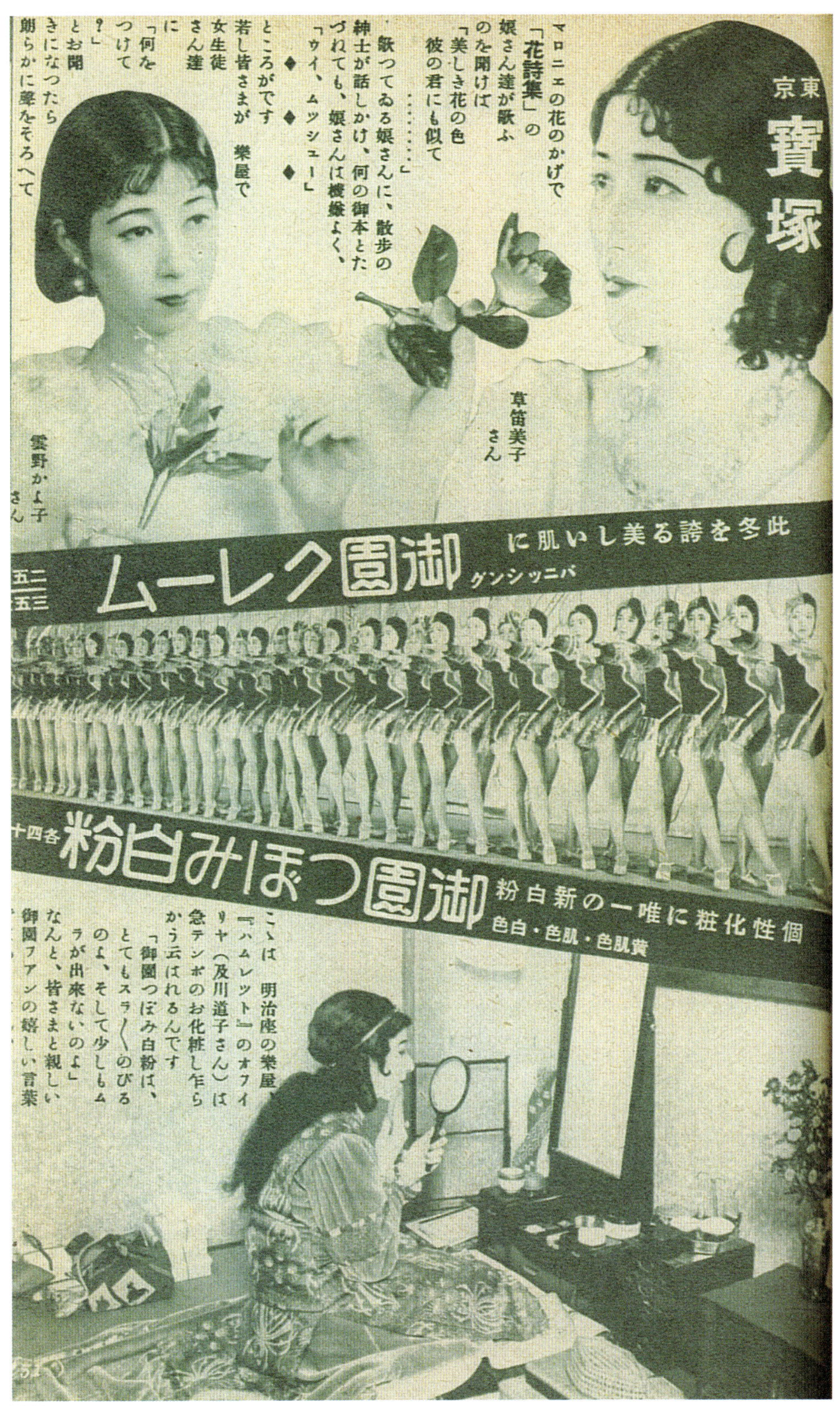
東京
寶塚
マロニエの花のかげで
「花詩集」の
娘さん達が歌ふ
のを聞けば
「美しき花の色
彼の君にも似て
……」
歌つてゐる娘さんに、散歩の
紳士が話しかけ、何の御本とた
づねても、娘さんは機嫌よく、
「ウイ、ムツシユー」
◆　◆
ところがです
若し皆さまが　樂屋で
女生徒
さん達
に
「何を
つけて
？」
とお聞
きになつたら
朗らかに聲をそろへて
草笛美子さん
雲野かよ子さん
此冬を誇る美しい肌に
バニッシング
御園クレーム
二五 三五
個性化粧に唯一の新白粉
黄肌色・肌色・白色
御園つぼみ白粉
各四十
こゝは　明治座の樂屋、
『ハムレット』のオフイ
リヤ（及川道子さん）は
急テンポのお化粧し乍ら
かう云はれるんです
「御園つぼみ白粉は、
とてもスラ〳〵のびる
のよ、そして少しもム
ラが出來ないのよ」
なんと、皆さまと親しい
御園ファンの嬉しい言葉

図6-2

図6-3

図6-3：「さくら音頭に打興ずる御園美の及川道子さん」。《さくら音頭》（佐伯孝夫作詞、中山晋平作曲、日本ビクター文藝部振付）は、1934年発売の流行歌で、2月のビクターをはじめ、3月にテイチク、4月にコロムビア、5月にポリドールが競作発売した。同一楽曲ではなく、各レコード会社により作詞と作曲が異なる。また映画《さくら音頭》も5社競作（P. C. L.〔現・東宝〕、日活、新興キネマ、大都映画、松竹で製作）。「ねり製　御園つぼみ白粉」広告。❖『主婦之友』1934年4月号

図6-4

図6-5

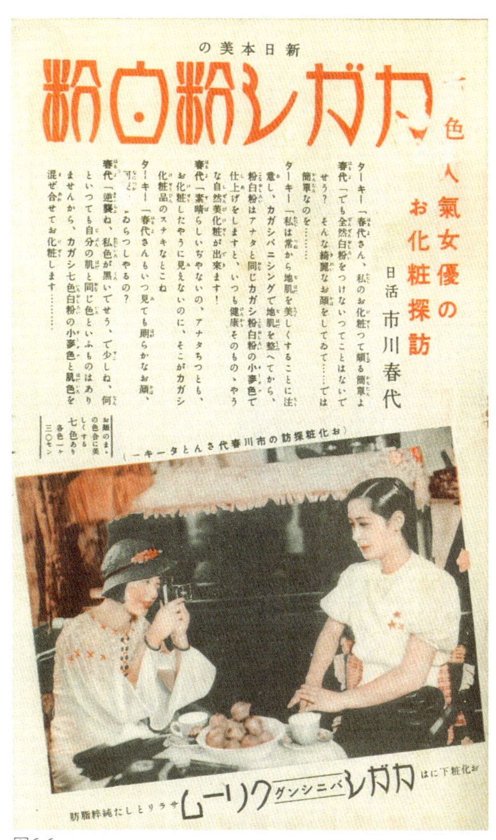

図6-6

図6-4：松竹少女歌劇の西條エリ子・オリエ津阪が唄う広告歌《青い汽車》。「新型マスター水白粉／粉白粉のカカオ色」と「マスター五百番衿白粉」広告。❖『主婦之友』1934年9月号

図6-5：歌劇団の男役の髪型には整髪料ポマードは必須！　夏に傷みやすい髪の手入れにも！　大きな顔のコラージュがちょっと怖い「メヌマポマード」広告。❖『主婦之友』1934年10月号

図6-6：「人気女優のお化粧探訪」と題し、日活の市川春代がターキー（水の江瀧子）と対談。「アナタちっとも、お化粧したように見えないのに、そこがカガシ化粧品のステキなとこね」（春代）。「新日本美の七色カガシ粉白粉」広告。❖『主婦之友』1934年10月号

インパクト重視の見開き広告

見開き2頁の誌面を、断ち落としを含め、ぎりぎりまで大きく使った広告の数々。その広いながらも制限されたキャンバスにどのような商品のイメージ世界を創るのかが、広告制作者の腕の見せ所である。

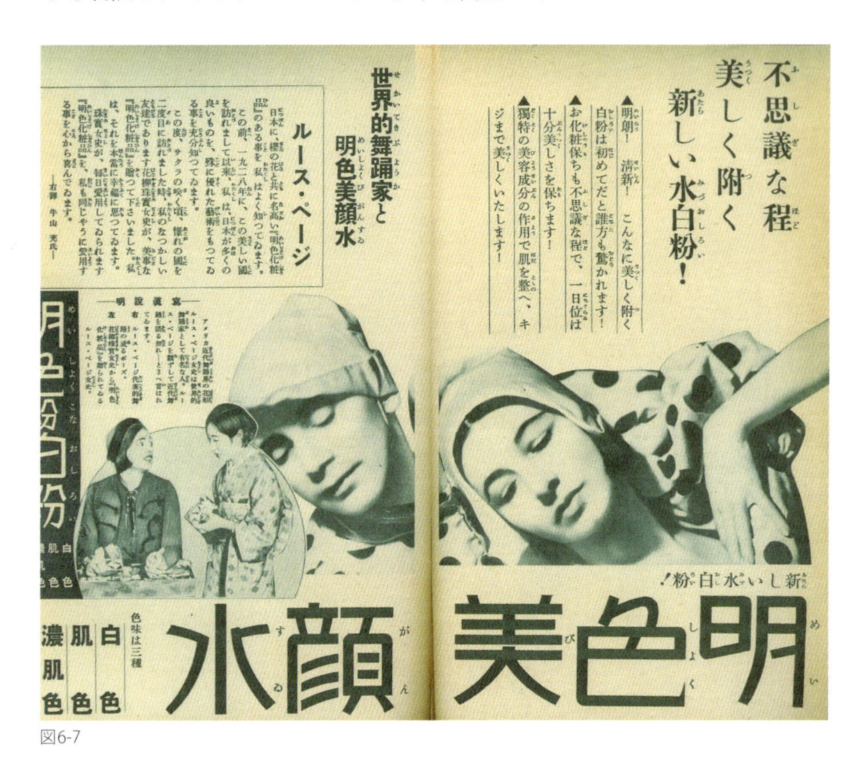

図6-7

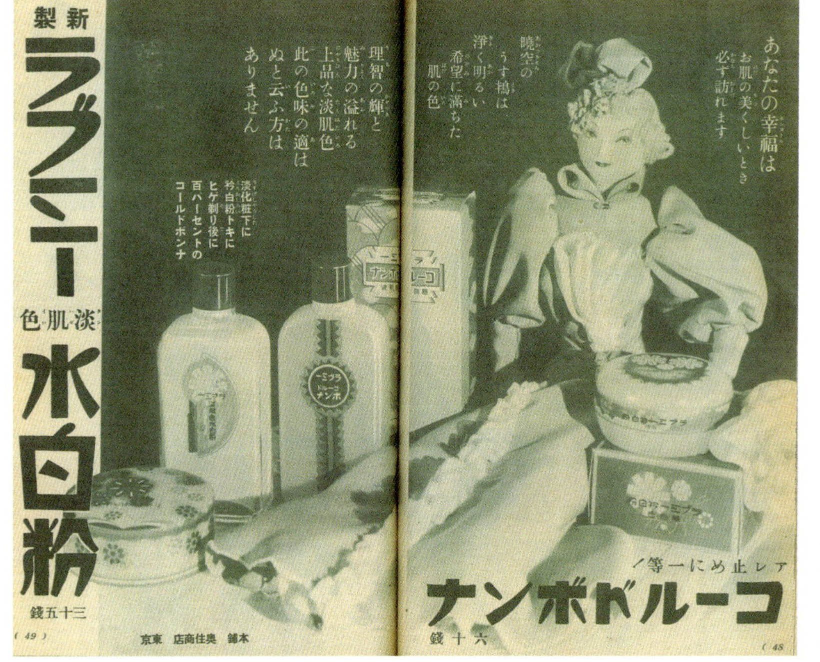

図6-8

図6-7：アメリカにおける近代舞踊界の花形ルース・ページ女史が登場。1934年来日し、4月から5月にかけて、東京劇場および軍人会館で舞踊公演を行った。記事では、舞踊家の花柳珠実に明色化粧品をプレゼントされたとのこと。推薦文は同じく舞踊家の牛山充が翻訳。「明色美顔水／粉白粉」広告。❖『主婦之友』1934年11月

図6-8：人形に寄り添うラブミーの化粧品たち。「新製　ラブミー淡肌色水白粉」広告。❖『主婦之友』1934年2月号

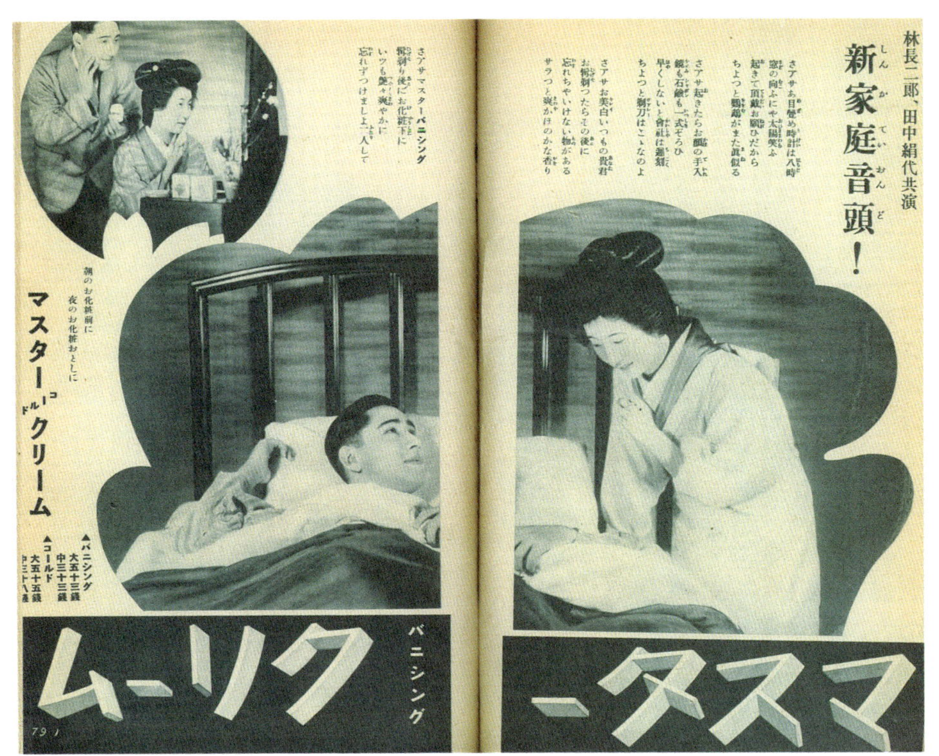

図6-9

図6-10

図6-9：映画的表現を取り入れた広告は数多い。夫婦で使ってこその化粧品。林長二郎、田中絹代共演《新家庭音頭！》。「マスターバニシングクリーム」広告。❖『主婦之友』1934年4月号

図6-10：西條八十の詩「新婚への行進曲」に山野千枝子の化粧指導付き。「明朗な近代美　明色美顔水白粉／粉白粉」広告。❖『主婦之友』1934年4月号

図6-11

図6-12

図6-11：向き合う二人の女性のシンメトリーな感じが効果的。「若肌になる　レートクレーム／白粉」広告。❖『主婦之友』1934年10月号

図6-12：夏川静江、夏川大二郎姉弟の「スキー場の一風景」での会話のやりとりが商品説明となっている。「ラブミー粉白粉／雪肌クリーム」広告。❖『主婦之友』1934年12月号

図6-13

図6-14

図6-13：近代的な明朗美には、自然な肌の美しさが大切。「彗星的」に突如表れた「明朗美を創生する美粧水　オカップレモナ」広告。❖『主婦之友』1935年8月号

図6-14：見開き2頁を使えば、化粧品の高い品質を具体的に説明できる。原節子が微笑む「レートクレーム」広告。❖『主婦之友』1937年6月号

図6-15

図6-16

図6-15：チアリーダーが美肌を応援する、「ヘチマコロン」広告。❖『主婦之友』1937年9月号

図6-16：宝塚少女歌劇出身で、その後映画女優に転身した霧立のぼるの表情が楽しめる、「アメリカ婦人にも大評判」の「明色粉白粉」と「明色美顔水」広告。❖『主婦之友』1935年11月号

目次裏広告の競演

当時、『主婦之友』の販売は好調で、掲載される記事や特集は増え続け、それに比例して頁数も増加していた。内容を一瞥できるよう目次に掲載するには、従来の2頁では足りなくなり、観音開きの見開きページとなっていく。それによって『主婦之友』に出現した新たな広告スポットが、観音開き目次欄裏側の空きスペースであった。このスペースは、位置の良さと色刷りが可能であることから、裏表紙に次いで目立つ広告掲載場所となる。

広告の掲載希望は増加傾向にあったようだが、そもそも誌面は限られている。主婦之友社は、かつて代理部との関係を通じて信頼性を高めてきた商品の広告を、毎号ほぼ同じ場所に掲載するようになった。その代表が、目次裏の「ウテナ」と「マスター」の化粧品広告である。両者ともに昭和に始まる新興の化粧品会社であり、そして主婦之友社の代理部取扱いの商品を提供していた。そんな似たところのある両社だが、目次裏広告では、ウテナは水谷八重子の写真を全面に押し出したイメージ重視の宣伝を行い、マスターは常に漫画を使って商品の良さを説明する手法であった。両社の広告は、全くテイストの異なるものだが、長らく目次裏に仲良く並んでいたのである。

図6-17

図6-17：「元旦！」。水谷八重子がご愛援を「謹んでお願い」する「ウテナ花印〔コールド〕クリーム」広告と、セーラー服の女学生も憧れる「マスター五百番衿白粉」広告。
❖『主婦之友』1934年１月号

図6-18

図6-19

図6-18：冬の終わりはもうすぐ、両社ともに春の到来を意識した内容。「ウテナ花印〔コールド〕クリーム」の広告と、「マスターの白粉クリーム広告。❖『主婦之友』1934年3月号

図6-19：化粧美のイメージ優先なのはどちらも同じ。「色白く　サラッと清く　美しく」の「ウテナ雪印〔バニシング〕クリーム」広告と、「これは美白〔キレイ〕な令嬢〔マドモアゼル〕！」の「マスター百番水白粉」広告。❖『主婦之友』1934年４月号

図6-20

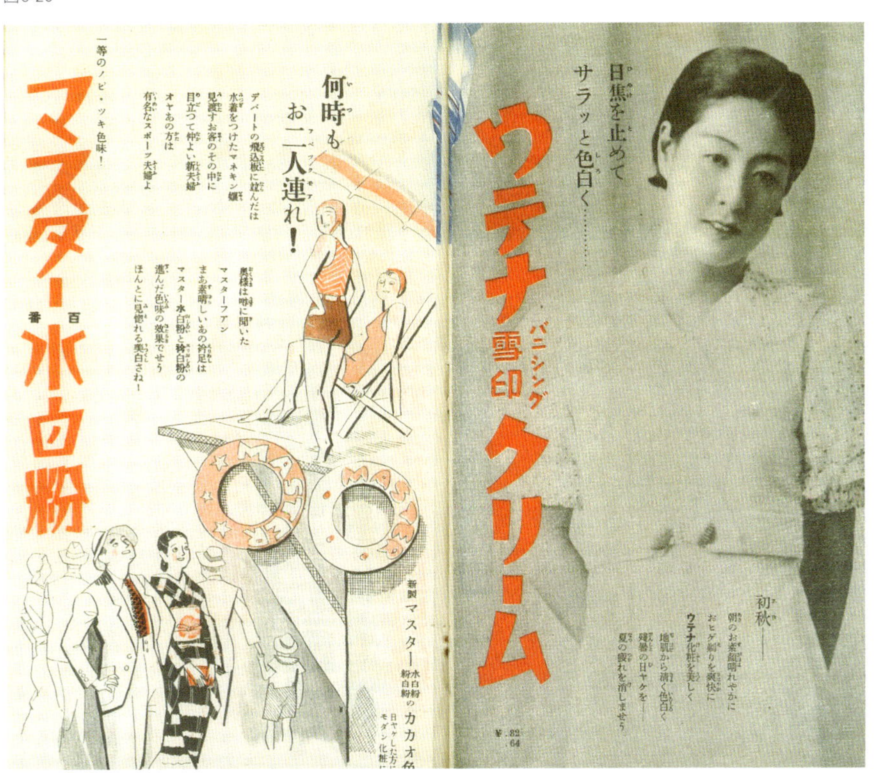

図6-21

図6-20：同じ和服美人の競演だが、そのイメージはずいぶん異なる。「ウテナ雪印〔バニシング〕クリーム」広告と、「マスター百番水白粉」広告。❖『主婦之友』1934年6月号

図6-21：どちらの広告も夏の装いが見られる。夏の化粧品広告には水着やワンピースを着た美人が不可欠である。「ウテナ雪印〔バニシング〕クリーム」広告と、「マスター百番水白粉」広告。❖『主婦之友』1934年9月号

図6-22

図6-23（-1）

図6-22：どちらも家でくつろぐ風の着物の女性。髪型も似ている。懸賞あり「ウテナ雪印〔バニシング〕クリーム」と「マスター百番水白粉」広告。❖『主婦之友』1934年11月号

図6-23：目次裏に並んだ化粧品広告三種。次頁右から、「カガシコールドクリーム」懸賞広告、水谷八重子主演のトーキー《唐人お吉》のワンシーンを使った「ウテナ雪印〔バニシング〕クリーム」広告、クリスマスの銀座を歩く夫婦を描いた「マスター五百番衿白粉」広告。❖『主婦之友』1934年12月号

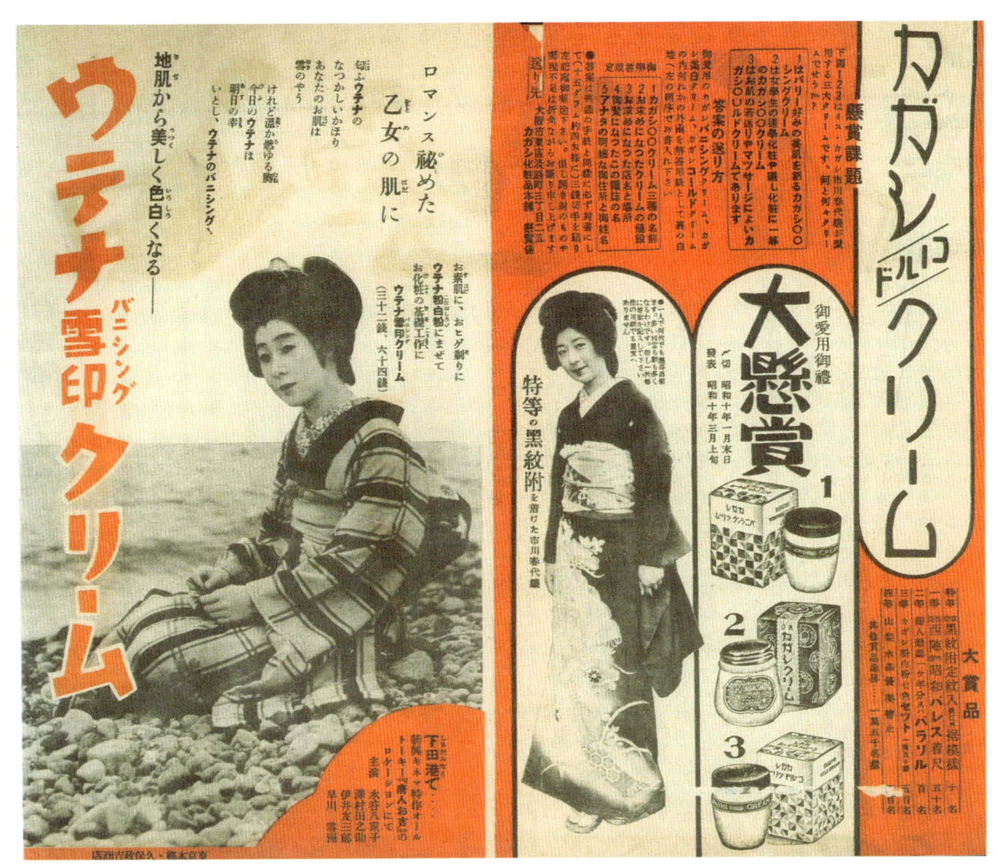

図6-23（-2）

商品主体の広告写真

写真技術の向上により、商品をクローズアップした広告も見られるようになる。その商品の配置やデザインにおいて、見るべきところが多い。

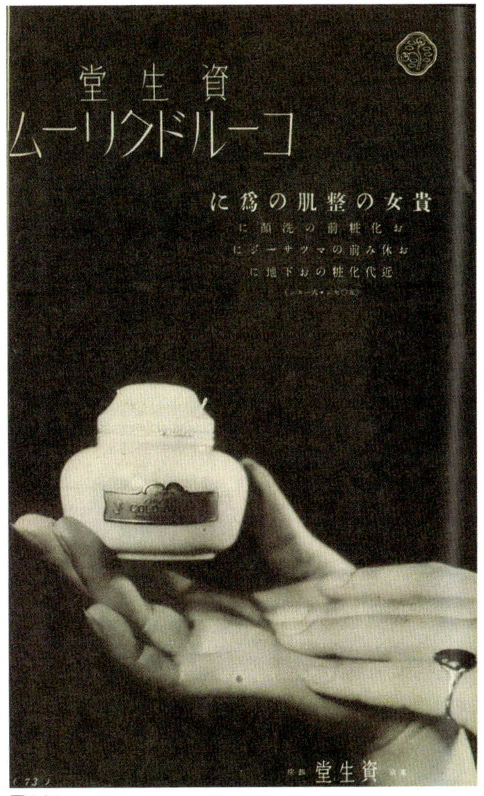

図6-24

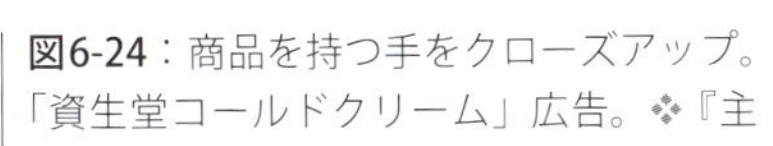

図6-24：商品を持つ手をクローズアップ。「資生堂コールドクリーム」広告。❖『主婦之友』1934年1月号

図6-25

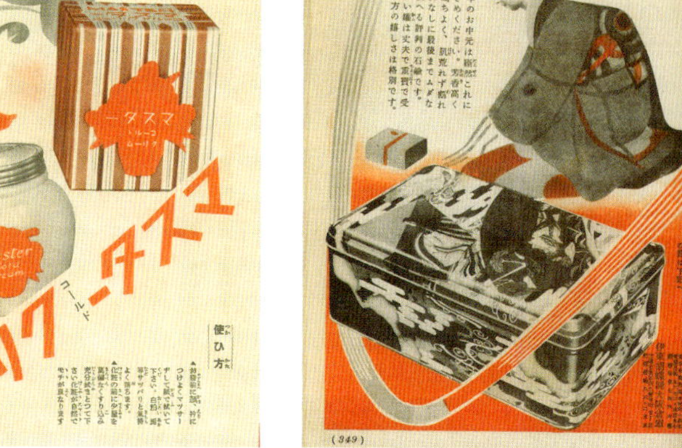

図6-26

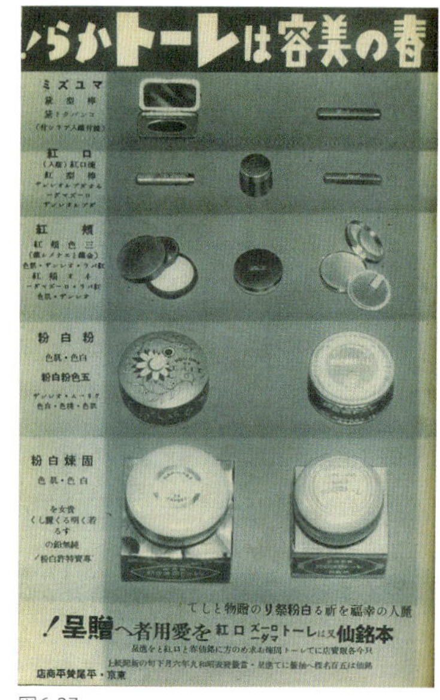

図6-27

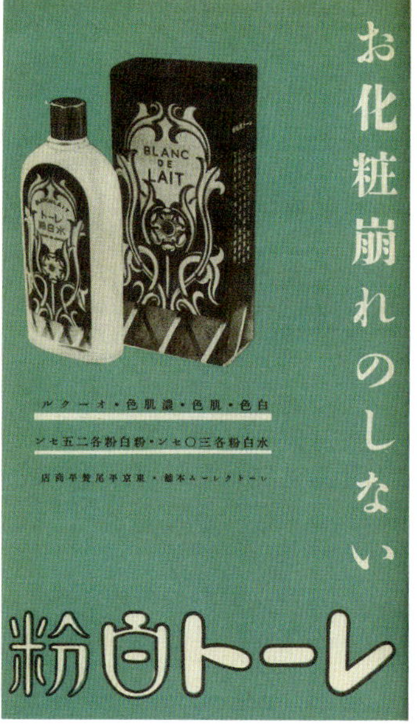

図6-28

図6-29

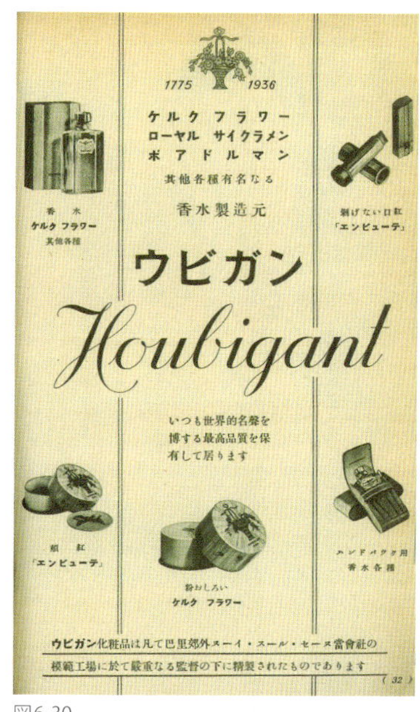

図6-30

図6-25：女性のイラストと商品写真の組み合わせ。「マスターコールドクリーム」広告。❖『主婦之友』1934年2月号

図6-26：「美装缶入」の贈答用の商品。「御園石鹸」広告。❖『主婦之友』1934年7月号

図6-27：マユズミ、口紅、頬紅、粉白粉、固煉白粉。レートの化粧品勢ぞろい。「レート」懸賞広告。❖『主婦之友』1934年4月号

図6-28：商品とそのパッケージの細部がわかる。緑を基調色とした「レート白粉」広告。❖『主婦之友』1935年8月号

図6-29：日本髪の女性イラストの上に商品を配置。和装用の化粧品紹介は正月限定の季節広告となっていく。「アイデアル特製煉白粉」広告。❖『主婦之友』1936年1月号

図6-30：パリからの輸入化粧品がずらりと並ぶ。「ウビガン」広告。❖『主婦之友』1936年3月号

図6-31

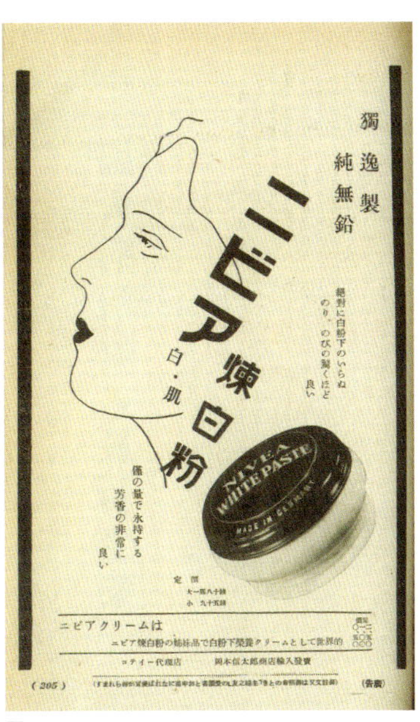

図6-32

図6-33

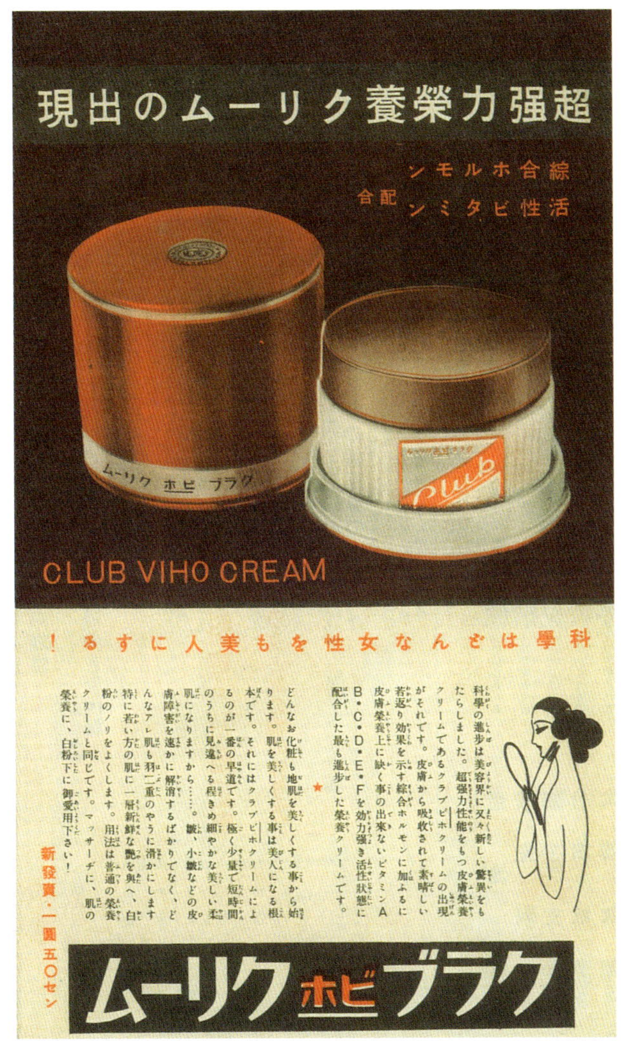

図6-34

図6-31：商品写真を並べただけのウテナ広告は珍しい。「ウテナデルミノール／マンテン石鹼」広告。❖『主婦之友』1936年9月号

図6-32：ドイツ製の無鉛白粉。「芳香の非常に良い」のは海外製の魅力のひとつであった。「ニビア白・肌煉白粉」広告。❖『主婦之友』1937年1月号

図6-33：まるでお菓子のようだが、整肌作用のある「コナミルク」を使った洗顔料の広告である。明治製菓は1916年創業。「明菓ミルク洗粉」広告。❖『主婦之友』1937年8月号

図6-34：「超」がつくほど強力な栄養クリームの出現。「クラブビホクリーム」広告。❖『主婦之友』1937年6月号

グラビア頁
+化粧品広告

写真が多用できるようになったのは広告だけではなく、記事も同様であった。誌面では、積極的にグラビア頁が掲載されるようになる。グラビアは特集頁でもあり、毎号のように掲載されるようになるが、そこには化粧品を中心とした広告が挟み込まれていた。

以下の広告は、見開き2頁広告ではないのだが、グラビア特集には、女性の躍動的な動きをとらえた写真や、流行の風俗や化粧法の写真紹介など、女性の風俗を切り取ったものが多い。そうした写真は化粧品広告の中の女性写真と、形式的には似ているものが多かった。内容に直接的な関連はないものの、形式が似ていたわけである。同じ色刷りページに、形式は似ていながら、二つの異なる女性像を並べることによって相互作用を生み、見る者に、単独に見る場合とは異なる作用を及ぼしていたであろう点が興味深い広告。

図6-35

図6-35：文金島田の髷を結った女性のグラビアと、羽子板に洋装女性が正月であることを伝えている。「カガシ美白クリーム」広告。❖『主婦之友』1934年1月号

図6-36：両頁ともヘアスタイルが似ている女性の写真。右のグラビアは「水辺の妖精」をテーマとするアート写真、左は「メヌマポマード」広告。❖『主婦之友』1934年5月号

図6-37：松竹少女歌劇の津島洋子が着るオーバーとドレスの意匠案内グラビアの隣に、イブニングドレスの女性が描かれた「タンゴドーラン」広告。❖『主婦之友』1935年12月号

メヌマポマード
黒髪の美をたゝへん
たゝへまほしきは
つゝましくも整へるみどりの黒髪
そをば培ふメヌマの力
朝な夕なのたしなみに
メヌマ使へばきみが容はいやましに
いと麗しく輝きまさん
五月――散策に、觀劇に、旅行に
この季節はお出ましがちの時です
すつきりと美しく整つたお髪は見る
人々にすが〳〵しい感じを與へます
メヌマの一つけは近代人の趣向にかなつた美髪料です。
メヌマポマードは
純植物性ですから毛髪に
對して速に浸潤し、ウエーブの
美を永持ちさせる適度の粘りを持ち
洗へば忽ちサラツと落ちる唯一の美髪料です
發賣元 井田京榮堂
本店 東京市本所區堅川町二丁目
支店 大阪市東區粉川町六番地
主婦之友社代理部でも取次販賣をいたします
（49）
水邊の妖精
川上鈴子
図6-36

TANGODORAN
美と魅力の近代化粧料
タンゴドーラン
新しいお化粧に興味と研究をおもちの令嬢夫人間に今！白熱的人氣のある
新感覺化粧料
●従来の白粉に望めなかつた特長●
魅力ある化粧効果・お化粧時間の
短縮・絶體に化粧崩れせぬ………
姉妹品七色
固形タンゴドーラン
正價各色 一個・六十錢
￥.50
日本總發賣元 株式會社 風島メール本舗 東京・大阪
（廣告）
ドレスとオーヴァー
對馬洋子
（8）
図6-37

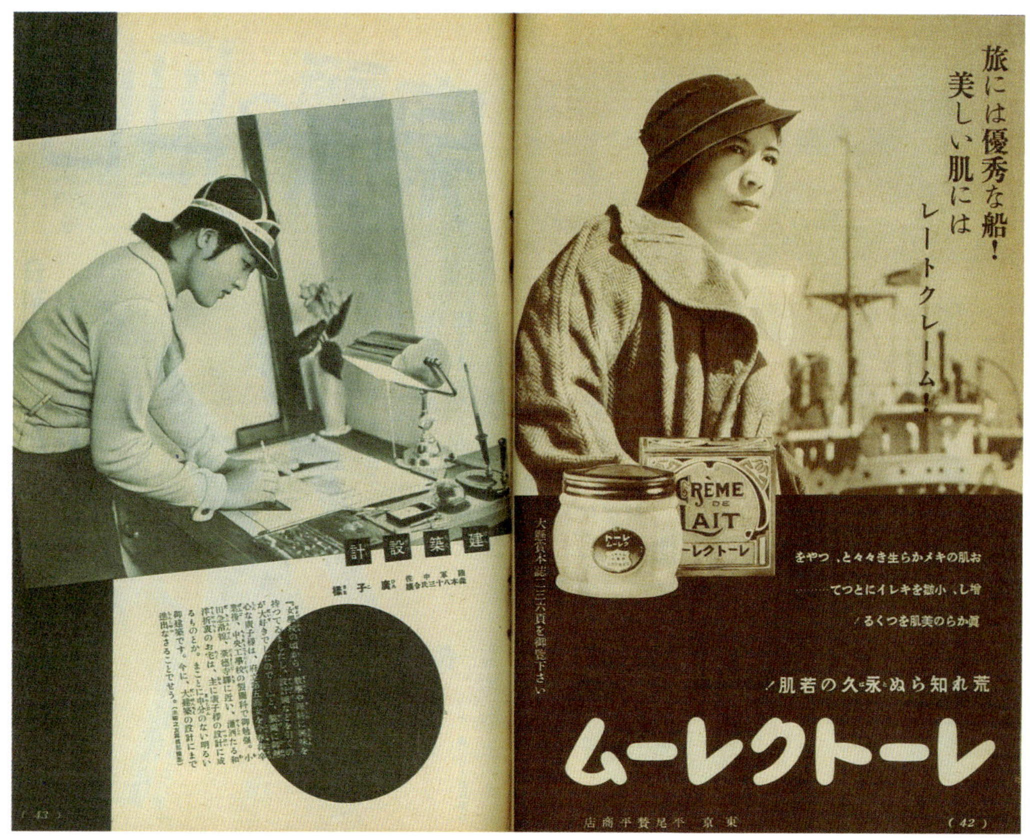
建築設計
旅には優秀な船！
美しい肌には
レートクレーム！
お肌のキメから生々きと、つやを
増し、小皺をキレイにとつて……
真白な美肌をつくる！
大懸賞本誌二三六頁を御覧下さい
荒れ知らぬ永久の若肌！
レートクレーム
東京 平尾賛平商店
（43）
（42）
図6-38

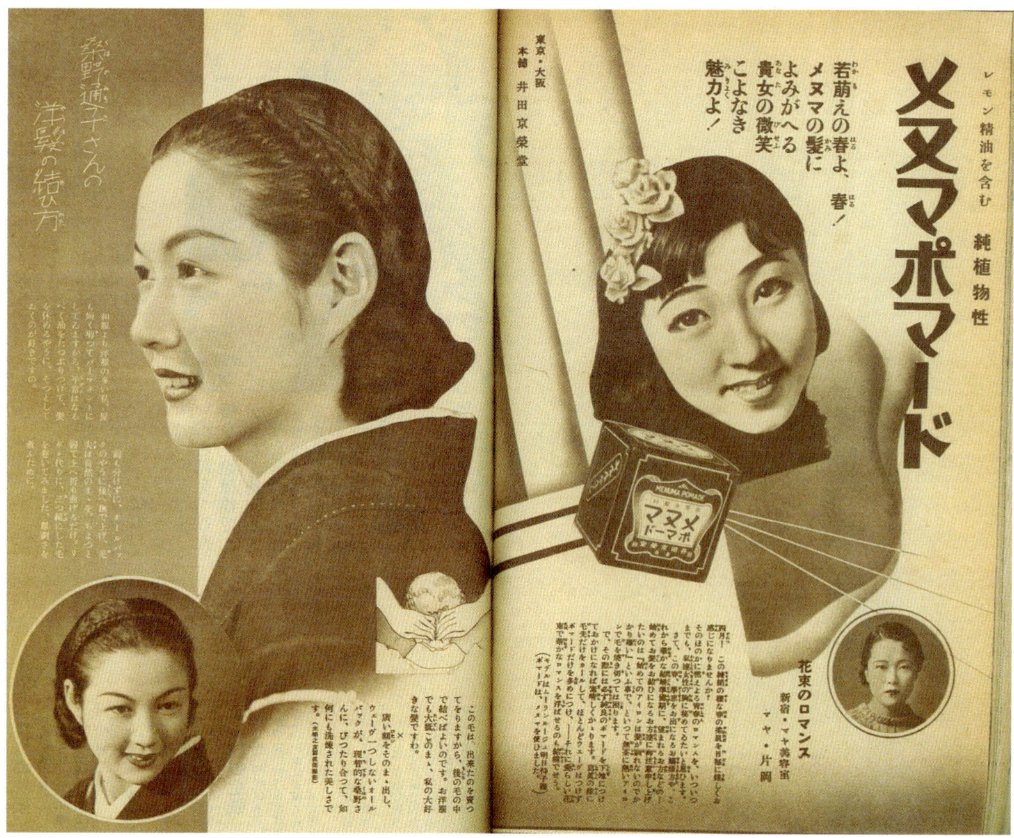
桑野通子さんの
洋髪の結び方
レモン精油を含む
純植物性
メヌマポマード
若萌えの春よ、春！
メヌマの髪に
よみがへる
貴女の微笑
こよなき
魅力よ！
東京・大阪
本舗 井田京栄堂
花束のロマンス
新宿・マヤ美容室
マヤ・片岡
図6-39

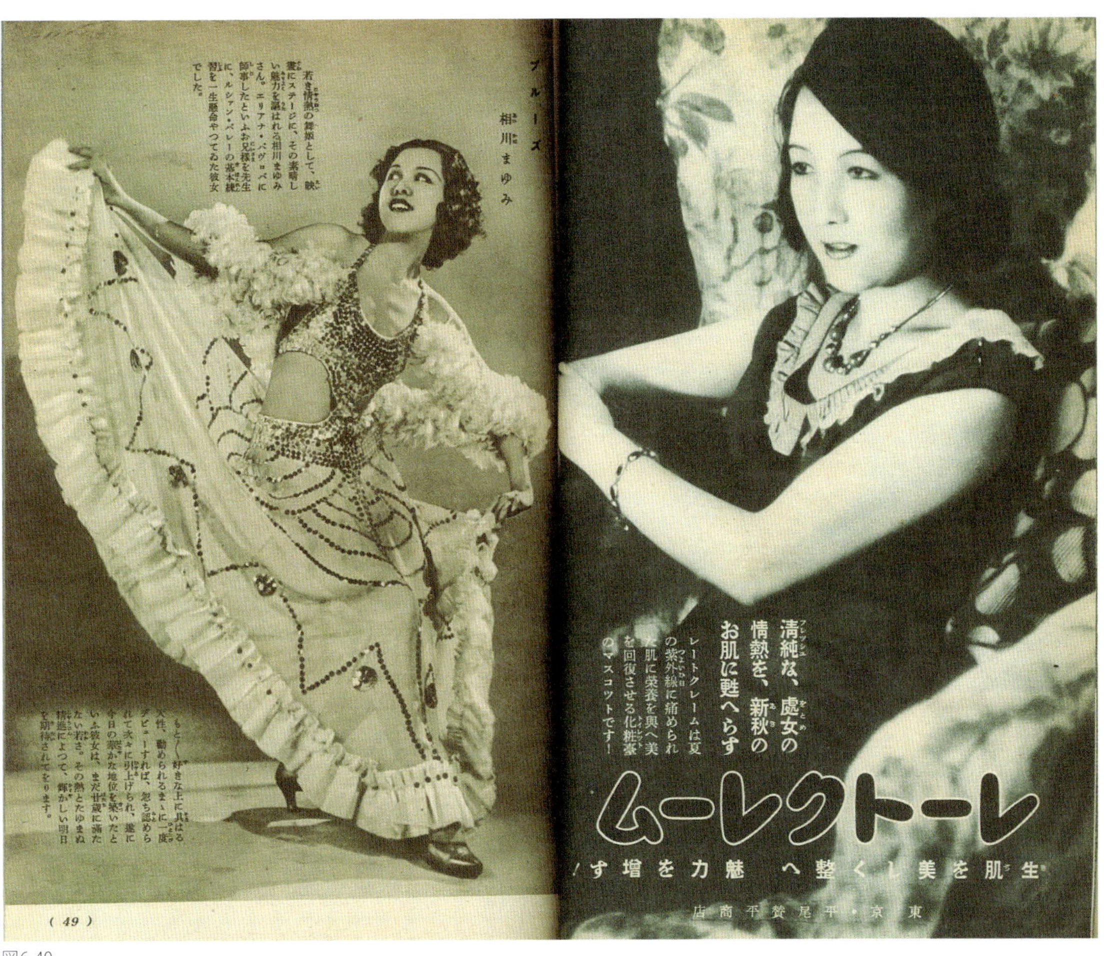

図6-40

図6-38：設計中の建築家女性グラビア記事と「優秀な船」で旅する女性の「荒れ知らぬ永久〔とわ〕の若肌！　レートクレーム」広告。❖『主婦之友』1935年12月号

図6-39：「桑野通子さんの洋髪の結い方」グラビアの横に、整髪料である「メヌマポマード」広告。❖『主婦之友』1937年4月号

図6-40：まるで踊りを観ているかのよう。左は「ブルース」を表現する相川まゆみのグラビア、右が「レートクレーム」広告。❖『主婦之友』1935年9月号

双美人の広告の数々

女性二人のアイコンを使った化粧品広告として有名なのが、クラブ化粧品の「双美人」であろう。中山太陽堂は、同社製品で使用する「クラブ」および「CLUB」と、そしてシンボルである「双美人」の商標登録を行ったことでも有名だ。日本画家の中島春郊が描いた「双美人」を始まりとして、現在も「双美人」は同社のシンボルとなっている。

だが、昨今見られる「双子コーデ」ではないものの、似た女性二人を起用することは、当時の化粧品広告においてはポピュラーなモチーフであった。

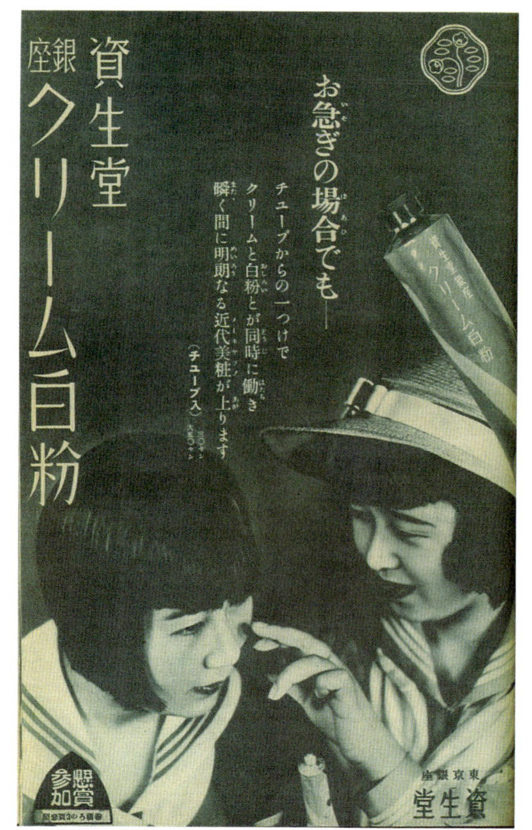

図6-42

図6-41

図6-43

図6-41：藤原通子と大原雅子。似た二人の女優による「ニード洗粉」広告。❖『主婦之友』1934年1月号

図6-42：当時、チューブ入りの化粧品は珍しかった。女学生二人による「資生堂銀座クリーム白粉」広告。❖『主婦之友』1934年5月号

図6-43：二人の女性によるコミカルな写真。「メヌマポマード」広告。❖『主婦之友』1934年11月号

図6-44

図6-45

図6-46

図6-44：女性二人のファッションにも注目。「若肌のまもり！　レートクレーム」広告。❖『主婦之友』1937年1月号

図6-45：「コロン育ちの素肌」の女性二人が抱き合う「ヘチマコロン」広告。❖『主婦之友』1937年5月号

図6-46：漫画でも、和装と洋装のコントラストで仲の良い女性二人を登場させたものがある。「マスターバニシングクリーム」広告。❖『主婦之友』1934年10月号

第7章
新しい化粧法をどう伝えるか

1934（昭和9）年、ついに含鉛白粉の製造が禁止された。翌年には、その販売も差し止められた。

明治時代から含鉛白粉の鉛中毒が問題視されてはいたものの、1900（明治33）年4月に「有害性著色料取締規則」が成立したものの、その猶予措置として、含鉛白粉の製造販売は続いていた。日本の化粧史では、1904（明治37）年に御園白粉（伊東胡蝶園、のちのパピリオ）が日本初の無鉛白粉を販売したことを画期とする。しかしながら、その粘着力、伸びの良さから、含鉛白粉の需要が途絶えることはなかった。1930年代初頭の白粉広告には「無鉛」を強調したものが見られるが、鉛害被害が意識されていたために見られる広告文だったといえるだろう。

だが1930年代も半ばに入ると、含鉛特有の「ノビ」や「ツキ」が求められる「煉白粉」による化粧法は、特殊な職業の女性たちのものだとして、普通の女性たちには不要のものと見なされるようになっていく。化粧法の大きな転換である。「衿白粉」、「海綿白粉」などと呼ばれてきたいわゆる「煉白粉」から、パウダー状の「刷白粉」「水白粉」と呼ばれる商品に、消費者の需要は大きく転換していく。

顔を一面に白くしてしまう、舞台化粧のような「白粉」は、女性たちの間で利用されることが少なくなり、むしろ薄つきのパウダー状の「刷白粉」に代表される化粧が主流となっていく。大事なのは「白く」見えることではなく、自分の顔色にあった色味を選択し、自然に明るく見えることになったからである。

必然的に、日本人の「肌色」に注目が集まっていく。それは女性の化粧が日常的に手軽になったということでもある。素肌の色を基調とした「肌色」を活かす化粧法は新しいタイプのメイクアップだとして「近代化粧」とも呼ばれた。英語、仏語で淡黄色を意味する「オークル」という色味こそが、日本人の肌にあうと考えが常識となっていく。

1934（昭和9）年の『小間物化粧品年鑑』によれば、1933（昭和8）年に「オークル」をめぐって商標問題が生じている。「オーカー」商標を尚美堂の（マスター化粧品）がすでに所有していたが、これを独占されては困るという申し立てがなされたという。その結果、色の名称として「オークル色」を発売する場合には、商標侵害として異議を申し立てないという確約がなされた。

また、肌を白く見せる固煉白粉化粧ではなく、地肌にあう色味を選択する粉（刷）白粉中心の化粧となったことで、その下地となるクリームは各社の主力商品となっていく。パウダー状の白粉を肌に密着させるという機能が、従来の肌荒れ防止以上に重視されるようになるからである。

これら新しい化粧法と化粧品を、当時の婦人雑誌広告から見ていきたい。

白くない
白粉の登場

煉白粉よりも粉白粉、「白」色ではなく「肌」色の化粧が主流となり、その他の色も登場する。

図7-1

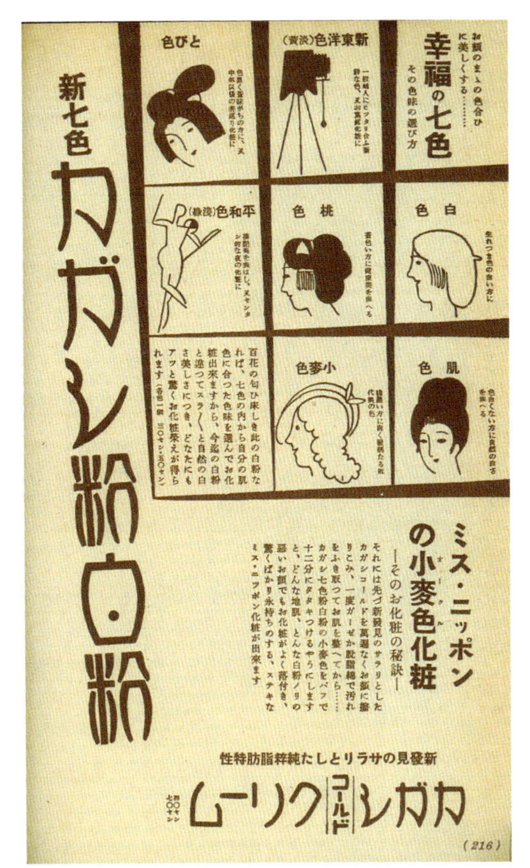

図7-2

図7-3

図7-1：明色美顔白粉は、明色美顔水（明色水白粉）、明色美顔粉白粉、明色美顔固煉白粉、明色美顔煉白粉の4種類。それぞれに「白色・肌色」が準備されているが、それ以外に「濃肌・淡黄」の色味もある。❖『主婦之友』1934年7月号

図7-2：「生れつき色の白い方（白色）」、「色白くない方に自然の白さを与える（肌色）」、「一般婦人にピッタリ合う新鮮な色、またお写真化粧に（新東洋色淡黄）」、「蒼色い方に健康美を与える（桃色）」、「浅黒い方に向くはつらつたる近代美の色（小麦色）」、「色黒く蒼味がちの方に、また中年以後の若返り化粧に（とび色）」、「凄艶美を表し、またセンタン的な夜の化粧に（平和色浅緑）」の幸福の7色。「ミス・ニッポンの小麦色〔オークル〕化粧」をうたう「新七色カガシ粉白粉」広告。❖『主婦之友』1934年5月号

図7-3：1917年発売だが、当時は六つの色味「白・肌・黄・緑・オークル一号・オークル二号」だった七色粉白粉。多様な素肌にあわせる時代となり商品内容も変化した。「資生堂七色粉白粉／香水」広告。❖『主婦之友』1937年8月号

主力商品となる「クリーム」

粉白粉による簡素で自然な化粧が主流となり、白粉下（いわゆる下地化粧品）としてのクリーム需要が増加した。もともと肌荒れや若返り機能が主な役割だったが、化粧ノリを良くするめに不可欠な基礎化粧品として重宝された。各社ともにクリームの宣伝には力を入れた。

図7-4

図7-5

図7-5：薄化粧はまずは肌の美しさから。洗顔をしっかり行い、ニキビ予防が大切。「レイガン洗粉／石鹼／シーゾンクリーム　麗顔」広告。❖『主婦之友』1934年7月号

図7-6

図7-4：「白粉はよくつく肌になる」。マッサージにも最適。「ウテナレモンクリーム」広告。❖『主婦之友』1934年2月号

図7-6：田中絹代扮する「海のお嬢様が帰ります」。つまり潮焼けした肌ケアの必要性を指摘している。「お勤めからご主人が帰ります」のコピーもあり、カミソリ荒れにも効果的と男性向けもうたう。「アイデアルレモンクリーム」広告。❖『主婦之友』1934年9月号

図7-7

図7-8

図7-9

図7-7：中央のイラストは「流線型〔なめらかな〕の美肌」を表現か。カガシの七色白粉には、「カガシコールド／バニシングクリーム」が必須。❖『主婦之友』1935年2月号

図7-8：「キューピーより　艶やかな　梅よりも匂やかな　美肌をつくる」。香りも化粧品の重要な要素である。「ホーサン美肌クリーム　風鳥メール」広告。❖『主婦之友』1935年2月号

図7-9：「粉白粉」は「真白色・オークル・淡肌色・真肌色・尖端色」の5色が紹介されている。「ラブミー雪肌クリーム」広告。❖『主婦之友』1935年2月号

図7-10

図7-11

図7-10：入江たか子の色刷り（レタッチ）を使っているが、まるで美人画のような迫力。「ホルモンで冬もアレない若肌に！」。「クラブ美身クリーム」広告。
❖『主婦之友』1937年2月号

図7-11：「小じわを防ぐ」だけではなく、ホルモン配合の薬用効果もうたう「丹頂メデカクリーム」広告。
❖『主婦之友』1935年11月号

スピードアップする化粧

化粧下地（クリーム）に粉白粉（刷白粉）で完成する化粧は、何よりも時間をかけずにできるところが魅力のひとつ。逆から見れば、時間と手間がかからないことが広告効果を生む、つまり女性読者にアピールする商品価値となってきたわけである。

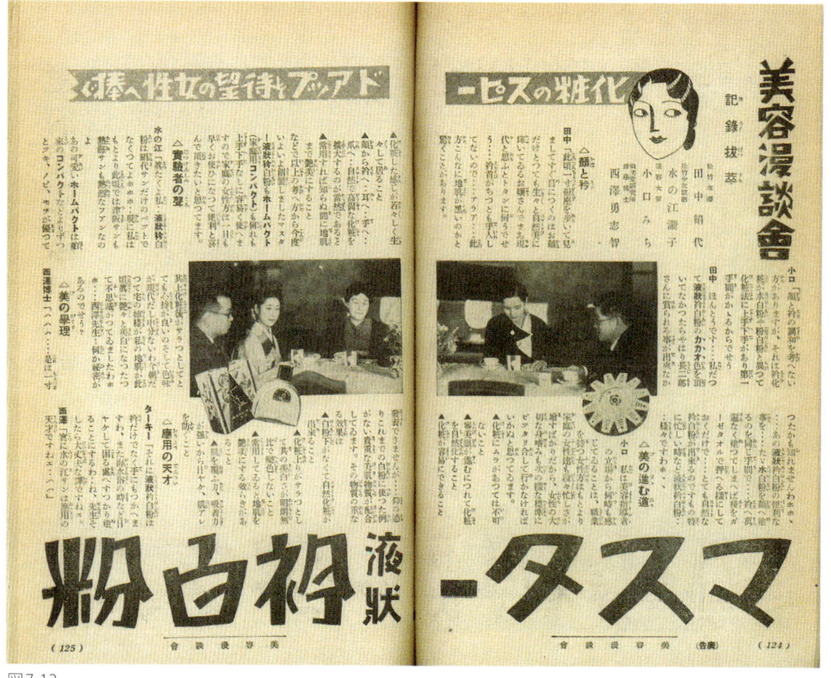

図7-12

図7-12：「化粧のスピードアップを待望の女性へ捧ぐ」との見出しで、美容漫談会が行われている。「マスター液状衿白粉」記事広告。❖『主婦之友』1935年2月号

図7-13

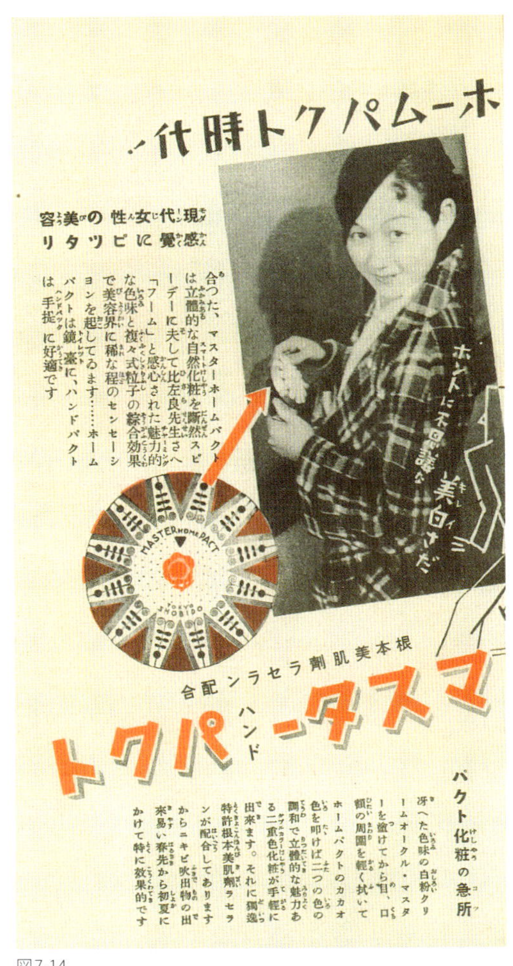

図7-14

図7-13：「スピード！　スピード！　スピード！」といっても車の性能のことではなく、もちろん化粧の手軽さことである。「新装　レートメリー」広告。❖『主婦之友』1935年9月号

図7-14：「ホームパクト時代！」を宣言。携帯に便利なコンパクト。従来の漫画広告からデザインを一新。「マスターハンドパクト」広告。❖『主婦之友』1936年5月号

水の江瀧子と化粧品広告

男役のスターであったオリエ津阪をはじめ松竹少女歌劇団（SSK）から化粧品広告に起用された者は多いが、「男装の麗人」の異名をとった水の江瀧子ほど、あらゆる化粧品広告に顔を出した人物はいない。

水の江瀧子は1915（大正4）年生まれ。1928（昭和3）年に東京松竹楽劇部（後の松竹少女歌劇部、松竹歌劇団）に第1期生として入団し、断髪の男役で一気に人気のトップとなる。

男性を演じる女性が劇団の中心となって人気を牽引する形式は世界的にも珍しく、日本独自の芸能として知られる。女性のみで舞台が編成され、男役をトップスターとするヒエラルキーが確立されている芸能の世界といえば、今日では宝塚歌劇団が有名だが、当時の化粧品広告では、宝塚よりも、松竹の女優たちのほうが目立っている。なかでも「ターキー」の愛称で知られた水の江瀧子の人気にあやかろうと、彼女の化粧品広告における露出は多かった。

男役スターが化粧品広告に起用されるところに、日本の化粧品広告の独自性を見出すこともできるだろう。「ターキー」ファンに訴える広告でもあるわけだが、化粧法が変化するなかで、中性的な水の江瀧子が「自然美」を体現できる存在であったともいえる。化粧をしていないようでしているという化粧美を紹介するにあたって、水の江瀧子は適任のスターであった。

図7-15

図7-16

図7-15：羽織袴の水の江瀧子が新年のご挨拶。「メヌマポマード」広告。❖『主婦之友』1934年1月号

図7-16：「東京松竹少女歌劇　スターの美しいポーズ集」。水の江瀧子とオリエ津阪、二人の誌上競演。「明色美顔水」広告。❖『主婦之友』1935年6月号

図7-17

図7-18

図7-19

図7-17：目次裏広告にターキー登場。同じ松竹の田中絹代と競演。「マスターホームパクト／液状衿白粉」広告。❖『主婦之友』1935年2月号

図7-18：「二重色〔ダブル・カラー〕化粧」を提案。舞台化粧であっても、色の調和が必要な時代。「マスターホームパクト」広告。❖『主婦之友』1936年12月号

図7-19：「うどん粉化粧ではお顔が死んでいます」。「マスターホームパクト」広告。❖『主婦之友』1937年3月号

化粧品広告の細分化と「若さ」の強調

新しい化粧に最も敏感なのは、やはり若い女性たちだった。この時期、女学生を意識した広告や、新人女優を起用した広告が新たに登場してくる。

新旧の化粧品各社の販売競争が激化するなか、商品の多様化も進んだ。従来は、それぞれの化粧品各社が社名を託した商品を提供し、そのブランド名で代表的な化粧品を販売してきたが、同じブランドの同じ名前の化粧品でも、用途別に消費者に使い分けを求めるようになっていく。それと併行して、商品は多品種となりアイテム数が増え、広告の形式も細分化した。

商品を細分化しつつ、販路を拡大するのが消費社会の重要な本質である。同じブランドの化粧品であっても、用途や効果において差異化を打ち出し、差別化を図るようになるのは消費社会の必然でもあった。どういう人に使ってもらいたいのか、買ってもらいたいのか、広告がより具体的にメッセージを発信するようになっていく。

その差異化は、年齢の違いを反映させた細分化に顕著に現れ、そのなかでもっとも強調されたのが、「若さ」であった。若い女性は、化粧品会社にとって重要な新たな顧客として浮上してきたのである。

ここではその代表的な例として、原節子を起用した「レート」と山路ふみ子を起用した「ウテナ」の広告を取り上げ、ほかにも「若さ」に焦点を当てる新しい広告を紹介したい。

図7-20

図7-21

図7-20：「若肌を創る！」。原節子を商品の顔として起用した「レートクレーム」広告。❖『主婦之友』1935年11月号

図7-21：「スターは貴女!!」、当時16歳の原節子の初々しさによって、「若さ」としての美のイメージを喚起している「レート白粉」広告。❖『主婦之友』1936年3月号

図7-22

図7-22：「若さ」とは「真夏の水着」である。原節子の水着姿で盛夏イメージを演出する「若肌のまもり！　レートクレーム」広告。❖『主婦之友』1936年8月号

図7-23

図7-24

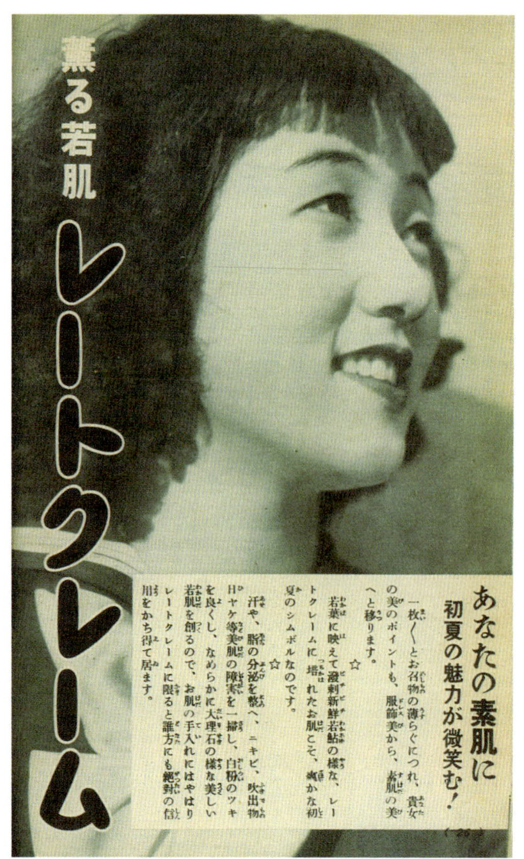

図7-25

図7-23：色刷り（レタッチ）されたバスガイドのような原節子。衿の白さと青色の衣服が若さを際立たせる。❖『主婦之友』1936年8月号

図7-24：原節子を一躍スターにした日独合作映画《新しき土》、ドイツ語題《Die Tochter des Samurai》（侍の娘）の封切挨拶で渡欧することになった際の広告。「新しき土」は満洲を意味する。原節子署名入りメッセージ付きで、渡欧の際の気候の変化による肌荒れもレートクレームがあれば大丈夫と「宣伝」。❖『主婦之友』1937年3月号

図7-25：「レートクレーム」の広告には、デビューしたばかりの三浦光子が起用されたこともある。「薫る若肌　レートクレーム」広告。❖『主婦之友』1937年6月号

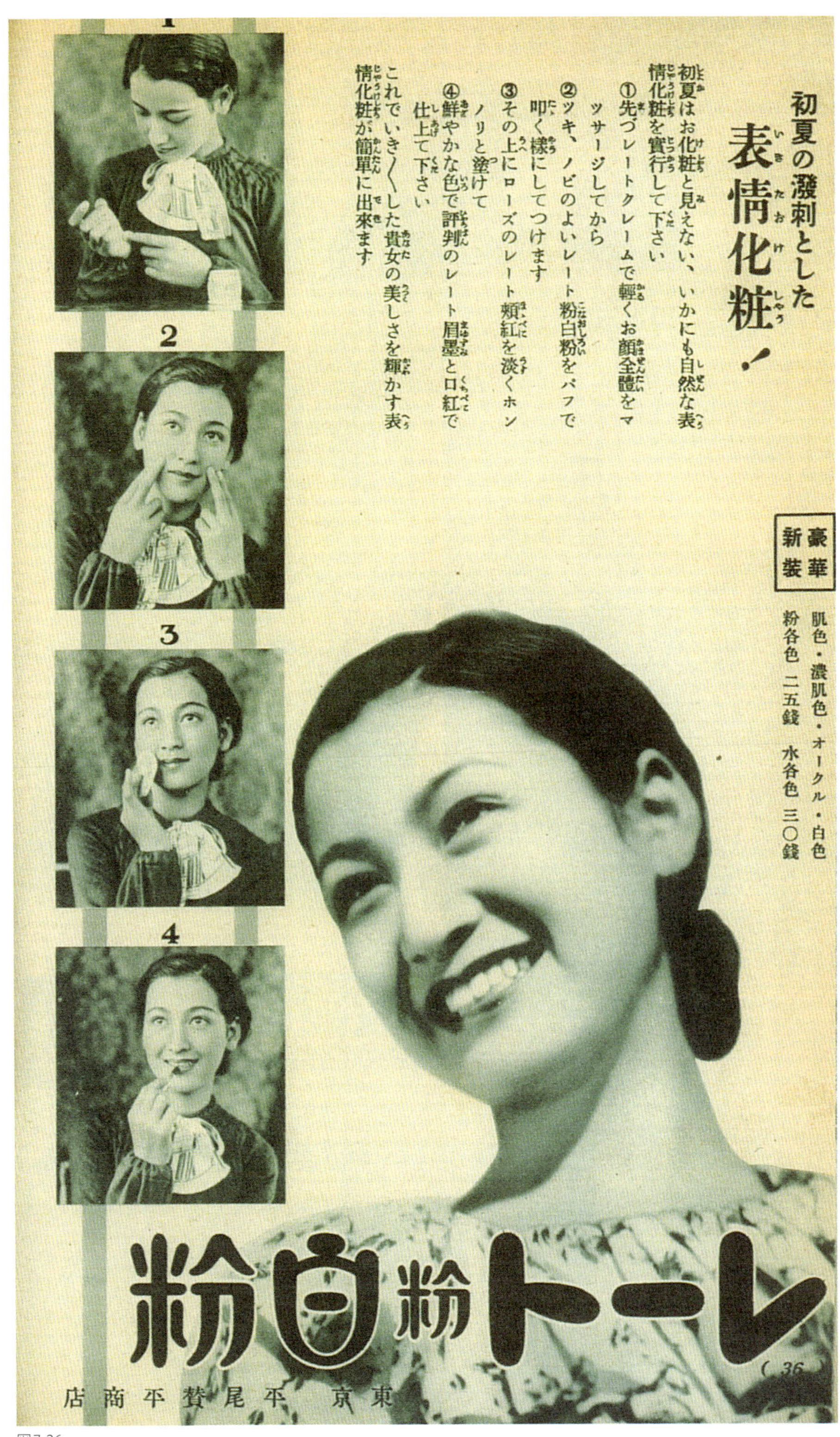

図7-26

図7-26：「初夏のはつらつとした表情化粧！」。原節子の実技写真付き化粧指南。「レート粉白粉」広告。❖『主婦之友』1936年5月号

図7-27

図7-28

図7-29

図7-27：目次裏のウテナ広告にも変化が出てくる。若い山路ふみ子が水着で登場。映画《竜涎香》とのタイアップ広告でもある。「ウテナ雪印〔バニシング〕クリーム」広告。❖『主婦之友』1935年8月号

図7-28：ウテナは従来、女学生をはじめとする若い女性向けの「ウテナレモンクリーム」の宣伝には主に女性のイラストを使ってきたが、この時期、若い女性グラビアも使い始めた。❖『主婦之友』1936年1月号

図7-29：水辺にサンダル、ワンピースの若い女性。夏のワンシーンは、「魅力の健康美」を想起させる。「青春の若肌　レートクレーム」広告。❖『主婦之友』1937年9月号

図7-30

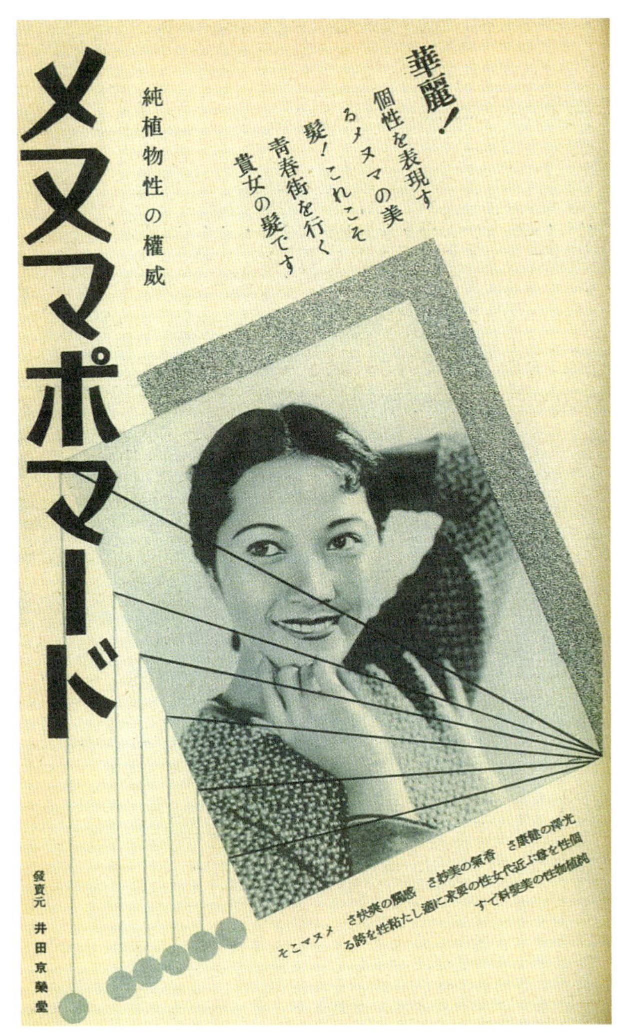

図7-31

図7-32

図7-30：ティアラをつけたプリンセス風の山路ふみ子。バニシングの呼称が一般化し、「雪印」の字体が小さくなる。「ウテナバニシング雪印クリーム」広告。❖『主婦之友』1936年3月号

図7-31：「若さ」とは「個性的な髪型」である。自由なヘアスタイルを望む若い女性の必須化粧品、「青春街を行く貴女の髪」のための「メヌマポマード」広告。❖『主婦之友』1934年3月号

図7-32：「若さ」とは「処女の美しさ」である。「若さ」があれば、少量で即座にできる化粧で十分。❖『主婦之友』1935年12月号

図7-33

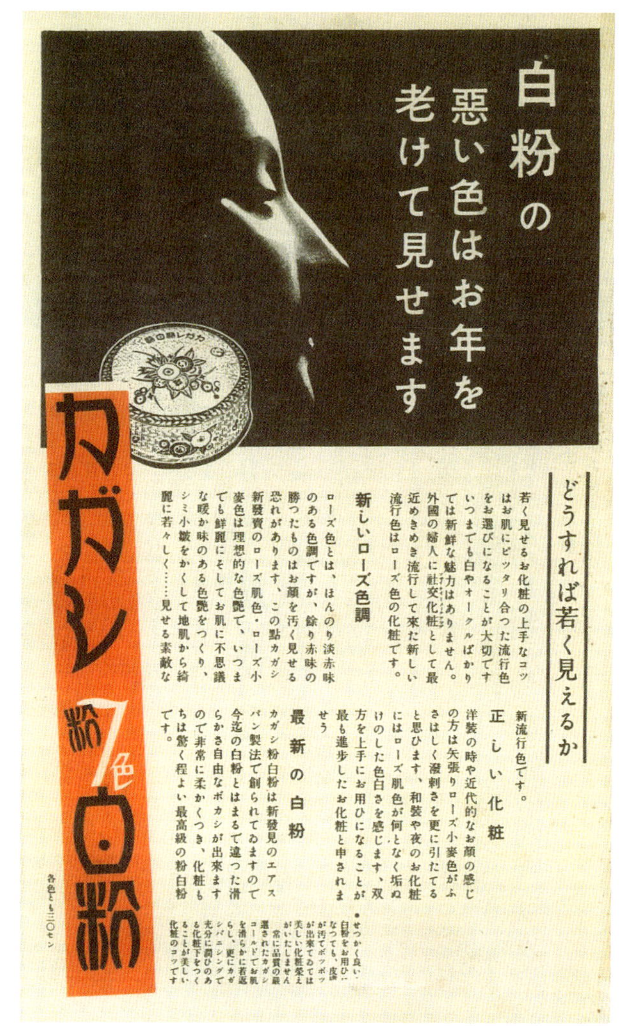

図7-35

図7-34

図7-33：「お若い方の早化粧」におすすめのクリーム。もちろん和装でも洋装でも可。美白効果もあり。「カガシ美白クリーム」広告。❖『主婦之友』1935年12月号

図7-34：「若さ」とは「女学生」である。手軽で効果的な化粧で、お顔がほんのり色白くかがやく。「女学生に一番よい！　カガシ美白クリーム」広告。❖『少女の友』1937年6月号

図7-35：若く見えないことは罪である。「カガシ7色粉白粉」広告。❖『主婦之友』1936年12月号

目に見えない皮膚の問題

新しい化粧法として、化粧美イメージや美的感覚に訴えるだけではなく、肌の状況を具体的に解説し、化粧品独自の効能を知らせるという、疑似科学的スタイルの広告も掲載されるようになった。

図7-36：「驚くほど若返る秘訣」とは？「クラブ美身クリーム」広告。❖『主婦之友』1935年10月号

図7-37：フランス産の白粉との比較。顕微鏡写真を使って、自社の粉白粉の品質を「天才的科学者の誇り」と宣伝。以後、パピリオは「科学的」であることを前面に押し出し、舶来品との比較広告を徹底して行っていく。「パピリオ（伊藤胡蝶園）」の広告。この年、「パピリオ口紅」も発売。❖『主婦之友』1936年9月号

図7-38：伊東胡蝶園は、この年「御園白粉」ブランドから「パピリオ」ブランドへと商品名を変えると同時に、白粉の顕微鏡写真を使っての国産高品質イメージ宣伝を開始する。❖『主婦之友』1935年11月号

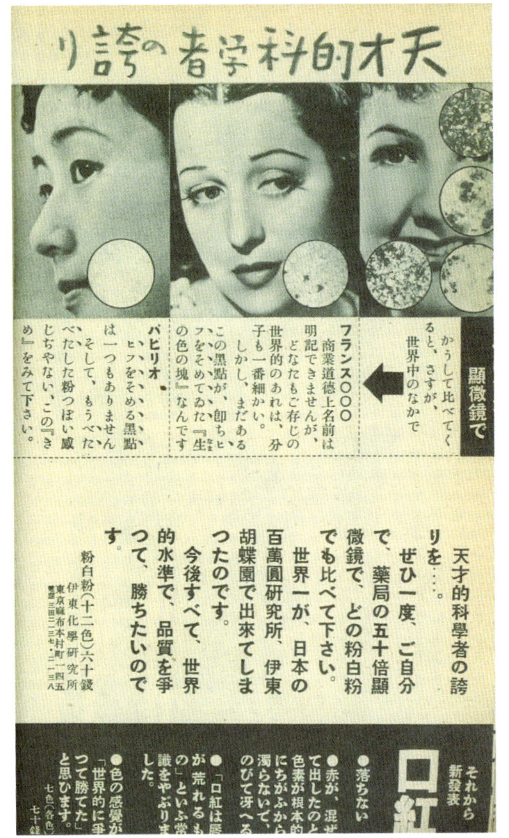

図7-37

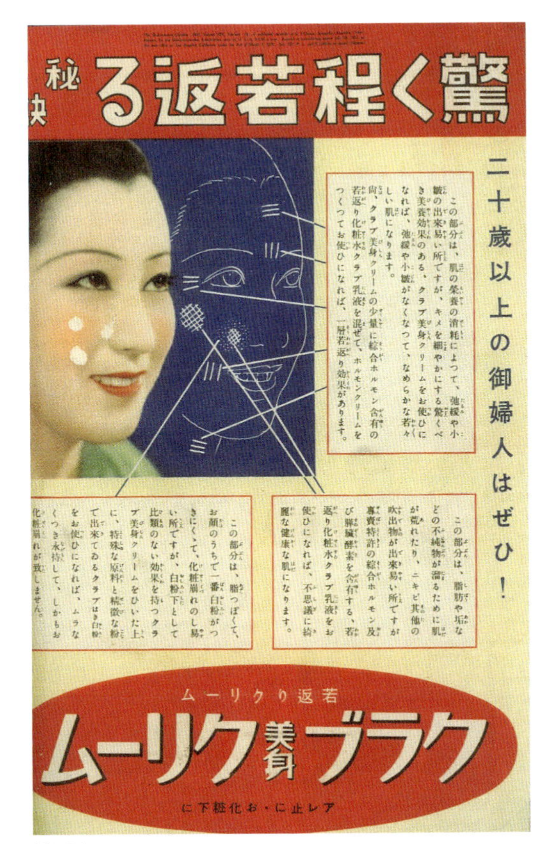

図7-36

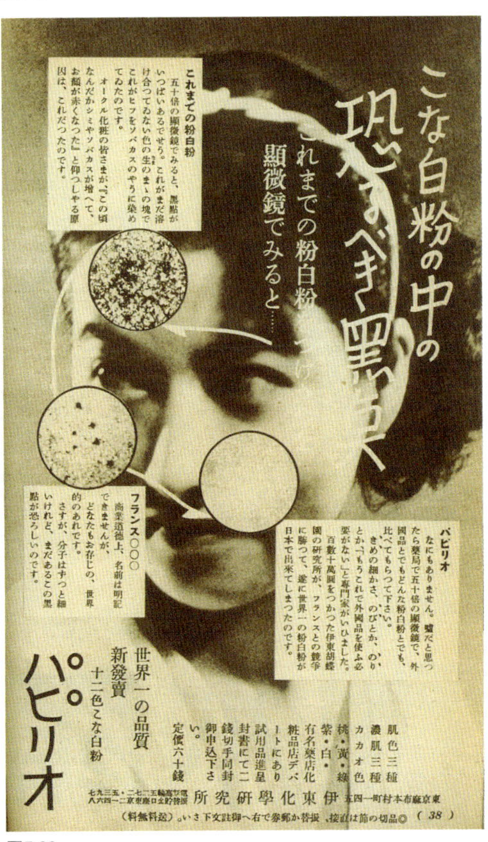

図7-38

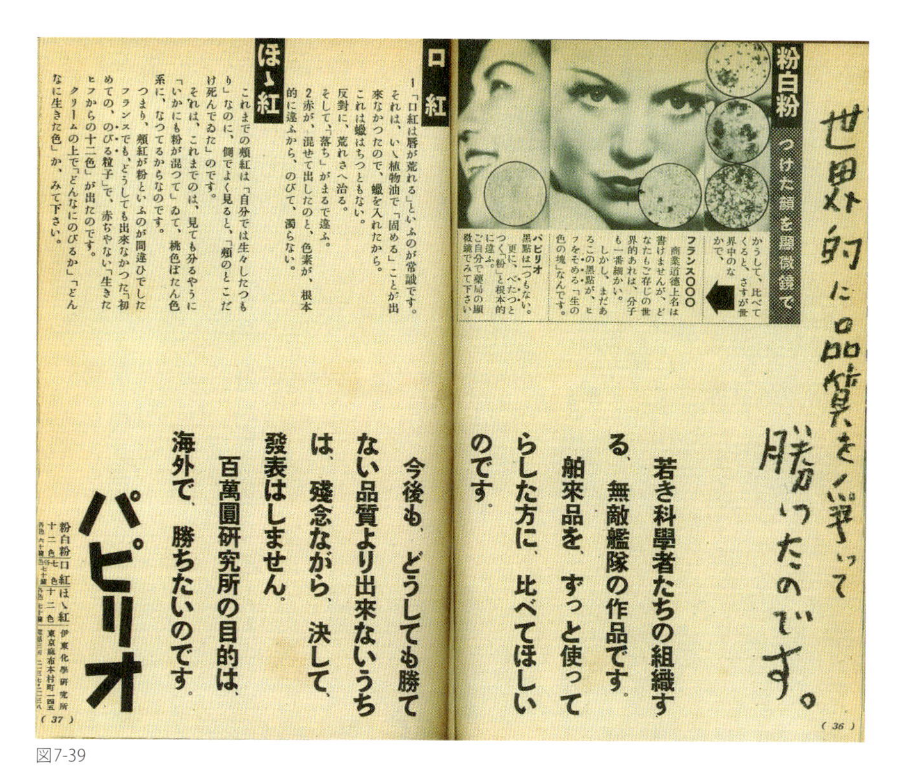

図7-39

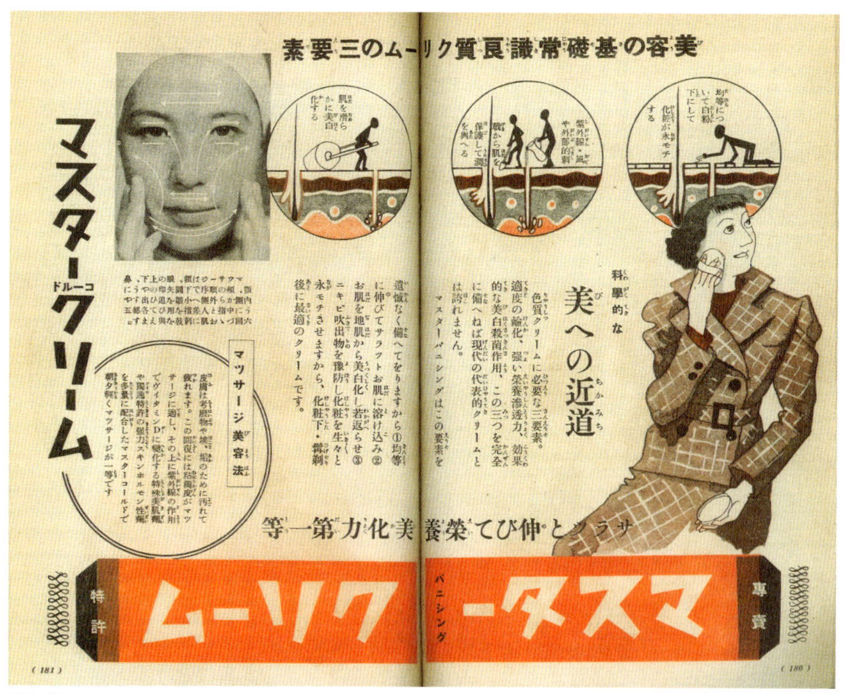

図7-40

図7-39：「百万円研究所の目的は、海外で、勝ちたいのです。」欧米との品質競争に打ち勝つ決意表明広告。「パピリオ」のロゴデザインは、洋画家の佐野繁次郎が同社専属のデザイナーとして手がけた。この頃、戦後『暮しの手帖』を創刊する花森安治が東京帝大を卒業し、パピリオの宣伝部に入社、佐野に師事した。「パピリオ粉白粉／口紅／ほゝ紅」広告。❖『主婦之友』1937年2月号

図7-40：「科学的な美への近道」。製品の機能性を前面に打ち出すようになったマスター化粧品。ある意味漫画利用の広告か。毛穴図解やマッサージ美容法も登場。「マスターバニシングクリーム／コールドクリーム」広告。❖『主婦之友』1936年12月号

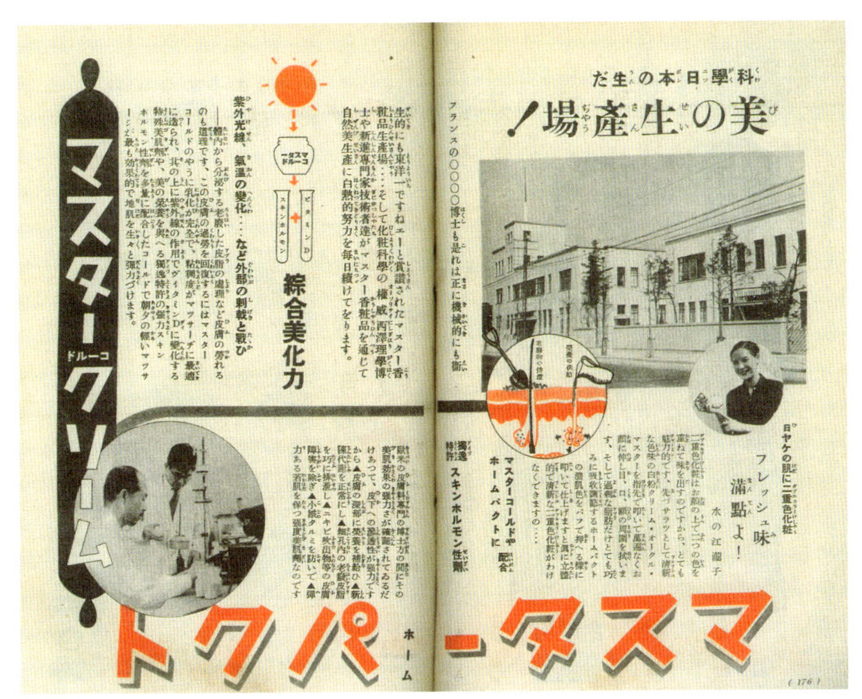

図7-41

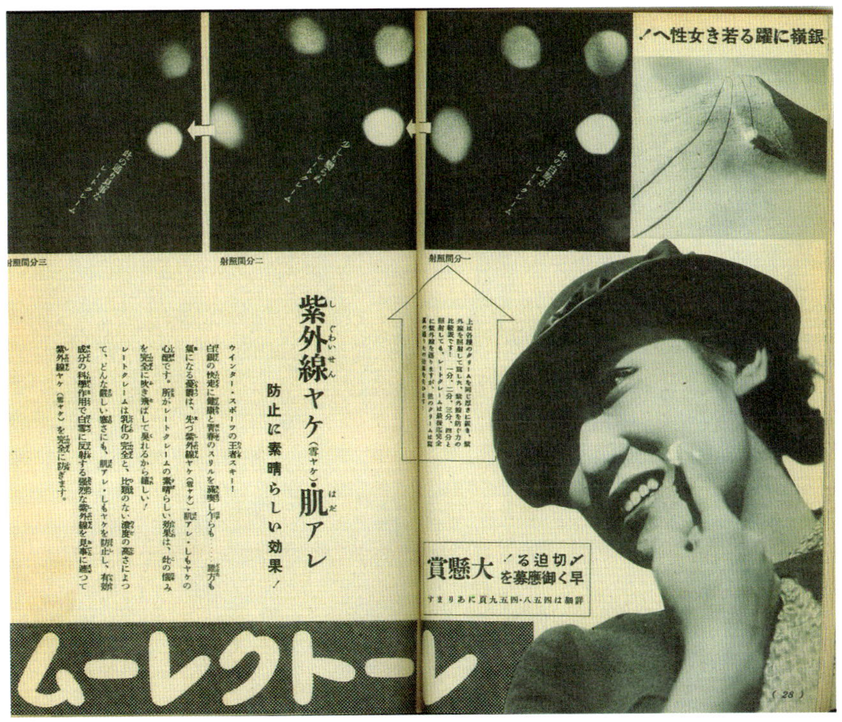

図7-42

図7-41：新たに建てた生産工場と、そこで働く優秀な技術者の写真を掲載。漫画広告によって「美しくなる」ことの素晴らしさを漫談風に伝えてきたマスターだが、次第に科学的根拠に基づくとする商品説明に力を注ぐようになる。「マスターホームパクト／コールドクリーム」広告。
❖『主婦之友』1936年11月号

図7-42：「銀嶺に踊る若き女性へ！」スキーでの紫外線ヤケにも効果があることを疑似科学的写真で宣伝。原節子を使った大懸賞との組み合わせ広告。「レートクレーム」広告。❖『主婦之友』1937年2月号

美髪を守り、ムダ毛は取る。そして自由な髪型を

化粧品広告には、ヘアケアに関するものも数多い。それらは「髪を美しくする」という目的で共通しているものの、その表現は多様性に富む。広告内では女性の洋装が普通に見られるようなったことで、何より髪型の自由が格段に増した。「ポマード」などは、現代では男性用化粧品のイメージだが、当時は女性を起用して積極的に宣伝されていたのは、そうしたヘアスタイルをキープするための整髪料だった。また夏の水着や洋装など、肌を露出する機会も増えたことで、「脱毛」も女性にとって必要度を増し、関連商品が開発されていく。

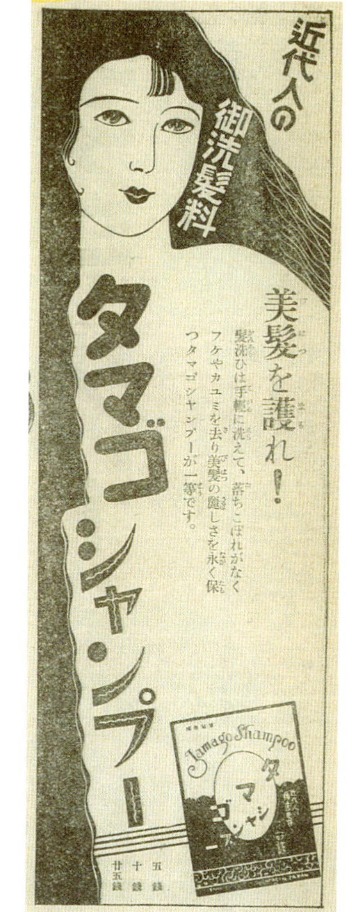

図7-43

図7-43：「美髪を護れ！」「近代人の御洗髪料　タマゴシャンプー」広告。❖『主婦之友』1934年３月号

図7-44：「美髪を守り。ムダ毛はとりましょう」。「三共のヨウモトニック／脱毛クリーム」広告。❖『主婦之友』1934年7月号

図7-45：「パリー最高美容研究所ナゼイル会社」での実験と証明書写真付き。化粧先進国でのお墨付きを宣伝に使う「モダン・シャンプー」広告。❖『主婦之友』1934年7月号

図7-44

図7-45

図7-46

図7-47

図7-48

図7-49

図7-46：「ボクのポマードはメヌマだ！」キャップをかぶったボーイッシュな断髪女性による、純植物性の「メヌマポマード」広告。
❖『主婦之友』1934年9月号

図7-47：「護れ　女性美の生命線！」。日本女性の若々しさは黒髪に宿るとはいえ、その白い顔と流れる黒髪の妖艶さが異彩を放つ。「しらが／赤毛染　るり羽」広告。❖『主婦之友』1935年2月号

図7-48：肌を露出するようになれば脱毛剤も必須。「エワ″クレーム」広告。
❖『主婦之友』1936年9月号

図7-49：女優の北見礼子の黒髪を強調した「髪洗ひ花王シャンプー」広告。
❖『主婦之友』1936年3月号

図7-50

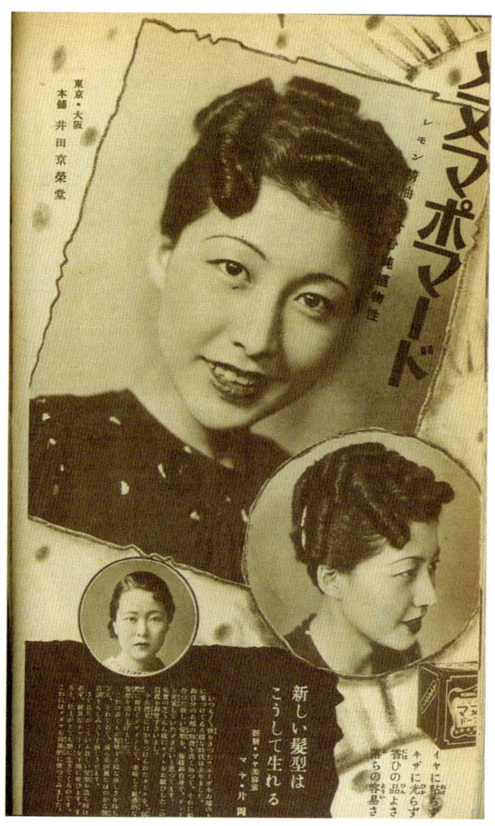

図7-51

図7-52

図7-50：女性の流れる黒髪を描いているが、どこか健康美に欠ける印象。ヘヤートリンは、「皮膚科学界の最高権威ウンナ博士の発見に係る最新養毛料」。「丹頂チック／ヘヤートリン」広告。❖『主婦之友』1936年12月号

図7-51：「新しい髪型はこうして生まれる」。メヌマポマードを使えばこんなに斬新な髪型に変身できる。使用前後の比較を行った「メヌマポマード」広告。❖『主婦之友』1937年2月号

図7-52：女性の長い黒髪を使ったデザインが印象的。「ヨウモトニック／ヨウモト香油」広告。❖『主婦之友』1937年7月号

第8章
なぜか似てくる広告表現

　毎号、かならず新たな広告に出会えるのが、雑誌読者の楽しみのひとつであったはずだ。読者の食指が動かない広告では、宣伝としても三流である。

　だが、商品に毎月変化があるわけではなく、宣伝費をかけられる商品ほど定番ロングセラー化しているのが普通であろう。マンネリ化を防ぐための表現手段のそれなりの変化と工夫については、今までの広告で見てきた通りである。しかし、その多様性にもおのずと限界があり、また、その時々の流行による類似もある。

　結果として、似たデザインがあったり、またなぜかよく似た宣伝になってしまったりすることもあったことが、当時の広告を比較してみると見えてくるのである。

漫画利用の広告

『主婦之友』誌上の漫画広告といえば、マスター化粧品の広告を指すことが多い。しかし、他社商品の広告でも、漫画はよく利用されていた。

図8-1：兄と妹の会話で商品を紹介している、漫画を使った「カガシ粉白粉」広告。❖『主婦之友』1934年4月号

図8-2：家庭円満、髪があってもなくてもみんなタマゴシャンプーで洗っています。「最も新しい粉製の　タマゴシャンプー」広告。❖『主婦之友』1934年5月号

図8-1

図8-2

図8-3

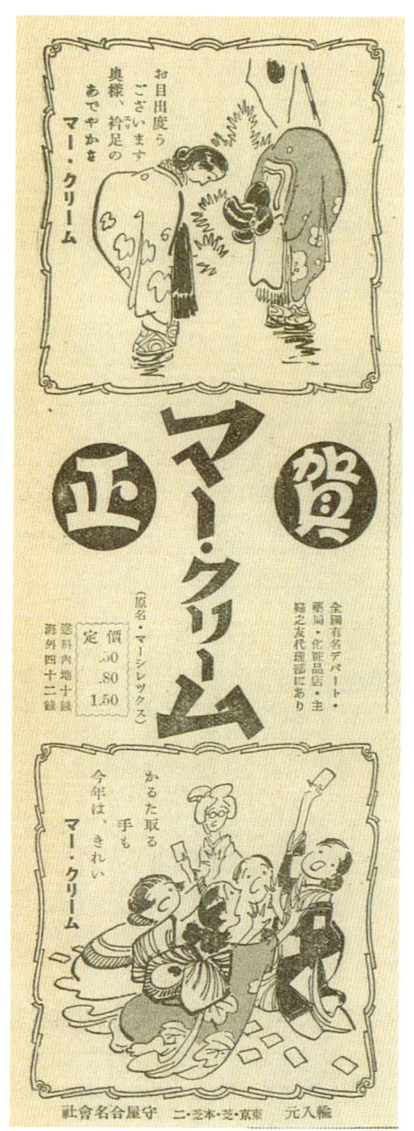

図8-4

図8-3：上野動物園の人気者、キリンのタカ子と長太郎にだぶらせた相愛の男女。当時の世相風俗を知る漫画としても貴重な「ラブミー淡肌色水白粉」広告。❖『主婦之友』1934年11月号

図8-4：正月の風景を描いたひとコマ漫画を二点掲載。「マー・クリーム」広告。❖『主婦之友』1935年1月号

図8-5：水着と和装、コントラストの強い二人の女性の会話による手書きの長い商品説明はどこまで読まれたのだろうか。「薬用古代アヅキ洗粉」広告。❖『主婦之友』1935年8月号

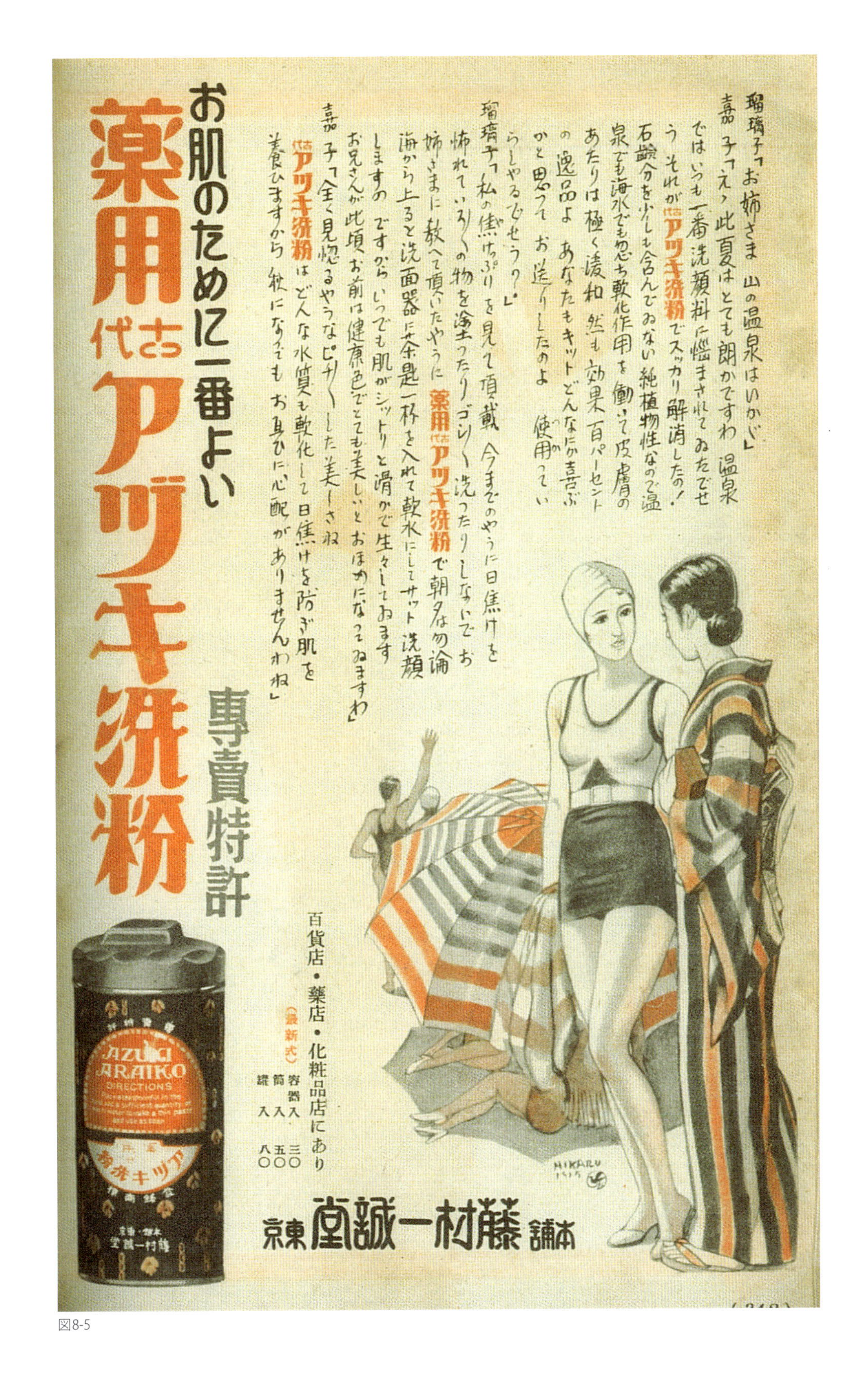
お肌のために一番よい
薬用代古アヅキ洗粉
専賣特許
瑠璃子「お姉さま 山の温泉はいかゞ」
嘉子「え〻此夏はとても朗かですわ 温泉ではいつも一番洗顔料に悩まされてゐたでせう それが代古アヅキ洗粉でスッカリ解消したの！ 石鹸分を少しも含んでゐない純植物性なので温泉でも海水でも忽ち軟化作用を働いて皮膚のあたりは極く淩和 然も効果百パーセントの逸品よ あなたもキットどんなにか喜ぶかと思って お送りしたのよ 使用っていらしやるでせう？」
瑠璃子「私の焦げっぷりを見て頂戴 今までのやうに日焦けを怖れていろ〳〵の物を塗ったりゴシ〳〵洗ったりしないで お姉さまに教へて頂いたやうに 薬用代古アヅキ洗粉で朝夕は勿論海から上ると洗面器に茶匙一杯を入れて軟水にしてサット洗顔しますの ですからいつでも肌がシットリと滑かで生々してをります お兄さんが此頃お前は健康色でとても美しいとおほめになってゐますわ」
嘉子「全く見惚るやうなピチ〳〵した美しさね 代古アヅキ洗粉はどんな水質も軟化して日焦けを防ぎ肌を養ひますから 秋になっても お肌に心配がありませんわね」
百貨店・薬店・化粧品店にあり
（最新式）
容器入 三〇
筒入 五〇
罐入 八〇
AZUKI ARAIKO
DIRECTIONS
HIKARU
東京 藤村一誠堂 本舗

図8-5

図8-6

図8-7

図8-6：明朗漫画広告といえばマスター化粧品。銀座の路上で会話する東宝の女学生三人という設定。「マスターの白粉クリーム」広告。❖『主婦之友』1934年4月号

図8-7：「青春〔はる〕は銀座から」。当時の女性風俗がちりばめられた、「マスター百番水白粉」の漫画広告。❖『主婦之友』1934年5月号

類型的な女性イラスト広告

女性のイラストを使った広告といえば、今日ではクラブ化粧品の東郷青児の描く美人や、資生堂の山名文夫によるモダンイラストが有名だが、他の化粧品広告でもそれらに似た画風のデザインが多く使われていた。

図8-8：4頁にわたって商品紹介を掲載する証言型広告。宝塚少女歌劇の女優をイメージして描かれたイラストの陰影を反転して利用。ペクチン応用の「モンココクリーム」広告。❖『主婦之友』1936年１月号

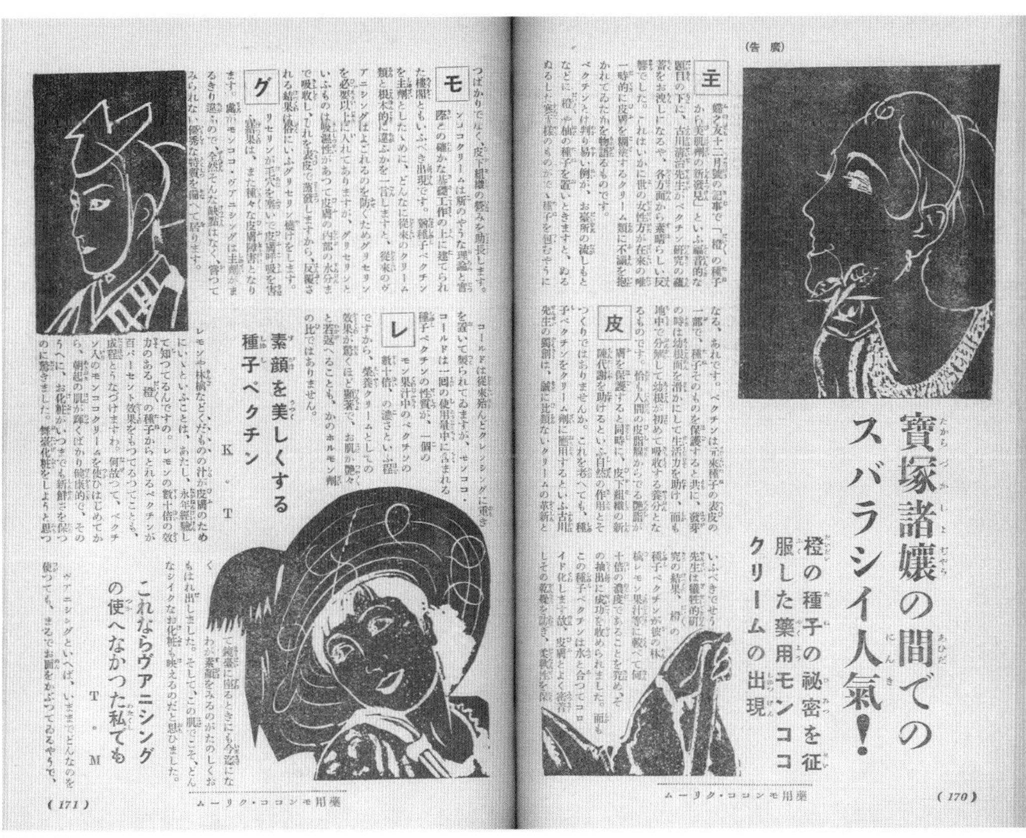
(廣告)
寶塚諸嬢の間でのスバラシイ人氣！
橙の種子の祕密を征服した藥用モンココクリームの出現
素顔を美しくする種子ペクチン
K・T
これならヴアニシングの使へなかつた私でも
T・M
藥用モンココ・クリーム
(170)
(171)

図8-8（-1）

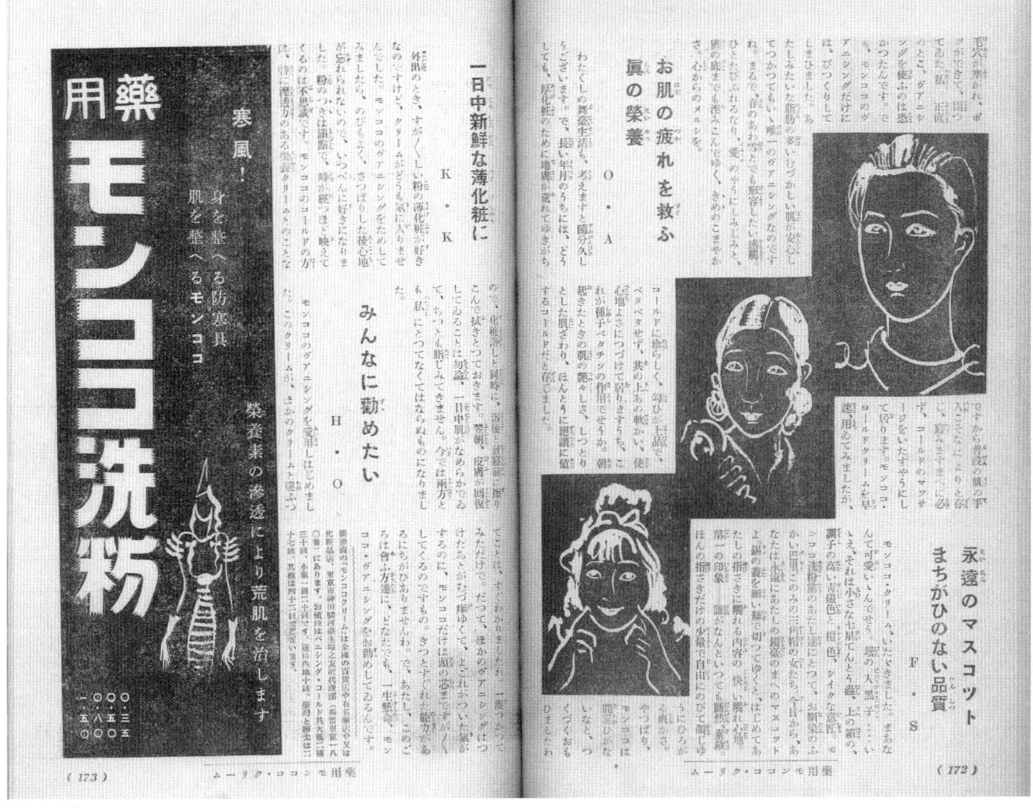
藥用モンココ洗粉
寒風！
身を整へる防寒具
肌を整へるモンココ
榮養素の滲透により荒肌を治します
一日中新鮮な薄化粧に
K・K
みんなに勸めたい
H・O
お肌の疲れを救ふ眞の榮養
O・A
永遠のマスコット まちがひのない品質
F・S
藥用モンココ・クリーム
(172)
(173)

図8-8（-2）

図8-9

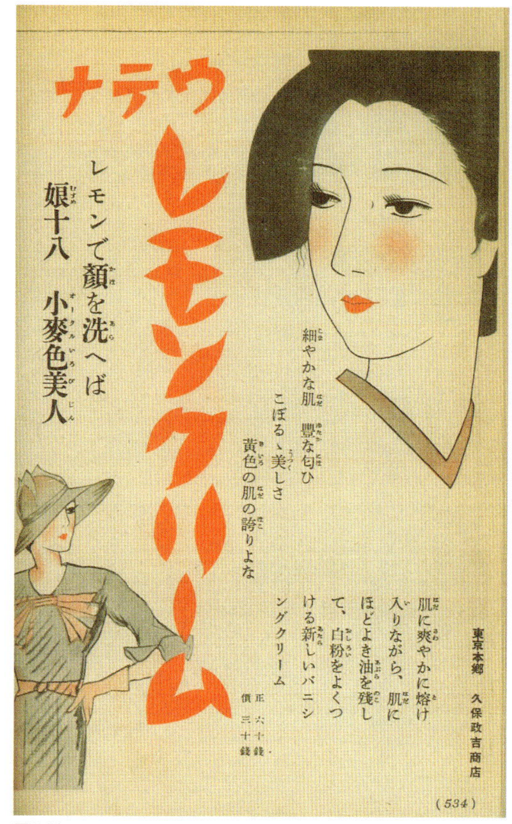

図8-10

図8-11

図8-12

図8-13

図8-9：影絵をモチーフに使ったモノクロ反転、ツートーンの使い方が上手な「薬用マペペシャンプー」広告。❖『主婦之友』1937年6月号

図8-10：洋装と和装、二人の女性の対比は、この時期定番の広告モチーフ。「ウテナレモンクリーム」広告。❖『主婦之友』1934年10月号

図8-11：モダンな洋装イラストの「ウテナレモンクリーム」広告。❖『主婦之友』1935年6月号

図8-12：東郷青児の手による女性イラストの「ウテナレモンクリーム」広告。❖『主婦之友』1937年5月号

図8-13：「爽やかな初夏の薄化粧法」を説明している。「ウテナバニシング（雪印）クリーム／粉白粉」の広告。❖『主婦之友』1937年6月号

図8-14：「精神の美！　肉体の美！　そしてクラブ白粉の輝かしい化粧美こそ真の日本女性美の表現です……」。美のオンパレードの広告。❖『主婦之友』1934年1月号

クラブのモダンイラスト広告

「健康化粧」の提唱とともに、モダンな女性イラストによる広告が姿を消していくなか、1934（昭和9）年から35（昭和10）年にかけて、クラブ化粧品が多くの誌面記事内2分の1頁広告を掲載した。そこには、さまざまな女性風俗が類型的な挿画で描かれた。

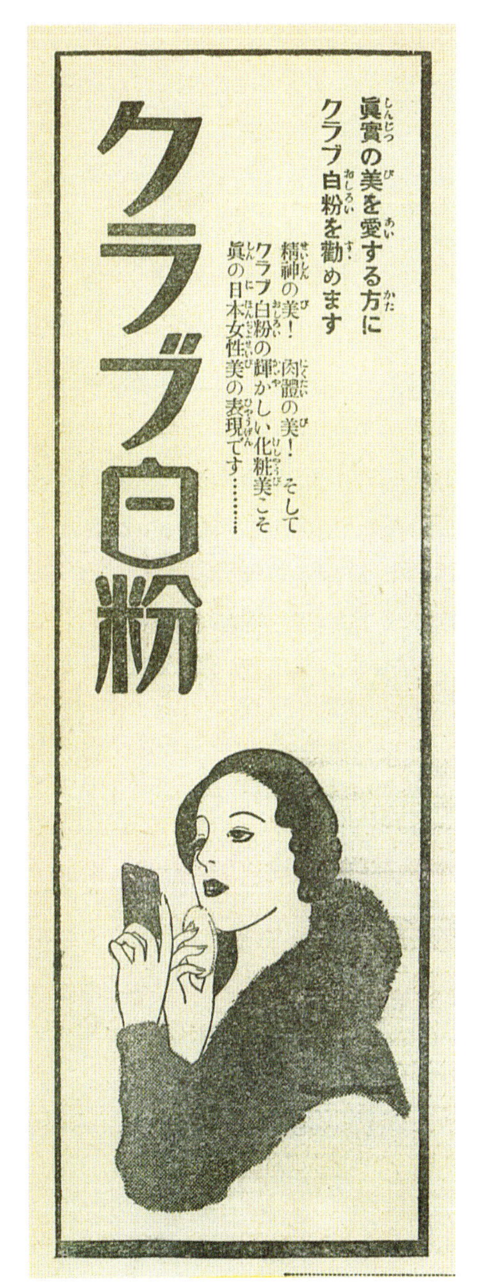

図8-14

図8-15

図8-16

図8-17

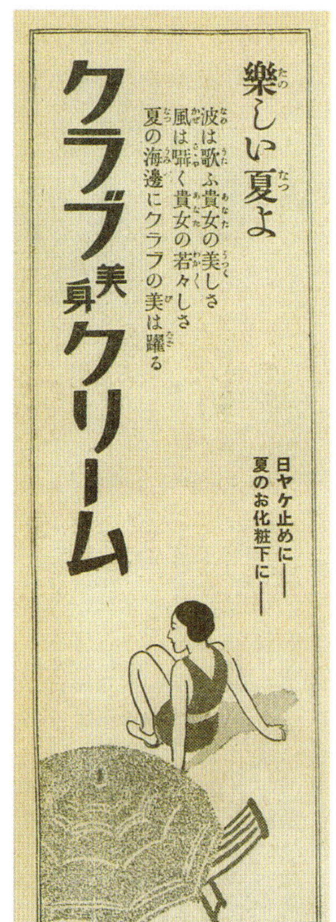

図8-18

図8-19

図8-15：スケートをする女性のイラスト。スポーツは健康の象徴。❖『主婦之友』1934年2月号

図8-16：男女二人の夏の歓びを図解する「クラブヘヤートニック」広告。❖『主婦之友』1934年7月号

図8-17：線の細さが際立つ女性イラスト。帽子に洋装、ハイヒールがモダンガールの定番アイテム。❖『主婦之友』1934年7月号

図8-18：夏といえば海水浴。「クラブ美身クリーム」広告。❖『主婦之友』1934年7月号

図8-19：夏といえば登山。双眼鏡を持った女性イラスト。「クラブ歯磨」広告。❖『主婦之友』1934年8月号

資生堂のモダンイラスト広告

現在でもその広告のデザインには定評がある資生堂。戦前の婦人雑誌では、クラブやレート、ヘチマほど大々的な広告をすることはなかった。だが、その表象とデザインは、モダンななかでもひと味違う独自性を保っていた。

図8-20

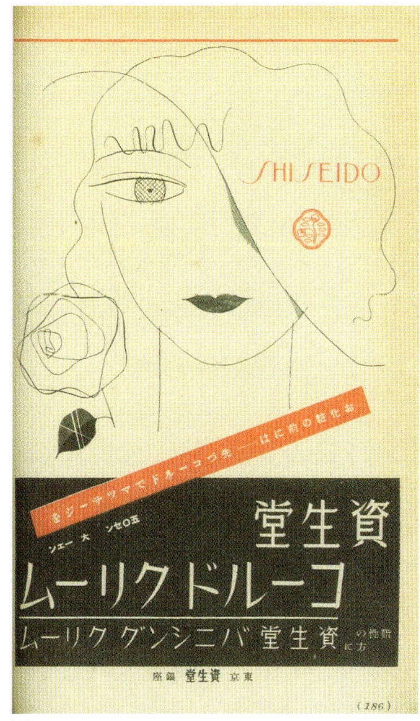

図8-21

図8-20：他社が同じ号に何点もの広告を掲載することも多いなか、資生堂は一号につき広告一点のポリシーを堅持していた。「資生堂コールド／バニシングクリーム」広告。❖『主婦之友』1936年1月号

図8-21：シンプルな線で描かれた女性とバラのイラスト。「資生堂コールドクリーム／バニシングクリーム」広告。❖『主婦之友』1936年4月号

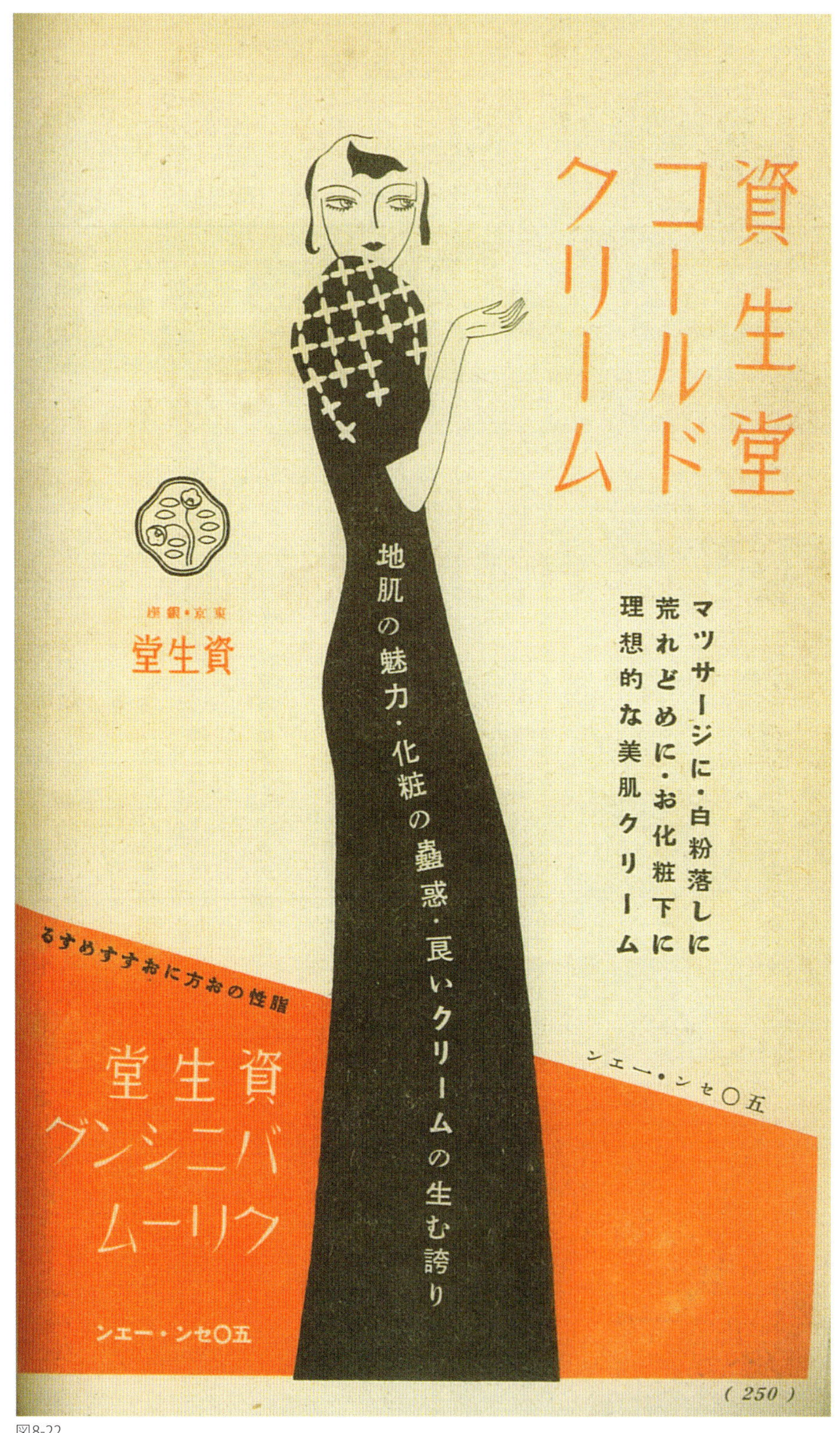

図8-22

図8-22：女性のイブニングドレスには、「地肌の魅力・化粧の蠱惑・良いクリームの生む誇り」の文字。「資生堂コールドクリーム／バニシングクリーム」広告。❖『主婦之友』1937年2月号

第9章

舶来品との競合

1930年代当時、高級化粧品といえば欧米からの舶来品を指し、とくにフランス製への憧れは非常に大きかった。国産化粧品の歴史は、そうした舶来化粧品に品質的にもイメージ的にも追いつこうとしてきた歴史であった。

高級イメージを分かりやすく演出するためか、国産化粧品であっても、欧米系の女性写真を用いた広告は多かった。消費者の美意識に訴え、購入をうながすうえで、西洋風の美人女性の見た目のインパクトは、決して侮れないものとなっていたのである

欧米系美人を起用した広告

国産化粧品広告に欧米系の女性写真が使われた類型的な広告の数々を紹介する。その美のイメージは、日本女性をアイコンとしたものとはずいぶん違っている。

図9-1

図9-1：「世界に誇る」商品というイメージを金髪の女性の魅力によって具体化した。「シック好みの女性達〔ひとたち〕」に愛される「ラブミー淡肌色水白粉」広告。❖『主婦之友』1934年7月号

AMOR SKIN
アモルスキン
青春の美を憧れる御婦人方の最後の美容法として殘された祕訣は、アモルスキンの使用によつて解かれませう。
衰へ行く美！
これを取り戻すホルモンクリーム
お寢みの間に若々しくなる……
三―六ケ月使用量
一號一壺……二十五圓
二號一壺……四十五圓
アモルスキン
図9-2

ヘチマコロン
ほんとうに
美くしい肌が
いつの日も
みなさまに
生き〳〵と
ほゝ笑むとは
なんとまあ―
うれしいこと
朝に夕に
ヘチマコロンを
80 sen
50 sen
30 sen
本舗　東京　天野源七商店
図9-3

明色美顔水はエリ化粧にお使ひになつてもステキです！
アメリカ婦人にまで大評判の明色粉白粉！
明朗な色味と美しいツヤとで大評判の明色白粉は最近アメリカ婦人の間でも大人氣です！
明色白粉がアメリカ婦人の間でも大評判！
増田ちか子女史歸朝談
化粧水を兼ねたスバラしい水白粉！
明色美顔水
◆色味は三種◆
白色
肌色
濃肌色
図9-4

図9-5

図9-2：商品名の「AMOR　SKIN」のAMORはフランス語で「愛」の意。「アモルスキン」の国産ホルモンクリーム広告。❖『主婦之友』1934年1月号

図9-4：「アメリカ婦人にまで大評判の明色粉白粉！」明色シリーズの広告では、宝塚少女歌劇団出身の女優、霧立のぼるが登場するものもある。「明色粉白粉／美顔水」広告。❖『主婦之友』1935年12月号

図9-3：ヘチマコロンにも西洋美人の顔写真を使った広告がある。「ヘチマコロン」広告。❖『主婦之友』1935年2月号

図9-5：当時を代表するセックス・シンボルにして人種差別も経験した混血女優、ジョセフィン・ベーカーが登場。その広告が描く視線が、欧米白人世界と同じものであることは大きな勘違いであろう。「カガシ７色粉白粉」広告。❖『主婦之友』1936年4月号

マリー・ルイズ化粧品

日本人のなかにあるフランス・イメージを体現した化粧品といえば、「マリー・ルイズ」シリーズが筆頭に挙げられる。

化粧品ブランド名となったマリー・ルイズは、1875（明治8）年に生まれ、明治期にフランス流の美容を紹介した女性である。1913（大正2）年には日本初の美容講習所を設立し、1935（昭和10）年に美容資格が都道府県での国家試験制度となった際には、東京都美容資格取得第一号が彼女に与えられた。憲法記念館改め明治記念館が初めて総合結婚式場として誕生すると、美容マリー・ルイズが美容部門を担当した。海外の化粧法や美容を紹介したマリー・ルイズは戦後、日本の美容界の発展への功績が認められ、美容界初の藍綬褒章を授かっている[※1]。

化粧品業界に目を転じると、ルイズは、1925（大正14）年末に美容家の連絡機関として「東京婦人美容協会」を発足させ、会長の遠藤波津子とともに婦人美容の普及を図るべく、マスター化粧品（尚美堂）の小口みち子とともに副会長を務めた。三者ともに、『主婦之友』の化粧品座談会の常連の美容の「先生」たちである。

フランス流の美容術を携え来日したルイズは、母親が日本人であり、相原美禰の日本名を持つ。父親である英国公使館付武官アレクサンダー・ジェイムズ・エーベルダインが死去する10歳まで、麹町の英国大使館で暮らし、17歳の時に5代目英国大使夫人メアリー・フレイザーに伴われ渡仏、その後、美容師として身を立てるべくメゾン・ポット美容学校、ラ・モット美容学校にて美容術や美顔術、化粧法や化粧品製造を学び、両校の講師を務めた。1912（大正元）年に当時の駐仏全権大使子爵の栗野信一郎に伴われ、宮内省の宮廷服装の顧問格で帰国する。皇室の十三宮家に近代美容をはじめ、儀礼時の洋装や帽子のかぶり方を伝授し、女性皇族との関係を深めた。皇室との関係が深く、日本人でもありながら、海外の美容に精通した彼女は、今でいうところの「セレブ系美容家」とでも言えるだろうか。

彼女の名は今日、横浜の化粧品会社グランデュールの販売する「マリールイズ化粧品」に受け継がれている。

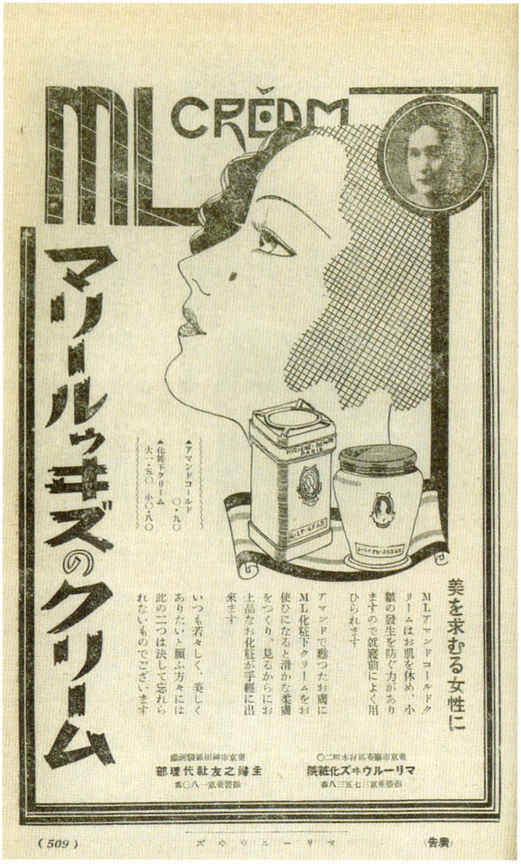

図9-6

図9-6：西洋美人をイメージさせるイラストの広告。マリー・ルイズ本人の顔写真が広告上部にレイアウトされている。「マリールイズのクリーム」広告。❖『主婦之友』1934年5月号

図9-7：黒髪、洋髪どちらのあなたにも。「マリールイズのクリーム」広告。❖『主婦之友』1935年2月号

1. 〈マリールイズ化粧品とは〉http://www.marielouise-cosme.jp/about/（2016年4月閲覧）。

図9-7

図9-8

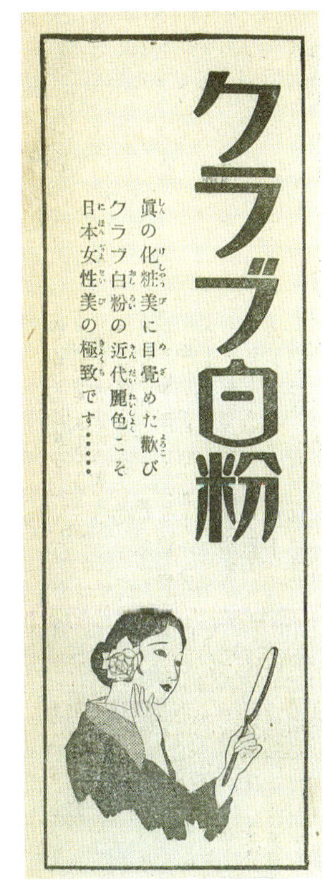

図9-9

当時、憧れの視線を反転させた日本的美人を演出する広告も定番のひとつであった。

図9-8：清楚な雰囲気が和装女性の要。「アイデアル化粧液〔ミルキークリーム〕」広告。❖『主婦之友』1934年3月号

図9-9：和装風の女性が手鏡をのぞく。「クラブ白粉の近代麗色こそ日本女性美の極致です……」。❖『主婦之友』1934年2月号

図9-10

図9-12

図9-11

図9-10：女性の若々しさの演出にはそぐわないが、お正月新年号には日本髪が定番。「クローバーレモンクリーム」広告。❖『主婦之友』1936年1月号

図9-11：日本髪の型を保ち、ほつれ毛を止めるにはポマードを。「アイデアルポマード／頭髪香水〔ヘヤートニック〕」広告。❖『主婦之友』1935年12月号

図9-12：固煉白粉による化粧の不自然さを改めて、「生彩ある近代的濃化粧」に。「資生堂固煉白粉」広告。❖『主婦之友』1936年9月号

第Ⅲ部

化粧品広告戦時体制確立期

1937（昭和12）年10月号から1941（昭和16）年12月号まで

婦人雑誌の誌面に戦時色が濃くなったのは、1937（昭和12）年7月の盧溝橋事件勃発以後のことである。当時の内閣は、9月の閣議決定で、7月以降の激化した日中の戦闘状態を「支那」事変と命名した。

実際に、婦人雑誌広告の戦時色が強まるのは、10月号（9月発売）からである。第Ⅲ部では、戦後は日中戦争と言い替えられた「支那」事変以後の、戦時色が取り入れられるようになった広告を見ていきたい。

事変直後の『主婦之友』広告では、政府・マスコミ主導の時局に順応する形で、「非常時」をメッセージとして取り入れた広告が多く見られた。しかしその後、戦闘そのものは中国大陸で行われていたことから、国内では「非常時」が平和な日常として常態化してしまい、化粧品広告の内容は、事変以前とさほど変わらないまま掲載されていたことがわかる。戦後育ちの日本人のイメージでは、奢侈品である化粧品広告は時局柄統制されたという先入観を抱きやすいが、実際には、広告の出稿量は事変前よりも増加傾向にあったことからも、強い統制のイメージからはほど遠いのが実態であった。

製紙パルプの輸入制限を受け、1938（昭和13）年には、前年比2割削減という用紙量の統制が始まっていた。新聞や雑誌は広告頁に制限を設け、この時局に対応しようとしたが、広告申込みは常に過剰であり、掲載希望に見合う広告頁の確保は困難になってきていた。そのため、一大広告メディアである新聞の広告費は高騰し、「十三年度に於ける各有力紙の値上は、その値幅に於てその比を見ざるもの」であった。[※1]にもかかわらず、限られた広告スペース獲得競争は激しく、広告料は値上がりを続ける。雑誌メディアの広告においてもおおむね同様であった。

従来、内務省の直接的指導以上に用紙統制こそが、雑誌の自主的な戦時向け内容への転換に拍車をかけ、出版文化の衰退につながったと指摘されてきた。しかし、日本初の国民雑誌『キング』を分析した佐藤卓己は、雑誌出版界が、当時異様な高揚感にあり、たとえば『出版年鑑　昭和14年版』（東京堂）では、用紙統制など「幾多の不便」についてふれてはいるものの、出版界は「俄然、円本時代に次ぐ好況を呈した」と総括されていたことを明らかにしている。[※2]出版界は「バブル」とも呼ぶべき状況にあり、日中戦争勃発から日米開戦までは「戦時出版好況」時代を迎えていたのである。各誌の売上げ部数は増大し、1940（昭和15）年まで、雑誌黄金時代が続くことになる。[※3]

雑誌流通を独占した四大取次大手であった東京堂の社史においても、盧溝橋事件以後、「戦局が有利に展開しているころや、長期建設などと称えている間は、出版界の好調は続いたのであった。とりわけ雑誌の売行きはめざましく伸びていった」と述べられている。[※4]

めざましい雑誌の売上げとともに出版社を支えたのが、高騰した広告収入である。1938（昭和13）年を振り返った『昭和14年　広告年鑑』（萬年社）記載の広告料一覧を見てみると、当時婦人雑誌のなかでも最も高額な広告掲載料を設定していた『主婦之友』では、5年前の1933（昭和8）年には、普通面1頁675円だった広告料が900円に高騰し、[※5]口絵対面の広告は、1350円から1500円へと値上げされている。グラビア広告には特別に2800円の価格が新たに設けられた。

表紙、裏表紙、目次前後といった、色刷りでの広告掲載が可能な一等地は、すでに長期契約済みと

1．「業界品広告」東京小間物化粧品商報社編『小間物化粧品年鑑　昭和14年』1939年、東京小間物化粧品商報社、151頁。
2．佐藤卓己「出版バブルのなかのファシズム――戦時雑誌の公共性」坪井秀人編『偏見というまなざし――近代日本の感性』2001年、青弓社、131-132頁。
3．同前、129頁。
4．『東京堂百年の歩み』1989年、東京堂。
5．「雑誌総覧」大橋和夫編『昭和8年　広告年鑑』1932年、萬年社、35頁（山本武利編『萬年社広告年鑑　第9巻』1984年、御茶の水書房所収）、および「雑誌総覧」大橋和夫編『昭和14年　広告年鑑』1938年、萬年社、24頁（山本武利編『萬年社広告年鑑　第15巻』1985年、御茶の水書房所収）。

なっており新たな広告申込を受け付けなくなっていた。そこはまさに化粧品広告が占めてきたスペースである。それらは、指定料として通常の広告掲載料とは別に30円から400円までを上乗せするようになっていた。化粧品業界にとっては、用紙統制はまさに広告料高騰の主要因として認識され、今後の宣伝活動において大きな問題になると予測していた。

新たな広告への戦時の影響は、1938（昭和13）年5月、内務省警保局が定めた「婦人雑誌ニ対スル取締方針」に始まる。規制対象として挙げられたのは、女性の「貞操観念」に疑惑を生じさせるような婦人雑誌の内容についてであった。まず「不倫」関係を扱った物語など「恋愛ヤ卑俗ナル小説」が取締の対象となり、また「告白記事」で語られる男女関係における「満足を得られぬ悩み」や「処女と非処女の区別」「新妻の衛生秘密相談」は挑発的記事であるとして、続いて、生殖器や性病関連の医療衛生記事が「俗悪ニ堕シ善良ナル羞恥心ヲ麻痺」させるとして、取締の対象となった。興味本位の娯楽はまだしも、人には言えない真剣な悩み相談であっても、時局にそぐわないと判断された。

内務省による婦人雑誌への指導は、読み物や記事だけではなく広告にも及んだ[※6]。当局は掲載を避けるべき広告として、「性交用具類ノ広告」、「男子生殖器疾患治療器具類ノ広告」「不感症療法ノ広告」「ルーデサック及避妊具類ノ広告」、そしてそれらに関する内容をもった出版広告、さらに、「修整又ハ取扱上注意ヲ要スル広告」として「毛生薬、義毛類」、「花柳病、婦人病薬」を具体的に挙げている[※7]。

それにともない主婦之友社は、広告主に「当局の取締上、不適当と思はれるものは掲載いたしません」と告知、「性に関する露骨なる著書の広告」、「淋病、梅毒、らい病、強精薬、毛生薬、義毛の広告」、「婦人病薬」の広告に制限を設けた[※8]。

当局からの婦人ジャーナリズムへの規制について、婦人雑誌研究者の岡光男は次のように指摘している。結局、性をめぐって何が「健全な羞恥心」であり、「卑俗」や「挑発」なのかは取り締まる側にも、もちろん取り締まられる側のメディアにも判断は難しかった。そのためメディアは内部に自己検閲の根因をかかえることになった[※9]。その自己検閲の眼は、雑誌メディアに広告を出稿する化粧品業界にも及んだ。実際、局係官から、「写真も女優であるとか、芸者であるとか、大家の令嬢の写真などを刺激的に出すのはいかん。図画の取締りには具体的な方針を決めていないが、われわれの意志を汲んでもらいたい。自粛自戒の結果、化粧品広告の面目が一新されるように望みたい[※10]」という説明があったという。

広告規制は化粧品業界にとって、「他人事」ではなかった。1938（昭和13）年を振り返った『小間物化粧品年鑑　昭和14年』は、課税の重圧並びに、長期戦下における消費節約の励行により売上げが鈍るのではないかという不安が業界内に広がったと記している。

こうした時局を迎えて留意すべきことは何であったか。化粧品への課税率の上昇への対応や、海外からの輸入制限による原料不足ももちろんであったが、何よりも、風紀紊乱、軽佻浮薄な宣伝を行っていると当局に「誤解」されないための、新たな広告表現を生み出すことであった。

---

6. 「広告浄化と禁止字句」「実務総覧」大橋和夫編『昭和14年　広告年鑑』萬年社、1938年、56頁（山本武利編、同前）。
7. 「広告浄化と禁止字句」については、「実務総覧」大橋和夫編『昭和14年　広告年鑑』萬年社、1938年、56-62頁に掲載（山本武利編、同前）。
8. 「不浄広告の取締」「雑誌総覧」大橋和夫編『昭和14年　広告年鑑』萬年社、1938年、4頁（山本武利編、同前）。
9. 岡満男『婦人雑誌ジャーナリズム――女性解放の歴史とともに』1981年、現代ジャーナリズム出版会、158-160頁。
10. 日本化粧品工業連合会編『化粧品工業120年の歩み』1995年、日本化粧品工業連合会、221頁。

第10章
「戦時」を伝える化粧品広告

婦人雑誌において派手に展開される化粧品広告の時代は終わりを告げた。もちろん「支那」事変以後も、化粧品の出稿の多さに変化はない。だがここに来て、化粧品販売における広告表現のあり方や、時局にあった「美」とは何かという模索が始まることになる。

これまでは、ブランドの知名度や信用を高めたり、購読者個人の消費欲を巧みに刺激する宣伝活動を行なっていればよかった。しかし、もはやそれだけでは化粧品の存在が許されない。

化粧品および国産化粧品会社が、日本社会になくてはならない存在として受け入れられていくためには、そのための新たな存在証明が必要だった。広告に登場する化粧品の効能は、「何のために」美しくなるのか、その目的をうたわざるを得ず、また、起用される女性たちはただ「美しさ」を象徴する存在というだけでは不十分となる。

化粧品は非常時において何ができるのか。そんな世間からの疑問に答えようと、化粧品広告は積極的に時局についての独自のメッセージを発信したのである。

1937年、流行する「非常時」

盧溝橋事件以後が「支那」事変と命名された直後、すなわち日中戦争勃発から間を置かずに、『主婦之友』掲載の化粧品広告はコピーに率先して「非常時」や「銃後」などの戦時における時局フレーズを取り入れた。生活必需品ではない化粧品が、時局にそぐわないとして、法律による規制の対象となることを避けようとした弥縫策である。

とはいえ、勇ましいそのかけ声とは裏腹に、広告の意匠そのものを変化させた広告は多くない。そのため、「非常時」を唱えるコピーと、意匠として描かれる化粧美のイメージとのギャップが際立つ結果となった。

図10-1

図10-1：「燈下の秋〔とき〕 非常時のお化粧は即座に美〔うる〕わしく！」の横にある、こじつけとも見えるボディコピーは次の通り。「この忙しい時に手間かけて旧式化粧をしておる時ではありません、一ツケで生々はつらつの自然美を生み、一日中化粧崩れのしないタンゴドーラン化粧こそ…お肌の護りとして、非常時解消の唯一の美の鍵です」。「美と魅力の近代化粧料　タンゴドーラン」広告。
❖『主婦之友』1937年10月号

図10-2

図10-3

図10-4

図10-2：「銃後の女性の皆様！　非常時です！」。クラブ化粧品はすでに簡素化された化粧法として「健康化粧」を打ち出していたが、これを時局柄あるべき化粧の様式であると提唱して、時代のスローガンとした。広告には若い女性二人に、慰問品の千人針を刺す女性の姿が描かれた。「ホルモン応用　健康化粧　クラブ歯磨／乳液／美身クリーム／はき白粉」広告。❖『主婦之友』1937年10月号

図10-3：「非常時〔こんな〕の場合に一層望まれるものは…真の女性美を表現した表情化粧です」。従来の女優写真ではなく菊花を使用、菊は皇室および日本の象徴である。「レート粉白粉」広告。❖『主婦之友』1937年11月号

図10-4：「銃後の女性は健康美化粧を！」。健康美とは「弾力のある若肌」の魅力によって作られる。若さと健康は、総力戦下の女性にこそ必要不可欠なものである。「ウテナバニシング（雪印）クリーム」広告。❖『主婦之友』1937年11月号

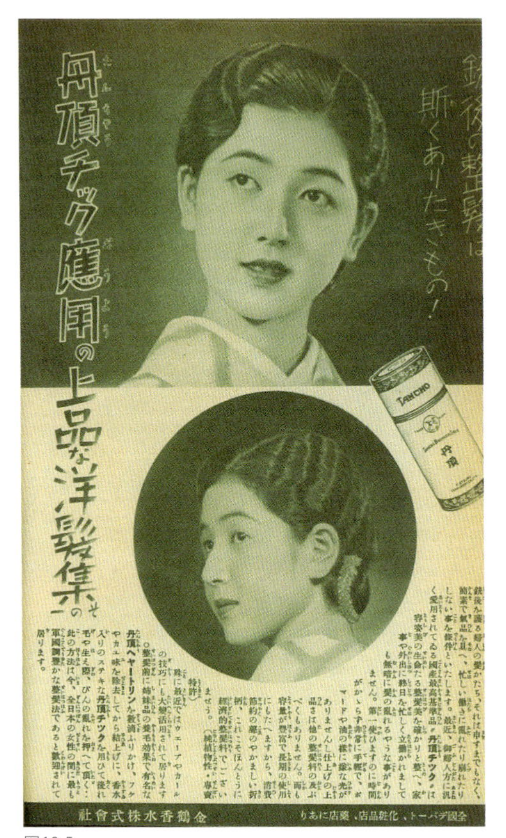

図10-5

図10-6

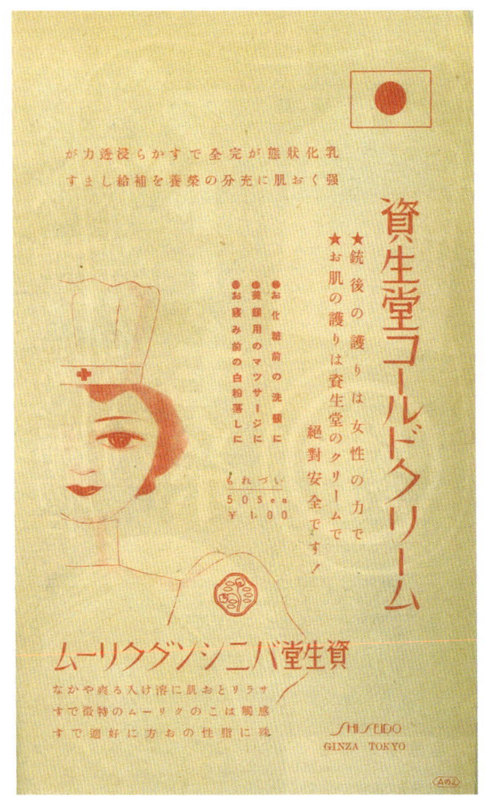

図10-7

図10-5：一見、以前の広告との違いはわからないが、キャッチコピーには「銃後の整髪は斯くありたきもの！」の文字が躍る、時局が意識された化粧品広告である。「丹頂チック応用の上品な洋髪集」とあるが、女性の洋髪は時局柄不適切と見なされるようになり、整髪料広告は冬の時代を迎えることになる。❖『主婦之友』1937年11月号

図10-6：「銃後の女性は……健康化粧」。大日本国防婦人会のタスキを掛け、日の丸を持った田中絹代の姿。非常時広告の典型といえるだろう。「クラブ乳液／美身クリーム／はき白粉」広告。❖『主婦之友』1937年11月号

図10-7：「★銃後の護りは女性の力で　★お肌の護りは資生堂のクリームで絶対安全です！」。銃後とお肌を「護り」でかけた、日の丸と赤十字看護婦が印象的な「資生堂コールドクリーム」広告。❖『主婦之友』1937年11月号

図10-8

図10-9

図10-8：マスター化粧品は、「銃後の軍国調化粧」を提案。「出征軍人の歓送にも、華美ならぬ身嗜〔みだしな〕みの薄化粧こそ、戦場に赴く勇士への日本女性の優しい心の贐〔はなむけ〕です」。ターキーこと水の江瀧子が微笑む「サラッと爽やかな　マスターバニシングクリーム」広告。❖『主婦之友』1937年12月号

図10-9：図10-6のレタッチなしバージョン。背後にも日の丸が描かれており、「日本」イメージをうまく広告デザインに取り入れている。「時局にふさわしい新化粧法／この非常時には、皆様方も一層健康に注意して銃後の護りをかたくして下さい！」と呼びかけた。「クラブ乳液／美身クリーム／はき白粉」広告。❖『主婦之友』1937年12月号

図10-10

図10-10：「暁雲の空を衝くもの！」。掲載されている髪型は「北支に、上海に、颯爽と正義の爆撃を続けている吾空軍の勇壮な、明朗な飛躍観」をモードとして取り入れ、日本の「空軍の威容をシンボライズ」したもの。額から後ろまでウェーブをつけずになでつけ、「無限の碧空の感じ」を表現、サイドの渦毛（スワール）は「暁雲の爽やかな象徴〔シンボル〕」である。考案したのは新宿マヤ美容室のマヤ片岡。ちなみに、当時日本に空軍はなく、陸海軍がそれぞれ航空隊を編成していた。「メヌマポマード」広告。❖『主婦之友』1937年12月号

模索を続ける「非常時」の広告表現

声高に「非常時」を宣伝し、戦争協力を求めたわけではない。しかし、80年を経た歴史資料として見れば、どの広告にも、なんらかのかたちで時局を意識していることが見て取れ、例外は少ない。

国民精神総動員の総力戦遂行のための婦人雑誌の役割は小さくない。「銃後」の護りを担う女性に向け、その主旨を徹底させる懇切丁寧な解説者メディアであり、指導者メディアであることを期待されるのは必然であった。その際、婦人雑誌が、生活必需品とはなりにくいだけではなく奢侈や華美のイメージとの親和性が強い化粧品の広告メディアとしてふさわしいかどうかは、微妙な問題となる。

婦人雑誌の記事が花形作家の戦線観察記や、銃後の節約美談廃物利用等の実用記事といった「濃厚な事変色」を帯びるようになるということは、

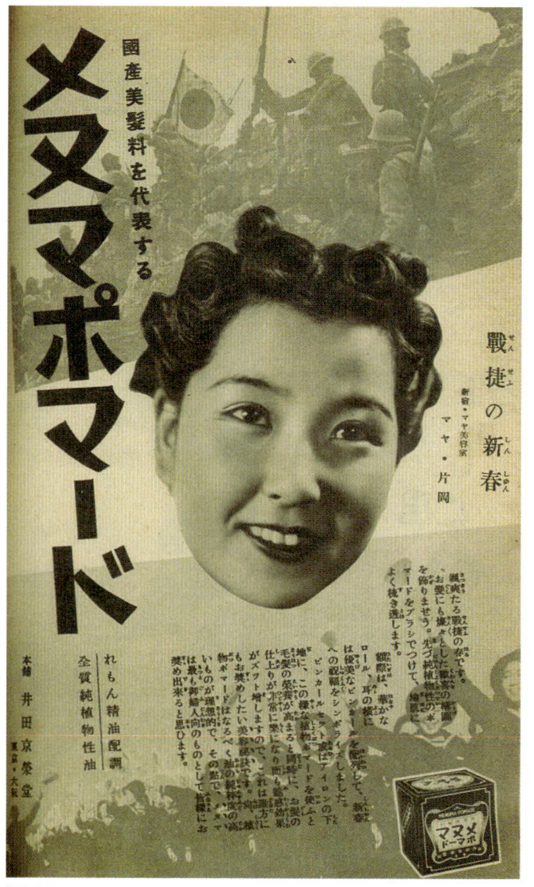

図10-11

図10-11：「戦捷の新春」。上段には日の丸を掲げた前線の兵士、下段にはハンカチを振る若い銃後の女性たちの対比。「国産美髪料を代表する　メヌマポマード」広告。❖『主婦之友』1939年1月号

「雑誌自体の商品性とも矛盾するのみならず、広告媒体としての効果を幾分減殺」[※11]することは否めない。化粧品業界はこれまで主要な広告メディアとして位置づけてきた婦人雑誌の変化を社会的必然としつつ、化粧品広告にとっては矛盾するメディアとなりつつあると認識していたことが『小間物化粧品年鑑　昭和14年』からは読み取れる。

1938（昭和13）年は、「業界有力本舗では、いずれも大量広告によって、比較的有利なる広告料の下に大スペースを使用し得た」[※12]のであるが、広告界の大転換時代にあたって「最も風当りの強い矢面に立たされ」[※13]たと回顧していた。製品生産のための原料輸入規制、消費節約という風潮のなかで、化粧品業界は従来の広告手法を見直さざるをえなくなっていく。

つまり、いかにして、時局に見合う表面的なフレーズや意匠を取り込みながら広告を作るかではなく、限られた用紙スペースに、時局と矛盾をきたさない宣伝をどのように盛り込んでいくかが重要となっていくのである。広告の量より質が重視され、かつてなくその表現が問われる時代となったといえる。

11. 東京小間物化粧品商報社編『小間物化粧品年鑑　昭和14年』1939年、149頁。
12. 同前、151頁。
13. 同前、151頁。

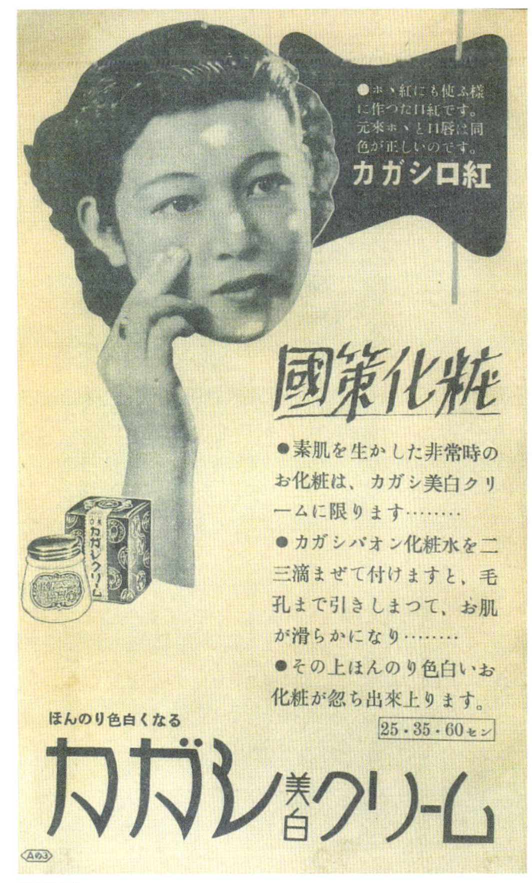

図10-12

図10-12：「国策化粧」とは、素肌を生かした化粧のこと。他の化粧品に見られる「非常時」化粧の提案と同様に、時間をかけない簡素な化粧を指している。「ほんのり色白くなる　カガシ美白クリーム」広告。❖『主婦之友』1939年1月号

図10-13

図10-13：「非常時日本の女性〔みなさま〕に確信をもってお奨めできる　一番お徳用なクレーム！」「普通平凡なクリームの五倍以上お徳用です！」。こちらはコストパフォーマンスの良さをアピール。倹約が励行される時代を反映した「レートクレーム」広告。❖『主婦之友』1938年9月号

図10-14

銃後の經濟化粧はタンゴで引きしめませう

美と魅力の近代化粧料

タンゴドーラン

一番お徳な愛國化粧料です

時は金なりの經濟化粧料です

TANGODOHRAN

図10-15

図10-16

図10-14：田中比左良の明朗漫画を使っていた頃から見ると、マスターの化粧品の広告イメージは大きく転換した。「日ヤケ肌アレを治す　若肌防護同盟！」の参加条件は、「国策線にそった正しい身嗜〔みだしな〕み！」。「マスターバニシングクリーム／ホームパクト」広告。❖『主婦之友』1938年10月号

図10-15：軍用機と野砲で陸海軍をシンボライズし、戦時下であることを視覚的に訴える。「銃後の経済化粧はタンゴで引きしめましょう」。「タンゴドーラン」広告。❖『主婦之友』1938年10月号

図10-16：「非常時です。けばけばしい白粉化粧は禁物です」。見開きで「白粉不要」を主張する、洗顔クリーム広告。❖『主婦之友』1939年8月号

図10-17

図10-18

図10-17：「戦争と身嗜〔みだしな〕み！」。商品宣伝コピーには「日本は戦っているのです。心をしっかり緊〔し〕めて、健康な正しい身嗜みを心掛けましょう」。「近代人の水クリーム　レートフード」広告。❖『主婦之友』1939年11月号

図10-18：「九・一八日華美化粧停止！」。戦前は、1931年9月18日に起こった関東軍謀略事件である柳条湖事件を満洲事変の記念日としていたことを化粧品宣伝に利用。中国では戦後9月18日を「国恥」記念日とし、2012年の9･18には、大規模な反日デモがおこった。国策の線に沿い、「お化粧は凜とした」健康美化粧を奨励する「タンゴドーラン」広告。❖『主婦之友』1940年3月号

図10-19

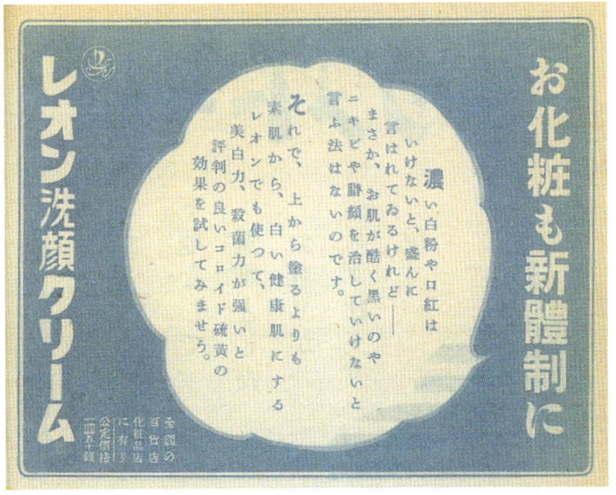

図10-20

図10-19：受付係からの告示「一．パーマや華美服装、華美化粧の方は面会お断り」。時局に恥じない化粧を推奨する「タンゴドーラン」広告。❖『主婦之友』1941年2月号

図10-20：「お化粧も新体制に」。1940年に始まった新体制運動に連動させた広告。「濃い白粉や口紅はいけないと、盛んに言われているけれど…ニキビや脂顔を治していけないという法はないのです」と、商魂たくましい「レオン洗顔クリーム」広告。❖『主婦之友』1941年2月号

第11章
「日本」イメージの具現化

「非常時」の時局を反映して、愛国心を鼓舞するかのような広告が定着するなか、化粧品広告では「日本」をキーワードにした広告デザインが増えていった。だがその「日本」は、政治的かつ文化的な抽象概念であるため、シンボル表現や具象化は、決して一様ではなかった。

化粧品を売るために、また、化粧品によって獲得できる「美しさ」を表現するために駆使された、「日本」イメージをある程度類型化し、その表現を見ていきたい。

日本女性の美しさ

日本人に宣伝するにふさわしい女性像を必要としたのは化粧品広告に限ったことではなかった。当時の広告に登場させるにあたって、製作者たちは日本人らしい女性表象を必要としていたからである。それは国家的要請によるものでもあったが、それ以上に、欧米の模倣ではない、日本独自の広告デザインを求めたためである。

その活動の一環に、1937（昭和12）年1月、宣伝・広告印刷を相互に研究、研鑽することを目的として、京都で脇清吉によって創刊された広告研究雑誌『プレスアルト』がある。同誌は、当時の広告図案家たちの欧米への過度な依存体質をたびたび指摘している。つまり広告に登場しているのは「日本人」なのだが、どこか日本人イメージにそぐわないことが問題視されていたのだった[※13]。たとえば、京都高等工芸学校教授の霜鳥之彦は、フランスでの遊学経験をもち、『プレスアルト』では顧問を務めていたが、その彼は日本の化粧品広告について「化粧品や雑貨の日常品広告においてしばしば見受けることであるが、諸君はその理由なき所に西洋人が登場してきているのに気づかれないか」と述べている。

日本人向けの商品を販売しているにもかかわらず、広告に意味なく「西洋人」が登場することを指摘し、これは西洋人の作品を無節制に模倣している間に、自然と不用意に外国文物崇拝ないし追随に陥ってしまった結果であり、霜鳥は「日本人を描け」と主張した[※14]。この批評の背景に「非常時」と「国粋」があったことは確かだが、しかし、日本人を描かなければならない理由は彩管報国（絵筆＝彩管を執って、国に尽くすの意。芸術家たちの戦争協力のこと）のみにあったわけではない。

> 「数日前も私は新聞のある化粧品の広告に明朗な現代女性美——それは戦時下のという様な意味を特別にもたせたものでも何でもない、一にも二にも片臂を張らして戦時色を出したものがいいというのではない——を表現したものとして描写された一つの人物画を見て、そういう傾向の現われた事、そういうものを描かせた広告主の態度に好感をもった[※15]」

日本女性らしい図案に採用することを霜鳥は説いていた。そのため、時局の変化がもたらした影響とはいえ、日本人らしい美しさをもった女性像が化粧品の広告に登場したことを積極的に評価している。広告図案家をはじめ、その関係者が積極的な時局宣伝者となったことが今日知られているが、彼らはただ「上からの」要請に従ったわけではなかった[※16]。この変化を社会がこれまで抱えてきた問題を克服する機会ととらえ、自らのできる活動を試行錯誤のなかで行ったにすぎなかった。化粧品広告では、健康的で若々しい素肌美の女性像を、日本人らしい女性の美しさとして「発見」していったのである。

13. 津金澤聡廣「『プレスアルト』にみる戦時期デザイナーの研究（上・下）」『日経広告研究所報』189、190号、2000年。
14. 霜鳥之彦「日本人を描け」『プレスアルト』第22号、1938年、プレスアルト研究会、3-4頁。（嶋田厚、津金澤聡廣編『復刻版　プレスアルト』第1巻、1996年、柏書房）。
15. 同前、4頁。
16. そうした広告人たちの戦時下の活動について記したものとして、難波功士『「撃ちてし止まむ」——太平洋戦争と広告の技術者たち』（講談社メチエ、1998年）、馬場マコト『戦争と広告』（白水社、2010年）など。また、プロパガンダとビジュアル・イメージについて、井上祐子『戦時グラフ雑誌の宣伝戦 ——十五年戦争下の「日本」イメージ』（青弓社、2009年）がある。

図11-1

図11-1：「伝統日本の個有美」、それを具現化するのが日本髪に結った和装の原節子。欧米風の顔立ちと言われたこの原の姿に、日本人のなかにある矛盾した美への感情が垣間見える。「レート固煉白粉」広告。❖『主婦之友』1938年2月号

図11-2：「黒髪の日本！　黒髪の洗髪料！」。日本女性の美の象徴としての黒髪論。「髪洗ひ　花王シャンプー」広告。❖『主婦之友』1938年2月号

図11-2

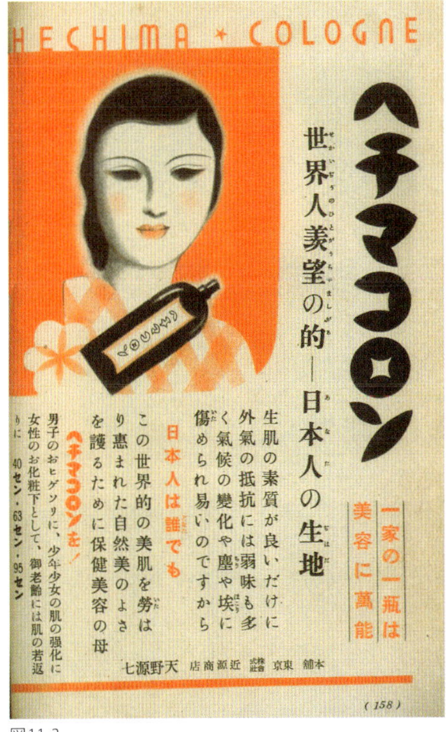

図11-3

図11-3：「世界人羨望の的〔せかいじゅうのひとがうらやましがる〕—日本人の生地〔あなたのじはだ〕」。日本女性の美の象徴としての素肌論。「ヘチマコロン」広告。❖『主婦之友』1938年5月号

図11-4

図11-5

図11-6

図11-4：「…日本人独特の美肌をどこまでも生かすのがコロンの生命です」。美肌論の別バージョン。以前はシンプルだったヘチマコロンの広告もすっかり饒舌になった。❖『主婦之友』1938年6月号

図11-5：色白の日本美人を代表するのが秋田美人。その「秋田の美人郷名産」から届いたのが天然コロイドの洗粉だ。「色白くなる天然洗粉　ユゼ洗粉」広告。❖『主婦之友』1940年2月号

図11-6：「新日本女性美！」大きなリボンを頭に載せ、菊を手に微笑む高峰秀子。「新しさ」は非常時の世でも肯定的な価値であることになんら変わりはない。「レートクレーム」広告。❖『主婦之友』1939年12月号

図11-7

図11-7：割烹着は、大衆性の強い大日本国防婦人会（略称、国婦）の「制服」でもある。国婦のルーツは満洲事変を期に結成された大阪の婦人組織にあり、和服に割烹着の女性像は、まさに本書でいう戦時下に形成された新しい日本的女性イメージなのである。「クラブ乳液／美身クリーム」の裏表紙広告。❖『主婦之友』1941年1月号

便利な日の丸意匠

真っ白な長方形の中央に円形を配した日本の国旗のデザインは、唯一無比の日本のシンボルであり、国粋のシンボルとしても使いやすい意匠であったのであろう。当時の化粧品広告には、日の丸意匠のバリエーションが豊富だ。

図11-8

図11-9

図11-10

図11-8：朱色の円上に配された新発売の商品写真。「国産」の強調と親和性の強いデザイン。「カガシ衿白粉」広告。❖『主婦之友』1937年12月号

図11-9：「日の丸リング進呈！」。懸賞広告で、窓口は主婦之友社。日の丸だけではなく日章旗もデザインにとり入れた「白美液」広告。❖『主婦之友』1938年1月号

図11-10：朱色の円の横に女性の横顔。控えめだが分かりやすい日本のイメージ。「戦捷の春にふさわしいお化粧は明朗に　そして清麗に」。「資生堂コールドクリーム」広告。❖『主婦之友』1938年1月号

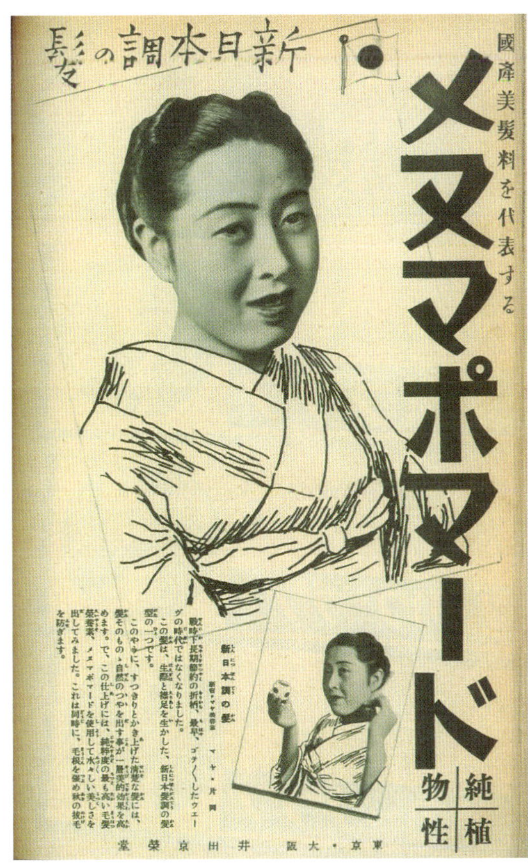

図11-11

図11-12

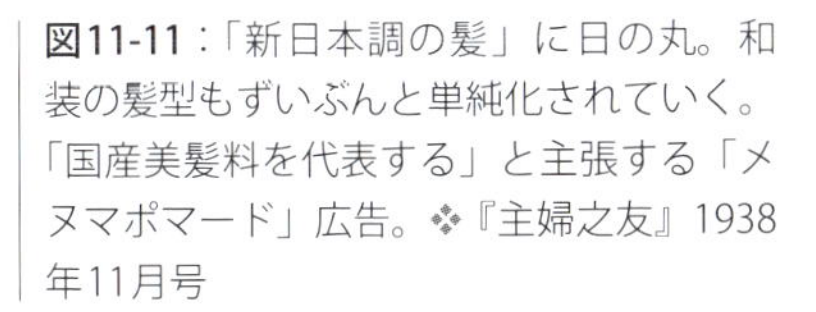

図11-11：「新日本調の髪」に日の丸。和装の髪型もずいぶんと単純化されていく。「国産美髪料を代表する」と主張する「メヌマポマード」広告。❖『主婦之友』1938年11月号

図11-12：水の江瀧子と桑野通子の二人が語る「肌に今　必要なのは」地肌までしみこむ栄養だ。中央に大きな朱色の円形を配置。「マスターバニシング／ホームパクト」広告。❖『主婦之友』1938年12月号

図11-13：「北支皇軍慰問の旅から　タアキイの嬉しい報告〔おしらせ〕」。日の丸に、慰問団の腕章。いかにも時局的広告だが、ここまで露骨な化粧品広告は、この時期でも意外と少ない。「マスターバニシングクリーム／ホームパクト」広告。❖『主婦之友』1938年1月号

図11-13

図11-14

図11-15

図11-14:「戦争と新春」のコピーが映える大胆な構図。日の丸的な半円内には、「戦時に処する新年の覚悟はただ一ツ　今年も華美なお化粧は自粛して　レートクレームの健康美の身嗜〔みだしな〕みを」のメッセージ。「レートクレーム」広告。❖『主婦之友』1940年1月号

図11-15:「皇紀二千六百年」は、1940年のこと。日の丸反転が新味で正月感を出す折り鶴も見える。奉祝景気を期待するのか、「薬用歯磨ゼオラ」目次裏広告。❖『主婦之友』1940年1月号

第12章
意外と不易な広告デザイン

大衆向けの広告ほどデザインは流行に左右されやすいものだが、長年にわたって同じ意匠を保持し続ける広告もある。デザインに定評があればそれはなおさらだろう。「非常時」の時局でも、安易に戦時や国粋の意匠やコピーになびくことなく、1930年代前半を特徴づけてきた、華やかさを伴ったデザインの広告は存続していた。

それでも、非必需品としての化粧品に向けられる世間の目を気にせざるをえず、定番広告においても、少しずつそのデザインやコピーは変化していかざるを得なかった。

1939（昭和14）年1月号を最後に、『主婦之友』では、読者および広告主の便利をはかって掲載してきた「掲載広告一覧」を撤去した。すでにこの時、新規の広告出稿は受け付けなくなっており、長年、誌面を飾ってきた定番の会社や商品だけが継続して掲載された。1941（昭和16）年になると、用紙統制は一層強まり、広告ページは集約掲載されるようになっていった。会社や商品の顔ぶれはあまり変わらないものの、定番広告の独自の表現は、骨格のみを残して簡素化の道を歩む。

モダンデザインのヘチマ、レート、資生堂

モダンなデザインを定番とした会社の、安易に時局に便乗しない広告の不易と流行を見ていきたい。

図12-1：見開きで大きくフラメンコギターのイラストが配置されたヘチマコロンらしい広告。扇子と仮面の絵がエキゾチック。「ヘチマクリーム／コロン」広告。❖『主婦之友』1937年10月号

図12-1

図12-2

図12-5

図12-5

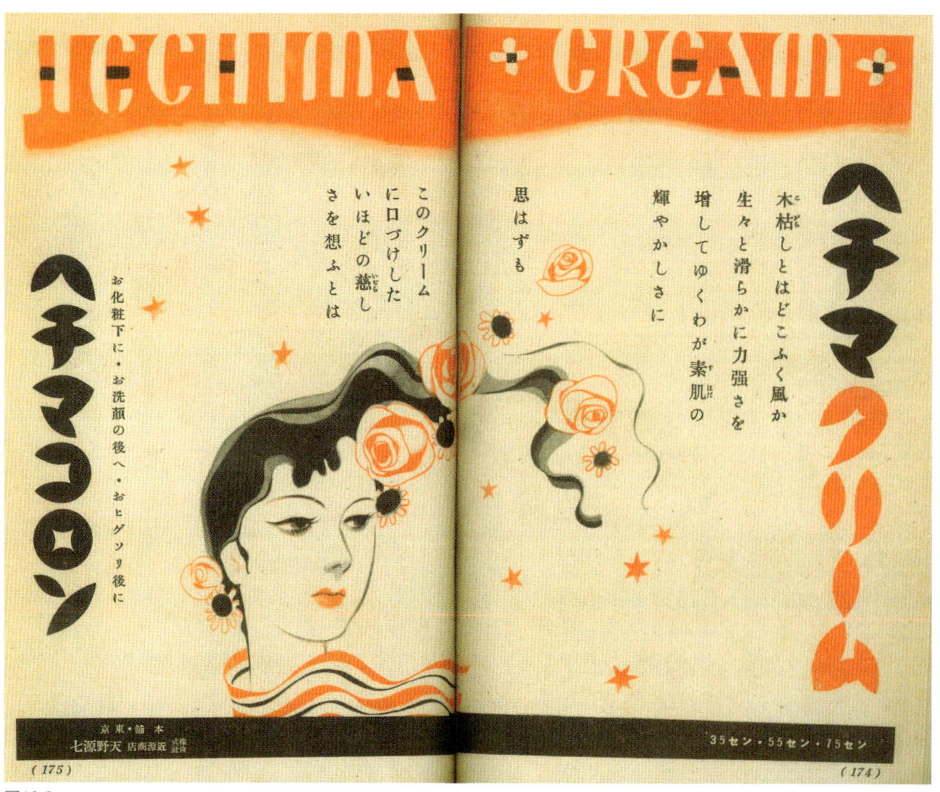

図12-3

図12-2：「近代人よろこびのマスコット」。クリームは流行の先端をいくモダンな化粧に不可欠な化粧品。「ヘチマクリーム」広告。❖『主婦之友』1937年12月号

図12-3：見開き2頁にわたってなびく女性の黒髪。かつてプラトン社で活躍したイラストレーター、山六郎の手によるものと思われる。木枯らしが吹いても、「力強さを増してゆくわが素肌の輝かしさ」よ。「ヘチマクリーム／コロン」広告。
❖『主婦之友』1938年1月号

図12-4：「たっぷりコロン強く明るい素肌の春」。花印のついた紫色のベレー帽に女性の表情がモダンな雰囲気。「ヘチマコロン」広告。❖『主婦之友』1939年5月号

図12-5：「小粋に輝やく素肌の魅力！」。朱と紺のコントラストが鮮やかなデザイン。星がちりばめられた夏の夜のイメージ。「ヘチマコロン」広告。❖『主婦之友』1939年7月号

図12-6

図12-6：「美しくなりすぎる」のが同商品の唯一の欠点。「ヘチマコロン」広告。❖『主婦之友』1938年4月号

図12-7

図12-8

図12-7：「学窓を巣立つ皆様方へ」という、社会に飛び立つ若鳥（女学生）たちに向けた春の「レートクレーム」広告。❖『主婦之友』1938年3月号

図12-8：「流行を超越した白粉！」。粉白粉はハンドバックのなかに、水白粉は鏡台の上に。「レート白粉」広告。❖『主婦之友』1937年12月号

図12-9：「明るい陽ざし　若やぐお肌」。陽ざしをさえぎる日傘に「LAIT」の文字が躍る初夏の「レートクレーム」広告。❖『主婦之友』1939年6月号

図12-10：ラガーシャツを着た女性の横顔が斬新な「レートクレーム」広告。❖『主婦之友』1939年4月号

図12-9

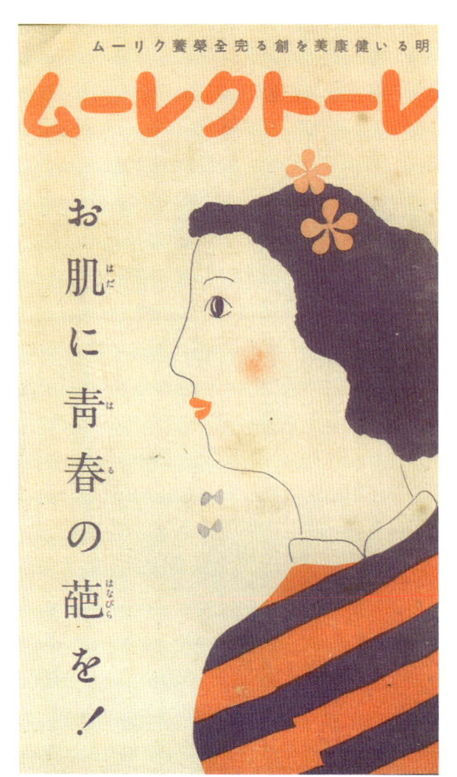

図12-10

図12-11

図12-12

図12-11：「爽やかな初夏のお化粧に」。山名文夫による資生堂らしさが光るモダンな「資生堂水白粉」広告。❖『主婦之友』1938年5月号

図12-12：「皮膚の強化と栄養に科学日本が生んだ完璧の油性クリーム」の固いコピーに比べ、ヌードの女性に黄色のリボンのイラストはかなりほんわかしたイメージ。「資生堂コールドクリーム／白バラ洗粉」広告。❖『主婦之友』1939年3月号

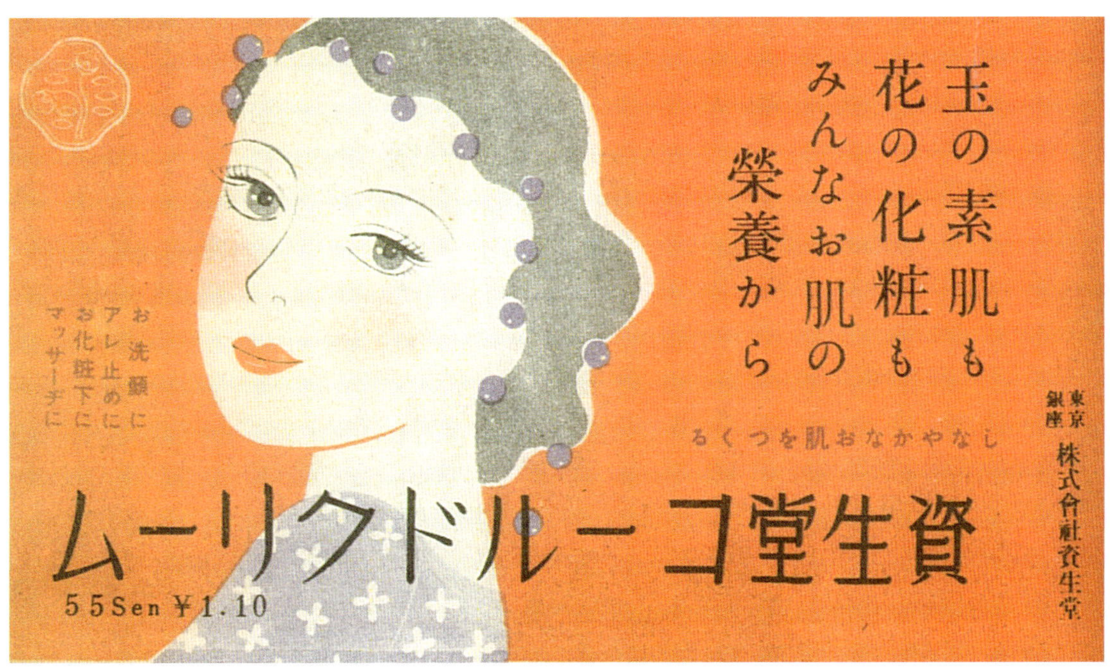

図12-13

図12-13：「玉の素肌も　花の化粧も　みんなお肌の栄養から」。ほんのり紅く頬を染めて、爽やかに女性が微笑む。そこに時局の影は見られない。「資生堂コールドクリーム」広告。❖『主婦之友』1940年1月号

欧米美人の活躍

欧米的ではない、真の日本女性の姿を描くべきという空気に似たイデオロギーが強まりつつあった。しかし、日本の化粧品広告における美意識は、元々欧米的なイメージに呪縛されていた。輸入品や海外原料が入手困難となり、西洋的なものに、退廃的であるとか享楽的とのレッテルを貼る時代を迎えても、大衆の無意識に訴えかけなければならない日本の化粧品広告が、その美のイメージから解き放たれたわけではなかった。

図12-14：イブニングドレスを着た女性に、「日本髪の美しさ」を取り入れ、「襟足の清楚な素直さ」を活かした髪型。マヤ・片岡が提案。「メヌマポマード」広告。❖『主婦之友』1938年4月号

図12-15

図12-16

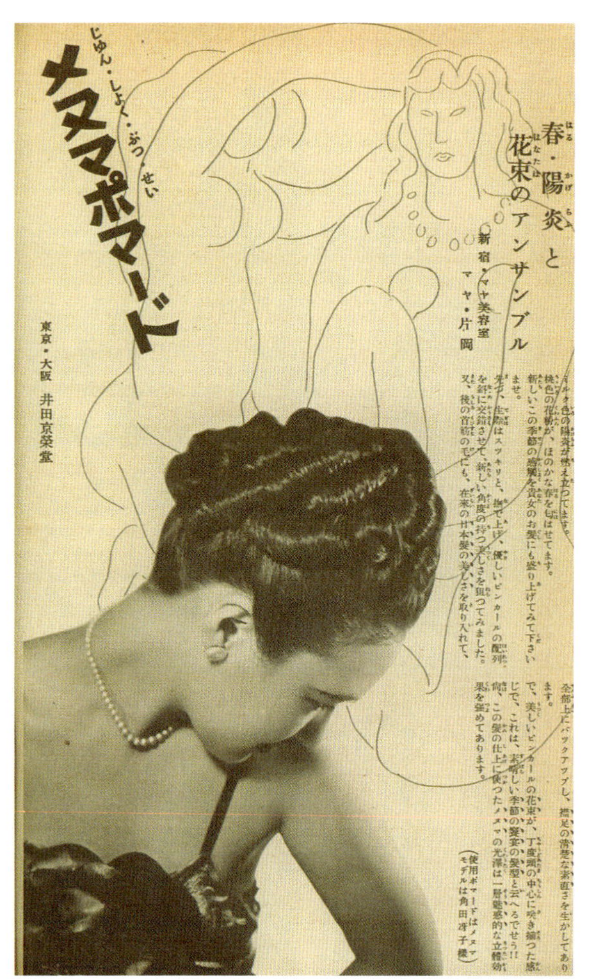

図12-14

図12-15：白人の美人と、年齢の象徴であろう、時計を持った白人の女の子。「カガシ美白クリーム」広告。❖『主婦之友』1939年4月号

図12-16：「色白な素肌美時代！」。白さの理想の美しさは、白人女性の肌に宿るのか。「活性コロイド硫黄保有★強力美白素　レオン洗顔クリーム」広告。❖『主婦之友』1939年9月号

ウテナ、山路ふみ子の華やかさ

ウテナ化粧品における「顔」は、これまで見たように二人の女優が担っていた。創業以来の顔である水谷八重子と、1935（昭和10）年頃からニューフェイスとして登場した山路ふみ子である。

山路ふみ子は、水谷よりも7歳若い1912（大正元）年生まれで、より若い女性への販路拡大を狙って起用されたといえるだろう。山路は1930（昭和5）年、森高等女学校（現・神戸学院大学附属高等学校）在学中に神戸新聞社主催のミス神戸に選出された美貌の持ち主で、1935（昭和10）年に新興キネマ製作映画でブレイクした。映画スクリーンに映えた彼女の若々しいイメージは、化粧品広告においても生きている。

図12-17

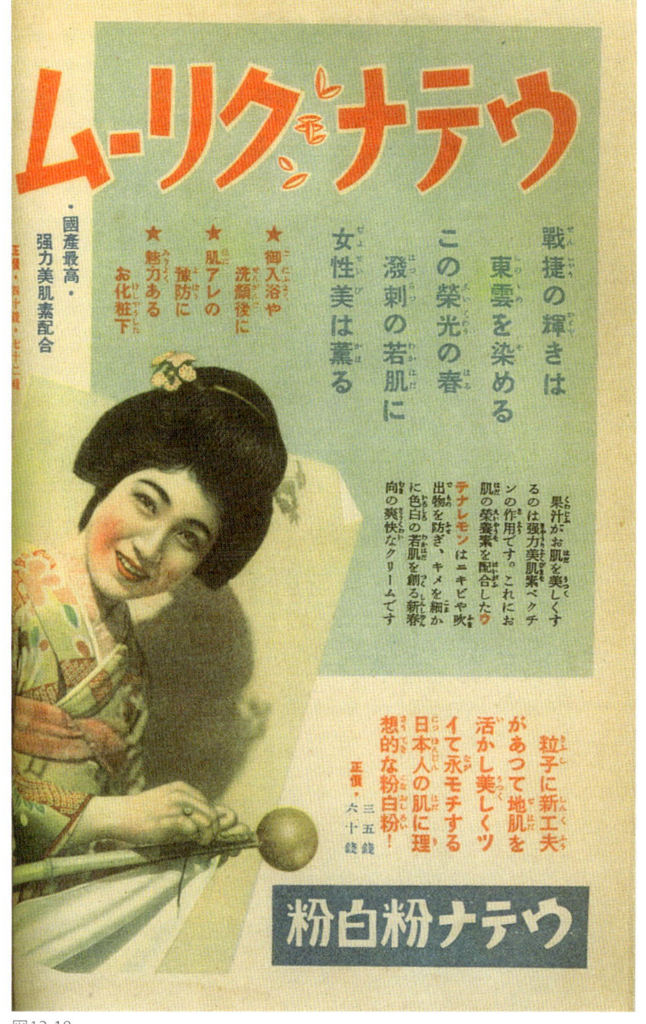

図12-18

図12-17：飼い犬と散歩する風情の洋装の山路ふみ子。「ウテナコールド〔花印〕クリーム」広告。❖『主婦之友』1937年11月号

図12-18：「戦捷の輝きは東雲〔しののめ〕を染める　この栄光の春はつらつの若肌に女性美は薫る」。日の丸は見えないが国旗を掲げようとしていると誰にも思わせる上手な正月の演出。「ウテナレモンクリーム」広告。❖『主婦之友』1939年1月号

レート、原節子の朗らかさ

誰もが知る日本を代表する女優の原節子を起用したのがレート化粧品である。1920（大正9）年生まれの原の初々しい表情を、レートの化粧品広告は全面に押し出し、若肌を作るための必須化粧品とうたった「レートクレーム」の顔にすえた。『主婦之友』誌上では、広告以外の特集記事やグラビアページなどで何度もその姿を目にすることができ、宣伝の相乗効果が期待できたことだろう。

図12-19

図12-20

図12-21

図12-19：「はつらつと張り切る柔肌に　貴女は若々しく甦える！」。若肌には柔肌、肌荒れから守り、日々の手入れが大切。「ウテナコールドクリーム」広告。❖『主婦之友』1939年6月号

図12-20：「明るい健康美」。地肌の美しさを自然にいかしてこそ垢ぬける。そんな清楚なお化粧を山路ふみ子が推奨している。「ウテナレモンクリーム／粉白粉」の広告。❖『主婦之友』1940年5月号

図12-22

図12-21：「憧れの若肌を…」。レート美容院の「主婦之友愛読者御優待券」付き。「レートクレーム」広告。❖『主婦之友』1938年4月号

図12-22：「1938年〔ことし〕も貴女〔あなた〕のクレーム」。冬の粧いの原節子。冬のお化粧下に素晴らしい作用あり。「レートクレーム」広告。❖『主婦之友』1938年1月号

図12-23

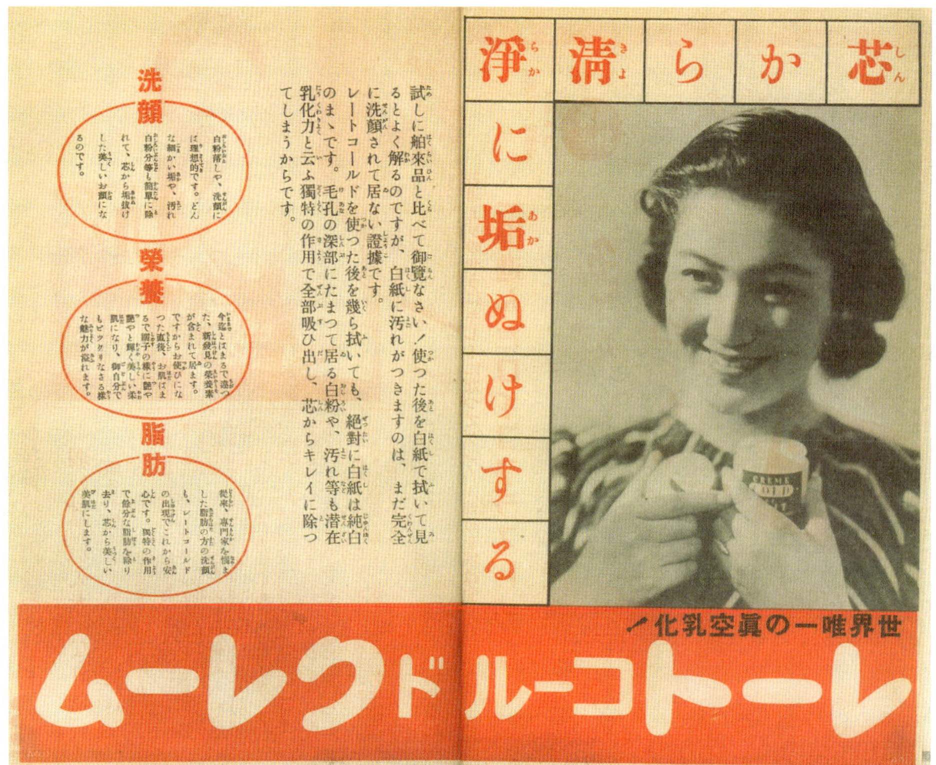

図12-24

図12-23：原節子の表情をクローズアップ。お化粧は健康美の溢れる若さの魅力。「レート白粉／頬紅／口紅／眉墨」広告。
❖『主婦之友』1938年8月号

図12-24：「芯から清浄〔きよらか〕に垢ぬけする」。洗顔に、栄養補給に、そして脂肪性のお肌への対応に。「試しに舶来品と比べてご覧なさい！」。「レートコールドクレーム」広告。❖『主婦之友』1939年6月号

化粧品広告のニューフェイス

山路ふみ子や原節子以外にも、この時期、化粧品会社の「顔」となる新顔女優が次々と登場していた。その代表格が、原節子より4年遅く生まれた、レートの高峰秀子である。

図12-25：「レートクレーム」に高峰秀子が登場。1924（大正13）年生まれの高峰は、この時15歳。「レートコールドクレーム」広告。❖『主婦之友』1939年4月号

図12-26：原節子と高峰秀子のツーショット。肌に必要なのは二つ、「洗顔と栄養」だ。「レートコールドクリーム」広告。❖『主婦之友』1939年7月号

図12-25

図12-26

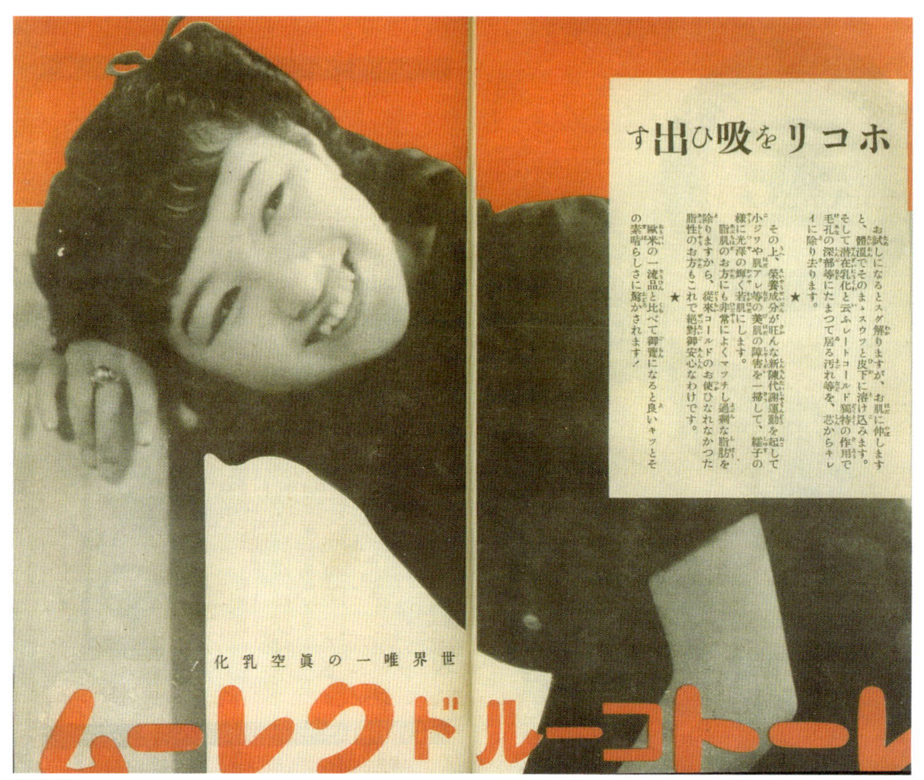

図12-27

図12-28

図12-29

図12-27：「ホコリを吸い出す」。切りそろえた前髪と巻き髪から当時流行のヘアースタイルが見て取れる。「レートコールドクレーム」広告。❖『主婦之友』1939年9月号

図12-28：「碧〔あお〕い空には明るい若さ！」。女優の若々しさを際立たせるシンプルなデザイン。「健全な素肌美！　レートクレーム」広告。❖『主婦之友』1939年11月号

図12-29：「若肌を作る浸透力〔しみこむちから〕」。明朗漫画広告を展開してきたマスターも、本格的に女優を起用。1915（大正4）年生まれの女優、桑野通子の大衆に浸み込む力を期待。❖『主婦之友』1939年6月号

図12-30：「坊やの肌にも　パパ・ママのお肌にも」倹約の時代だからこそ、化粧品は家族で使用できることが優秀な商品なのだ。「マスターバニシングクリーム」広告。❖『主婦之友』1940年3月号

図12-31：松竹の三浦光子による「私のお手入れ法」。女優は広告における美のアイコンというだけではなく、消費者に自らの化粧法や体験を伝授する役割も担っていた。「メヌマポマード」広告。❖『主婦之友』1939年7月号

図12-30

メヌマポマード

わたくしの
髪の手入れ法
松竹 三浦光子

忙しいものですから成るたけ手数のかゝらぬ効果的な方法をと、もうずつと以前からメヌマポマードだけで簡單な手入れを致してゐるのでございます。
毎朝硬目のブラッシでよごれを拂つてからタオルで包んで全體を蒸し、メヌマポマードを地肌によくすり込んで今一度ブラッシで強く強く何回となく梳でつけて居るのでございます。それから撮影の都合でよく洗髪を致しますが洗髪の前夜必ずメヌマを澤山髪と地肌にすり込んで置くことにして居ります。かうして置きますとメヌマの榮養とか清掃とかで、髪や地肌を傷めずほんたうに安心でございます。わたくしの髪の手入れ法はこんな風に簡單で申上げる程の秘訣とてはございませんが永年愛用して參りましてメヌマポマードの美髪効果に今更ながら驚嘆し、そしてわたくしの大切な〲髪を育んで下さいましたことに感謝して居るのでございます。

純植物性！

メヌマは髪と地肌の保護強化の爲の純植物性榮養ポマードですから毛根を強化して抜毛や赤毛を防ぎフケ、カユミを制へます。特にパーマネントの下地に使用して獨特の衛生的美髪効果を發揮します。

東京・大阪
井田京榮堂

図12-31

第13章

総力戦には「若さ」が必要

これまでも化粧品使用における若返り機能は、広告に掲載される定番の効能であった。今日でも「アンチエイジング」関連の商品は百花繚乱の様相を見せていることからも、そのアピール度の高さがうかがわれよう。

当然のことながら、若返り機能は、肌の老化を少しでも食い止め、若かった頃の肌に近い状態に戻ることを理想とする。1930年代の広告でも「若肌」を少しでも維持し、そう見える肌に近づけることが理想的であった。だが非常時の到来によって、化粧品広告における「女性の若さ」はまた違った意味を持つようになった。

「女性の若さ」は、じつは戦時体制下においても、そのニュアンスを代えて親和性が強かったのである。たとえば、総力戦下に「翼賛美人」と呼ばれた、産む性としての女性の健康美においても、若々しくあることは重要であった。しかし、あまり若くして母になることは、社会道徳や世間体を考えれば積極的に望ましいとは言えない。女性がとても若いということは、まだ「母になれない」ということでもある。母的な女性美の過度の礼賛は、若い女性たちにとっては、リアリティを欠いた女性像ということならざるを得ない。

だが一方で、戦時下にあって男性が徴兵され出征していけば、国内の労働力不足は避けられない。必然的に若い女性は、家事や育児にとらわれる母親としての女性以上に、国力増強のための労働力として必要とされるようになる。若くて健康的な女性は、労働者として適任であることは言うまでもない。

元来「若肌」礼賛は化粧品広告の十八番である。また華美な化粧が浮薄や浪費と見なされ、むしろ化粧をしていてもしていないかのように見える自然美や素肌美が求められるようになるなかで、化粧品広告には、母的な女性よりも、むしろ若々しい女性の登用が増えた。

贅沢を慎まねばならない風潮にあって、化粧は簡素なほうが良い。素肌美を美しく保つこと、若肌になることは、健康的な女性であるための第一歩である。そんな女性を応援するフレーズが、この時期の化粧品広告の定番となったのである。

「若肌」万歳！

「若肌」はどんな時にも化粧品広告のキーワードであった。そのよさをどのように意味づけして宣伝するか。各社メッセージに大きな差はないものの、手の込んだ「若肌」礼賛の広告が数多く掲載された。

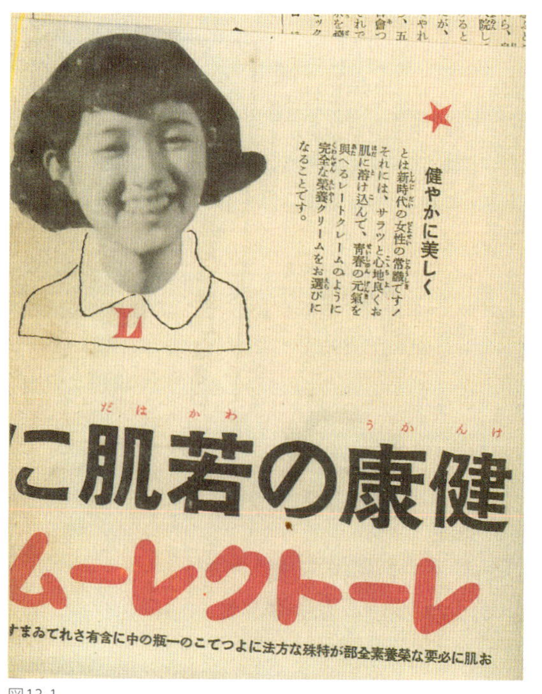

図13-1

図13-2

図13-3

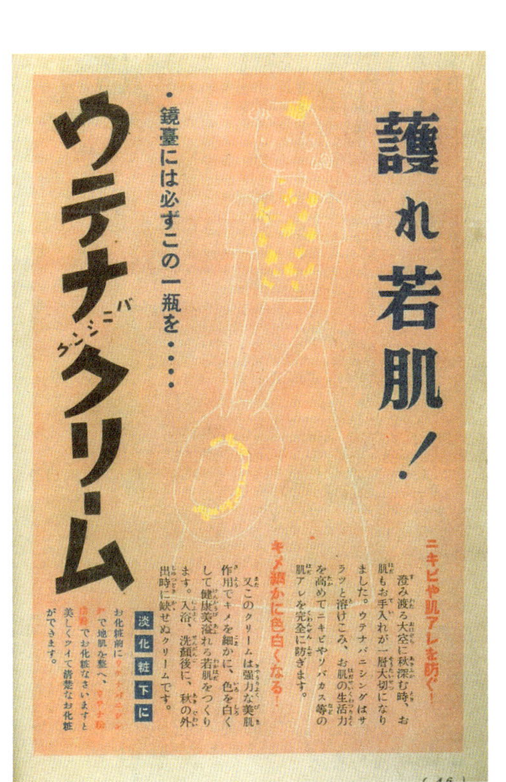

図13-4

図13-1：「健康の若肌に」。「健やかに美しく」あることは「新時代の女性の常識です！」。「レートクレーム」広告。❖『主婦之友』1938年10月号

図13-2：京都公演から東京に凱旋する松竹少女歌劇スターの車中会話を「青春列車」として利用。若肌を「青春肌」と呼称した広告も多い。❖『主婦之友』1938年4月号

図13-3：「活発な若肌」。時代のあるべき女性美をストレートに表現。「躍進日本の女性のお肌を芯から活発に」する「レートクレーム」広告。❖『主婦之友』1939年8月号

図13-4：「護れ若肌！」若肌を護ることは、国を護ることに通ず。「ウテナバニシングクリーム」広告。❖『主婦之友』1939年11月号

図13-5

図13-6（-1）

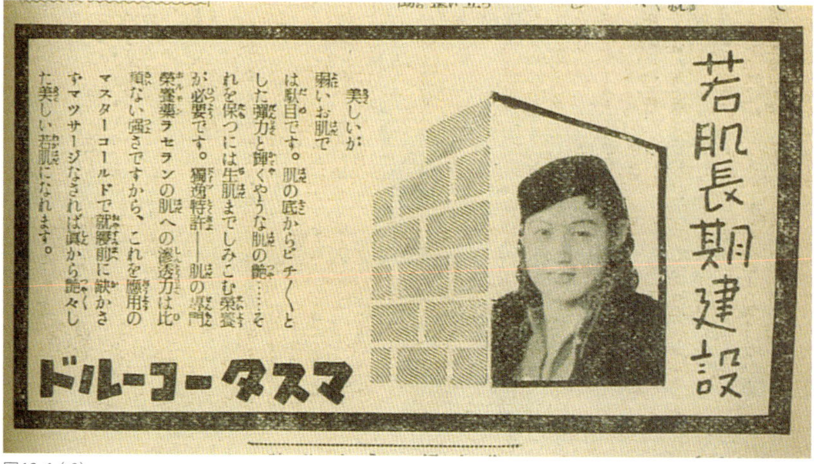

図13-6（-2）

図13-5：「溢れる健康　輝く若肌」。サングラスを外した高峰秀子の朗らかな笑顔が印象的。「レートクレーム」広告。❖『主婦之友』1940年3月号

図13-6：「若肌防護デー」および「若肌長期建設」。水の江瀧子と桑野通子による「若肌同盟」。「マスターバニシング／コールド」広告。❖『主婦之友』1939年1月号

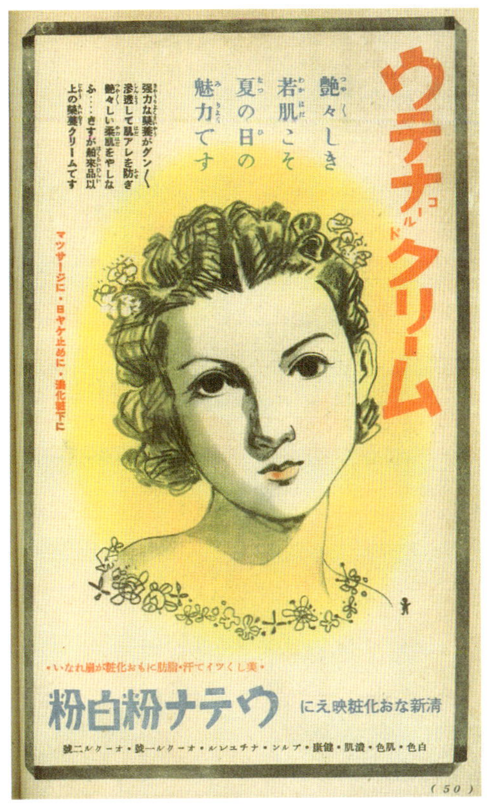

図13-7

図13-8

図13-7：「若肌こそ夏の日の魅力です」巻き毛をまとめ、額を出し、若々しさと素肌美を強調。「ウテナコールドクリーム」広告。❖『主婦之友』1939年8月号

図13-8：「若肌爽やかに!」。半袖の洋服から伸びる長い腕が、みずみずしい女性の若さを示している。新緑を思わせる青の色調。「ウテナバニシングクリーム／水白粉」広告。❖『主婦之友』1941年6月号

素肌美人になるには!

若肌はまず素肌の手入れから。手を変え品を変えスキンケア法をこれでもかと伝授しようとする広告の数々。

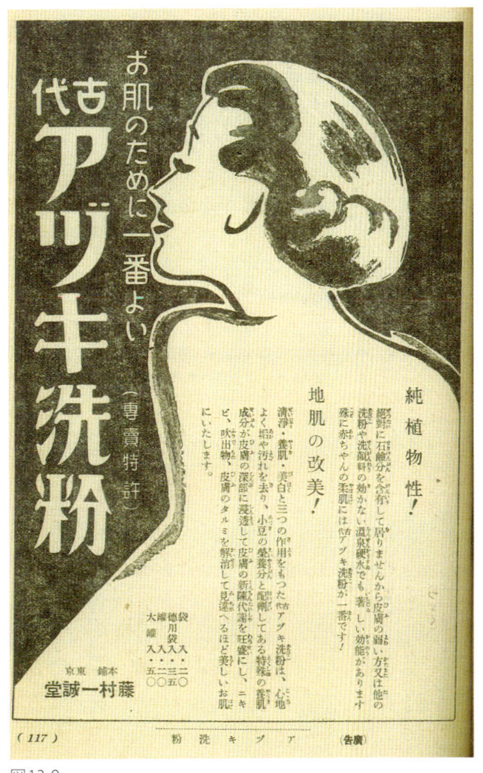

図13-9

図13-9：「地肌の改美！」は、まずは汚れを落とすことから。「洗粉」を使った洗顔は、素肌美化粧の第一歩。「お肌のために一番よい　古代アヅキ洗粉」広告。❖『主婦之友』1938年1月号

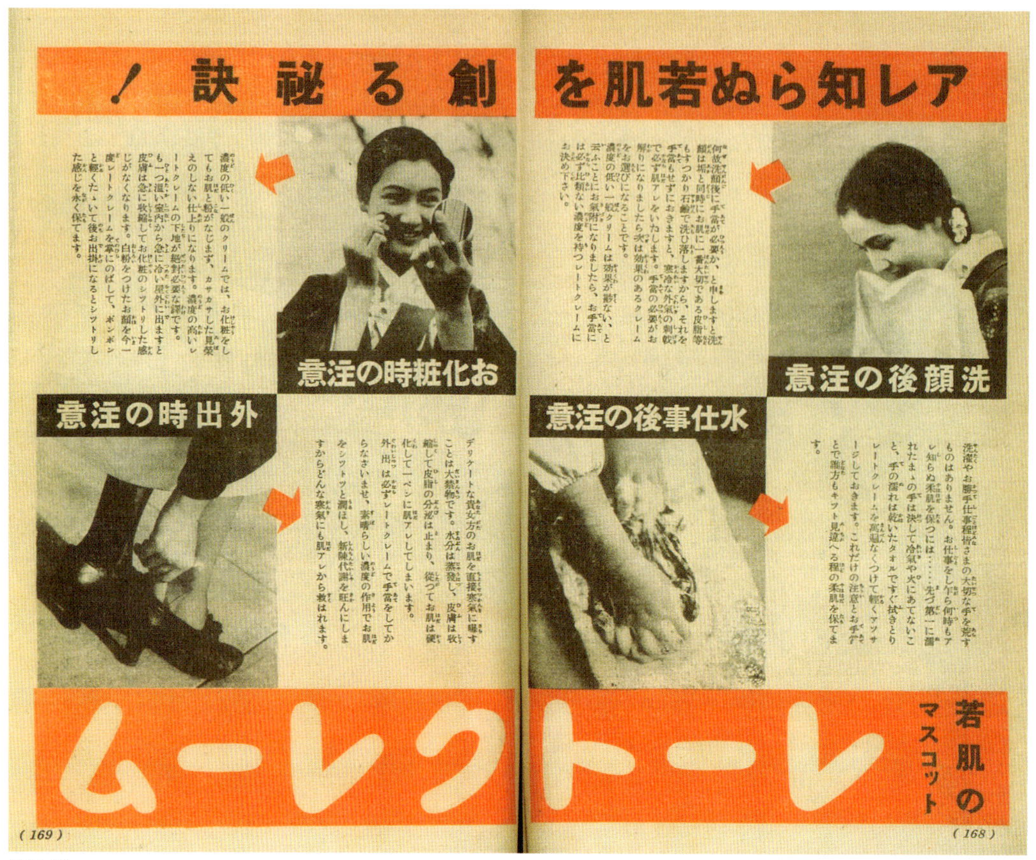

図13-10

図13-11

図13-10：「アレ知らぬ若肌を創る秘訣！」女優が指南する化粧の注意。「若肌のマスコット　レートレクレーム」広告。❖『主婦之友』1937年12月号

図13-11：「コレが出て！　濃化粧の方法が一変したのでした…」。初めてでも濃化粧が楽にできる。発売5周年のロングセラー。「アイデアル特製煉白粉」広告。❖『主婦之友』1939年1月号

図13-12：「明るく美しい素肌に！」。「薬研ハトムギ洗粉」は主婦之友社発売の化粧品で、誌面に大々的な広告を掲載するようになった。❖『主婦之友』1939年8月号

図13-13：「人一倍美しい肌に!」。それを実現するのが「リボイド」と「ビタミン」の二つの要素。主婦之友社発売「薬研ハトムギ洗粉」広告。❖『主婦之友』1940年3月号

図13-14：「学窓を巣立って嬉しい女性〔みなさま〕へ」。「戦時女性」に向けた「正しいお化粧法」。戦時色は希薄な写真図解による「レート粉白粉」広告。❖『主婦之友』1938年3月号

図13-12

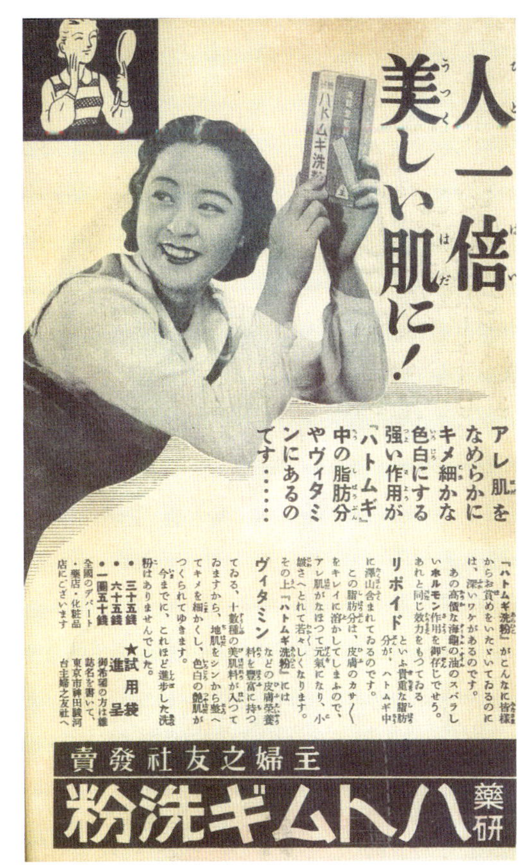

図13-13

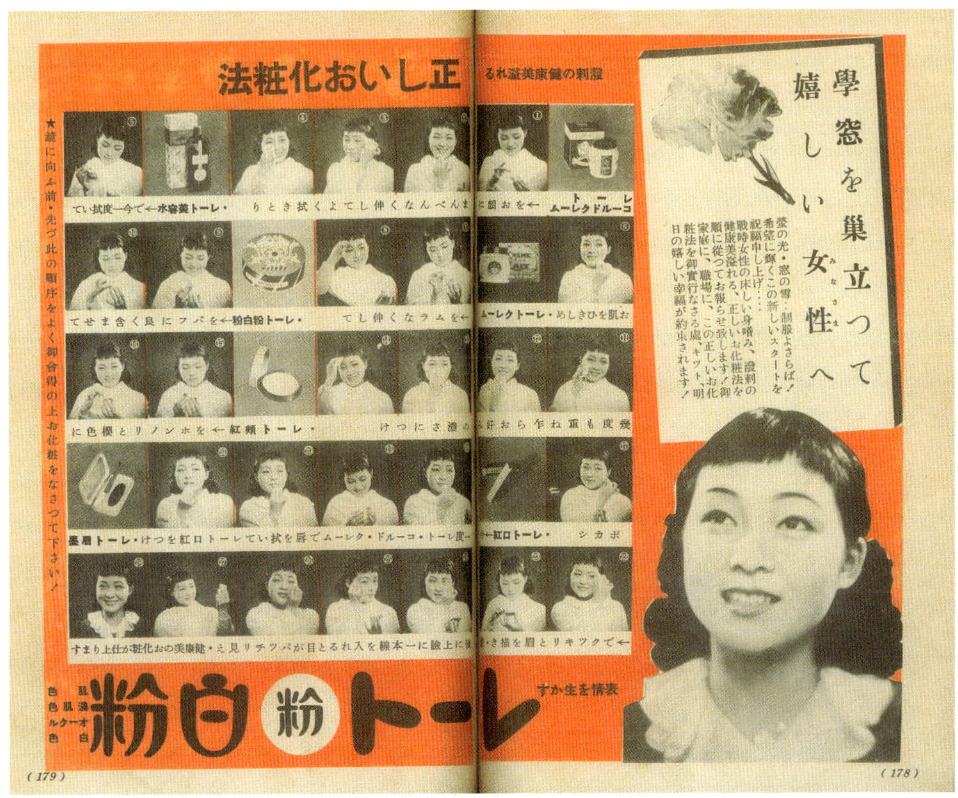

図13-14

目指すは
シンプルな化粧

1937（昭和12）年の「支那」事変勃発に始まった「非常時」体制下では、洋服や簡易服の普及が進むと同時に、化粧もスピード化と簡易化が要請されるようになった。その傾向に拍車がかかることによって、肌色白粉や整肌的化粧品の売上は伸張した。さらに総力戦下、銃後の労働力として期待される若い女性の社会進出が進むなか、素肌美を誇る新たな女性美が発見される。

シンプルな手順を踏むだけで、「若さ」や、「健康」を手に入れるという「美」の有り様は、消費抑制の世相にも抵触しない化粧美だった。こうした女性美をうたう化粧品広告が、『主婦之友』においても1943（昭和18）年末まで掲載され続けたことからも、そのことがうかがえるだろう。

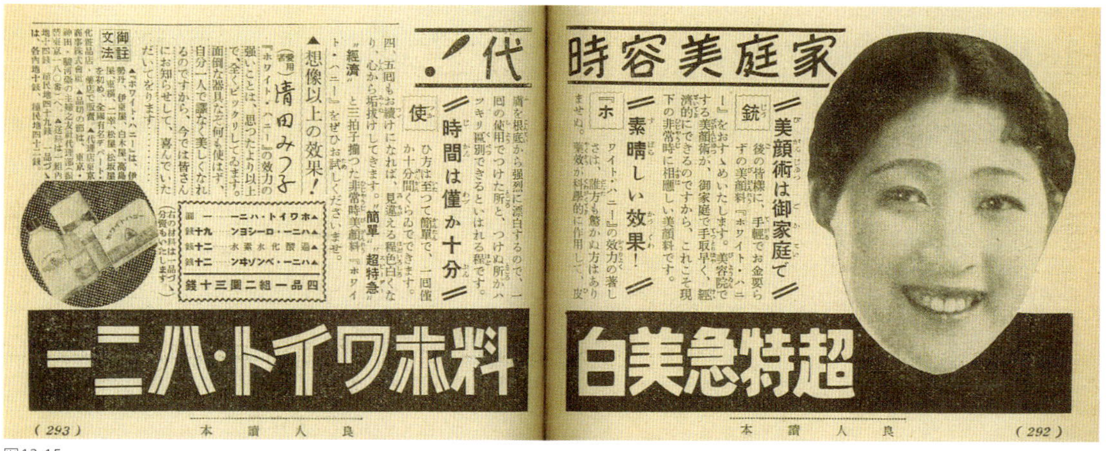

図13-15

図13-16

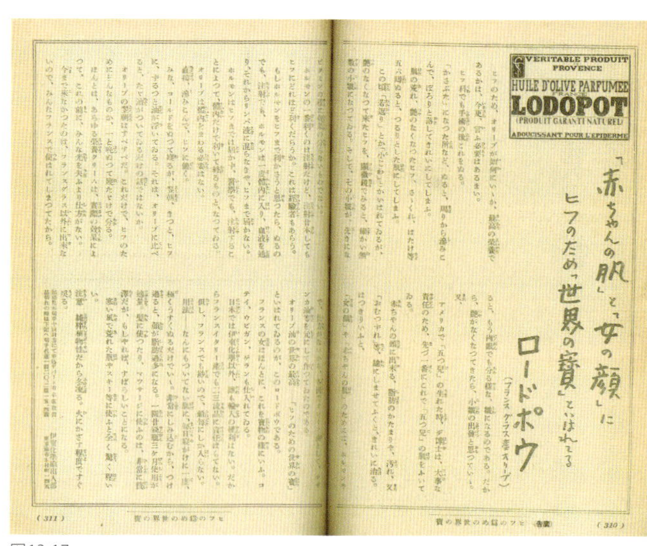

図13-17

図13-15：「家庭美容時代！」。銃後の女性は家庭で手軽な美顔術を実践しよう。「超特急美白料ホワイト・ハニー」広告。❖『主婦之友』1938年1月号

図13-16：「どこへ行くにも、キリッとしたタンゴの健康美、早化粧が、この頃のお化粧常識です！」。ちょっとそこまで割烹着で買い物に出かける女性にも最適。「タンゴドーラン」広告。❖『主婦之友』1941年8月号

図13-18

図13-19

図13-17：「『赤ちゃんの肌』と『女の顔』にヒフのため『世界の宝』といわれてる」という化粧品。文字だけでの化粧品広告はこのほかに「パピリオ」が熱心に展開。難点は広告のスタイルが毎号同じになってしまうこと。「ロードポウ」広告。❖『主婦之友』1938年2月号

図13-18：頬紅をつけなくても美しくつき、生色みなぎる白粉登場。"AIR SPUN" A New Kind of Powder. の英文コピーも見える「カガシ7色粉白粉／美白クリーム」広告。❖『主婦之友』1938年3月号

図13-19：「三度の手間が一度で済み…　三つの美粧が一度に働く！」。そんなオールインワンが時代を代表する化粧品「タンゴドーラン／固形タンゴドーラン」広告。❖『主婦之友』1938年5月号

図13-20：シンプルな化粧を実現できるのは、多機能な化粧品だからである。「ウテナコールドクリーム」広告。❖『主婦之友』1939年9月号

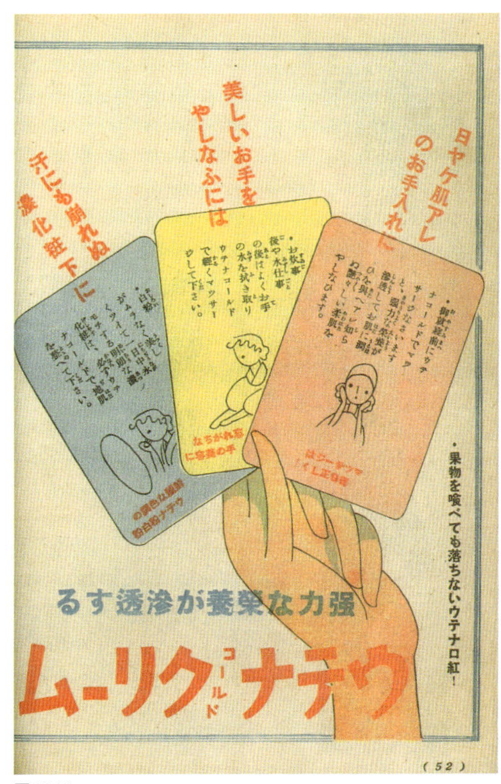

図13-20

ヘチマコロンの素肌賛美

常に独自でインパクトのある、大衆受けしやすい広告を作ってきたヘチマコロンの素肌賛美は、まさに時局とマッチした。その広告も他社と一線を画すものであった。

図13-21

図13-22

図13-23

図13-21：「3つの幸〔さち〕」、それは「豊かな素肌の輝き／気高い自然美の魅力／生々とした永遠〔とわ〕の青春〔はる〕」だ。❖『主婦之友』1939年6月号

図13-22：カールした髪をリボンでまとめて額を出し、洋服を着た女性を正面から捉えた。新鮮味あふれる、「ヘチマコロン」広告。❖『主婦之友』1939年7月号

図13-23：「若く明るく行け　麗しの進路！」。若い女性の明るい前途を約束する「新しい世紀の光！」のかけ声が勇ましい。新春の若い女性の粧いは、やはり和装に日本髪。「ヘチマコロン／ヘチマクリーム」広告。❖『主婦之友』1939年1月号

図13-24：「新しい美が　鮮しい力が　今新粧の素肌に翻るコロンの一滴　そのまま青春の一滴」。1940年代においても、化粧美を多様なイメージで表現した「ヘチマコロン」広告。❖『主婦之友』1940年1月号

図13-25：5つの写真を組み合わせた扇。伝統的な日本文化をイメージさせる扇子は、ヘチマコロンが広告にたびたび取り入れてきた道具である。❖『主婦之友』1940年4月号

HECHIMA COLOGNE
新しい美が
鮮しい力が
いま新粧の
素肌に翻る
コロンの一滴
そのまゝ
青春の一滴
ヘチマコロン
本舗・東京 株式會社 近源商店
お化粧下に・お洗顔後へ・おヒゲソリ後へ

図13-24

HECHIMA COLOGNE
洗顔・入浴後に
お化粧下に
荒れ止めに
ヒゲソリ後に
ヘチマコロン
最高の春姿
幾度も見なほす
この美さこの素顔
コロン育ちだけの
しる境地！
本舗・東京 株式會社 近源商店

図13-25

第14章
主流となる機能性化粧品広告

女優の美しさや漫画の面白さといった雰囲気だけでは、化粧品広告としては不十分だと見なされる時代となった。華美であることや享楽的なものは時局にそぐわないからである。

重要なのは、化粧品が「役に立つ」商品であることの証明である。世間に納得してもらうために、その機能性はとにもかくにも「科学」に基づく明らかな裏付けが必要だった。一見、後付けのような説明がなされているようであるものの、業界として生き残りをかけていただけにその論理を読み解くとことで、戦争の時代の雰囲気を知ることができよう。

化粧品はけっして「贅沢品」ではなく、社会において必要な「正しい」製品であることを訴えた化粧品広告の数々である。

外国製品に負けない国産の威力

日本ではもともと海外化粧品への信頼が高く、婦人雑誌内においても外国産化粧品広告が数多く占め、後発の国産化粧品は苦戦を強いられてきた歴史がある。しかし輸入禁止措置が化粧品にも設けられたことで、国産品普及のチャンスが到来し、その愛用運動が積極的に展開されていった。

図14-1：「こんな立派な粉白粉が日本でできる」ことを喜ぼう。エア・スパン製法で作られた粉白粉は日本にただひとつ。「カガシ粉白粉」広告。❖『主婦之友』1940年2月号

図14-2：伊藤胡蝶園から名称を変えてからは、外国品と比較しても優秀であることを「科学的」に証明しようとする姿勢が一貫している。「世界の一流市場で勝ちたい」とうたう、国内市場向け「外国品と争うパピリオ」広告。❖『主婦之友』1938年1月号

図14-3：「時局風な簡易整髪法」。簡素さを求められたのは化粧だけではなく、整髪も。「国産不朽の珠玉品　メヌマポマード」広告。❖『主婦之友』1938年3月号

図14-4：登場しているのは白人女性だが、国産の香水の広告である。香水は香りのよさから舶来品の人気が根強かった。「国産カッピー香水」広告。❖『主婦之友』1938年5月号

図14-1

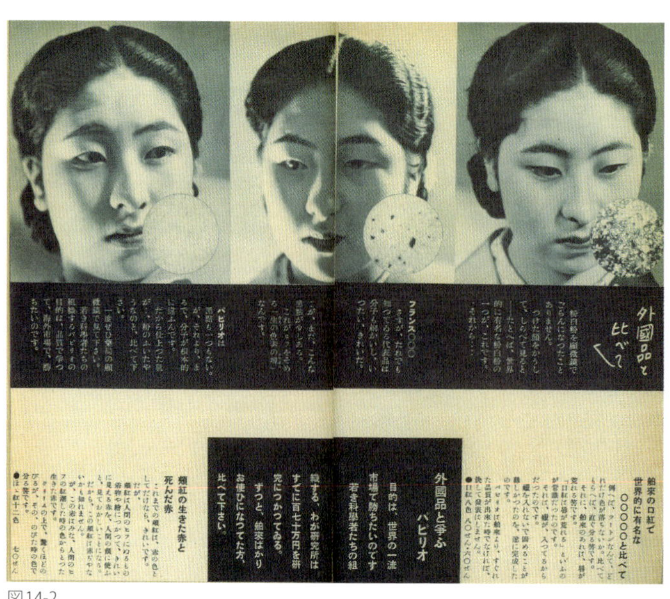

図14-2

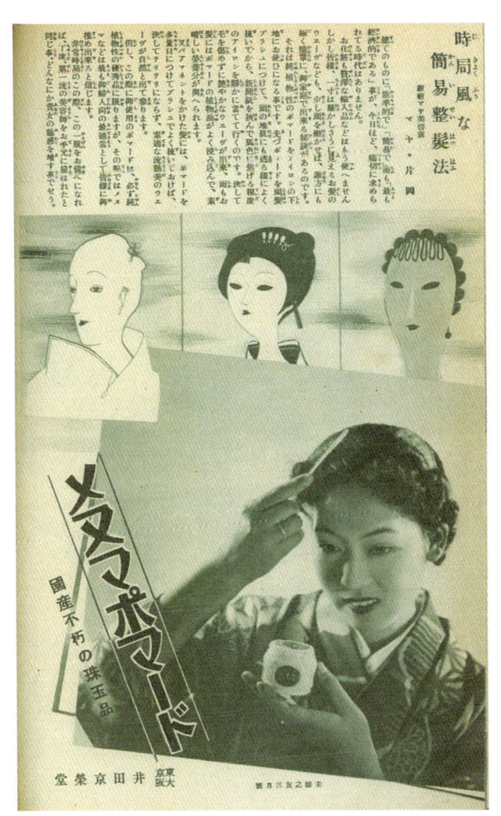

図14-3

図14-4

図14-5

図14-5：「愉快なニュース　アメリカへ出たパピリオ」。国力を誇示する文脈だが、写真は完全に洋物イメージで、国内向け広告として作り方が巧みな、「パピリオ」広告。❖『主婦之友』1938年8月号

図14-6

図14-7

図14-8

図14-6：国産代表の美髪料。戦時下の整髪はメヌマ一瓶で。女性のヘアースタイルには、まだ巻髪が取り入れられている「メヌマポマード」広告。❖『主婦之友』1938年9月号

図14-7：「日本人の肌に最も適〔あ〕う国産最高の粉白粉」。「ウテナ粉白粉／口紅」広告。❖『主婦之友』1938年3月号

図14-8：「欧米婦人は化粧前に必ずアストリンゼンを使う！」。活字・レタリングと組版の工夫で、印象づけるのが明色シリーズの広告の特徴である。「明色アストリンゼン／美顔水」広告。❖『主婦之友』1938年1月号

図14-9

図14-10

図14-9：化粧品輸入の禁止措置を逆手に、「国産化粧品」は好機到来と国産愛用の宣伝合戦を展開した。だが香料をはじめとする原料が入手困難となったことは、国内の化粧品生産にも影響を与えることになる。「舶来クリームがなくなりました。どんな国産品がよいでしょう？」「薬用モンココ洗粉」広告。❖『主婦之友』1938年3月号

図14-10：「欧米の一流品と比べて桁違いの素晴らしさ」。過度の国産化粧品礼賛はご愛敬。「世界唯一の真空乳化レートコールドクレーム」広告。❖『主婦之友』1939年2月号

図14-11

図14-12

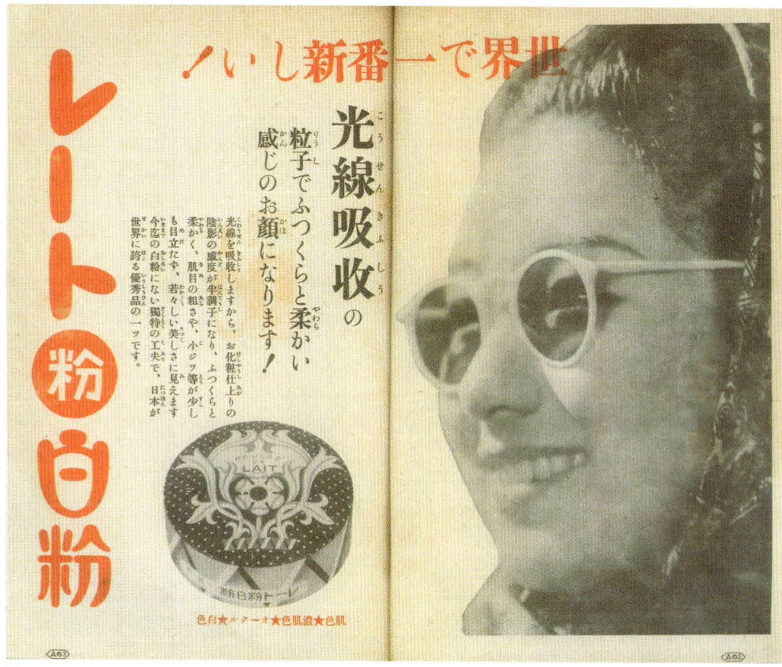

図14-13

図14-11：「ターキーの米国通信〔アメリカだより〕」。当時人気の子役テンプルちゃんも驚いた、とレポート。「マスターバニシングクリーム／ホームパクト」広告。❖『主婦之友』1939年8月号

図14-12：「ターキーのハリウッド通信」ハリウッドスターのチェスター・モリスとのツーショット。彼がターキーの顔を見て「こんなに自然〔スマート〕で生々とした化粧法〔メークアップ〕は珍しい」と言い放ったとレポート。「マスターバニシングクリーム／ホームパクト」広告。❖『主婦之友』1939年10月号

図14-13：「世界で一番新しい！」。肌目〔きめ〕の粗さや小じわが目立たず、若々しい美しさに見える、独特の工夫の白粉。日本が世界に誇る優秀品のひとつと紹介。「レート粉白粉」広告。❖『主婦之友』1940年2月号

図14-14

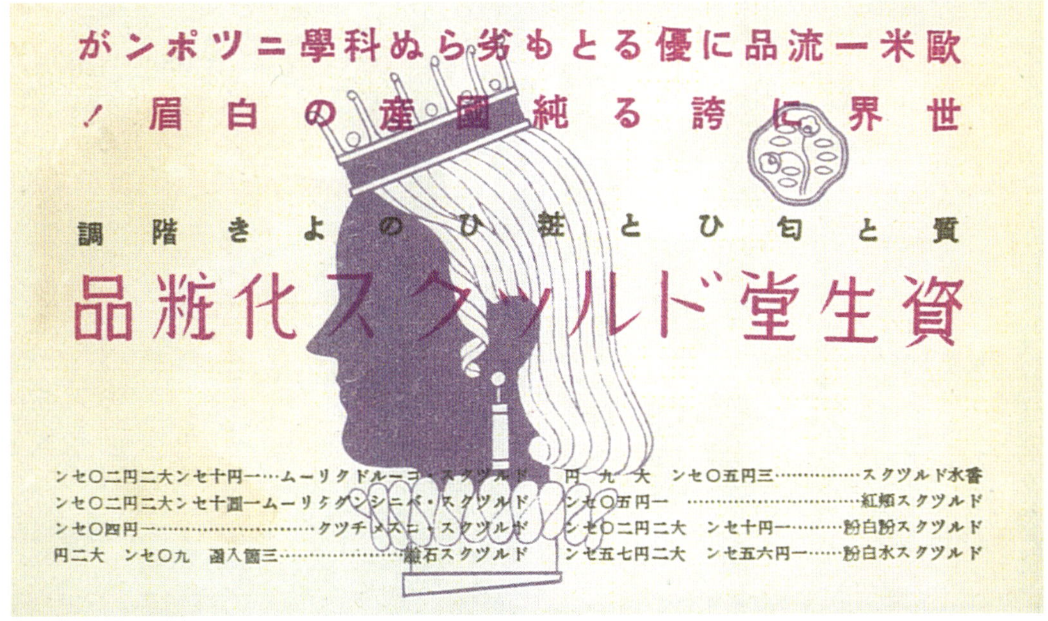

図14-15

図14-14：「フランス女を驚かした」。日本人女性の劣等感を逆手にとった、パピリオの「パピリオクレーム」広告。❖『主婦之友』1939年12月号

図14-15：「欧米一流品に優るとも劣らぬ科学ニッポンが世界に誇る純国産の白眉！」。「資生堂ドルックス化粧品」広告。❖『主婦之友』1940年4月号

「科学」「科学」「科学」

1930年代半ばから勢いづいたのが、科学的説明によって商品内容を紹介する化粧品広告である。科学性の強調は、消費者の購買意欲を煽るような刺激的なコピーが敬遠されるなか、時局に迎合しやすい、都合のよいレトリックだったともいえる。

同時にそれは、舶来化粧品のブランド力を美的センスやイメージで凌駕するのではなく、機能性での優位性を打ち出して対抗する手法でもあった。それは、商品の差異化を図り、消費者に働きかけ、選択を迫る広告であった。

図14-17

図14-16

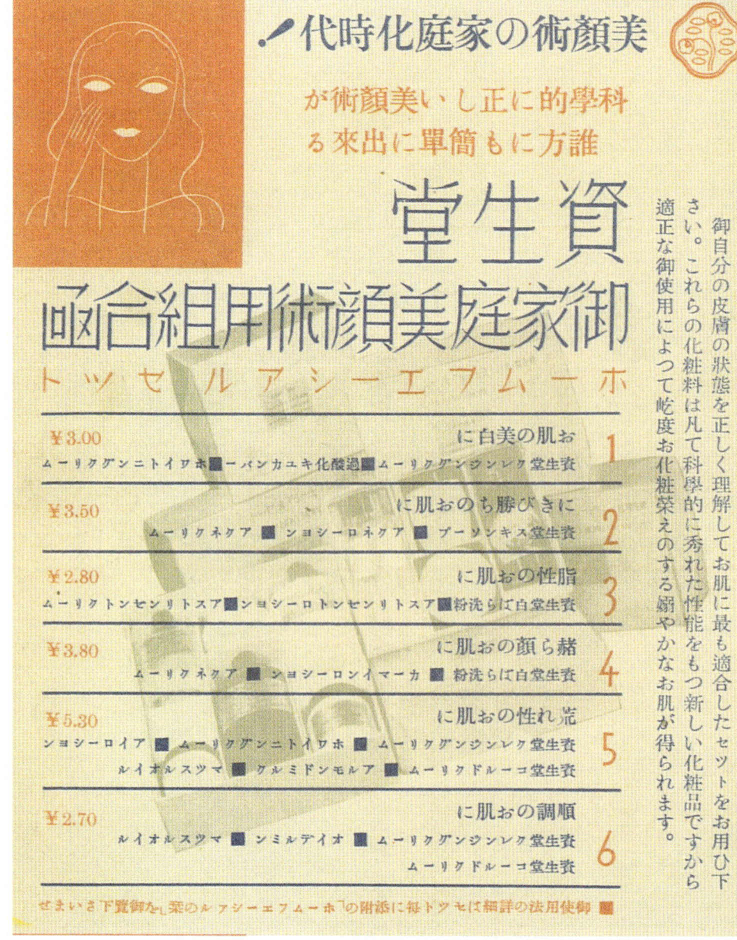

図14-18

図14-19

図14-16：「正しいパーマネントと科学美容」。「新しい美容術から生まれた　新しい化粧品」はニューヨークの美容大家も驚かせたと宣伝。舶来品以上の国産品のよさは「科学性」に宿る。「テルミー」広告。❖『主婦之友』1938年4月号

図14-17：「上澄液と粒子に独自の新工夫」で、美しさが「驚く程永持する!!」。水谷八重子はすっかり自然なお化粧に。「ウテナ水白粉／コールドクリーム」広告。❖『主婦之友』1938年5月号

図14-18：「美顔術の家庭化時代！」、家庭でもできる科学的美顔術を宣伝する「資生堂　ご家庭美顔術用組合函〔ホームフェーシァルセット〕」の広告。❖『主婦之友』1938年4月号

図14-19：グラビア記事に見えるが、実際は「科学と美容の関係　近代的美容界の王者…　エミュ・レッシー」広告。写真の女優は日活の花柳小菊。❖『主婦之友』1938年5月号

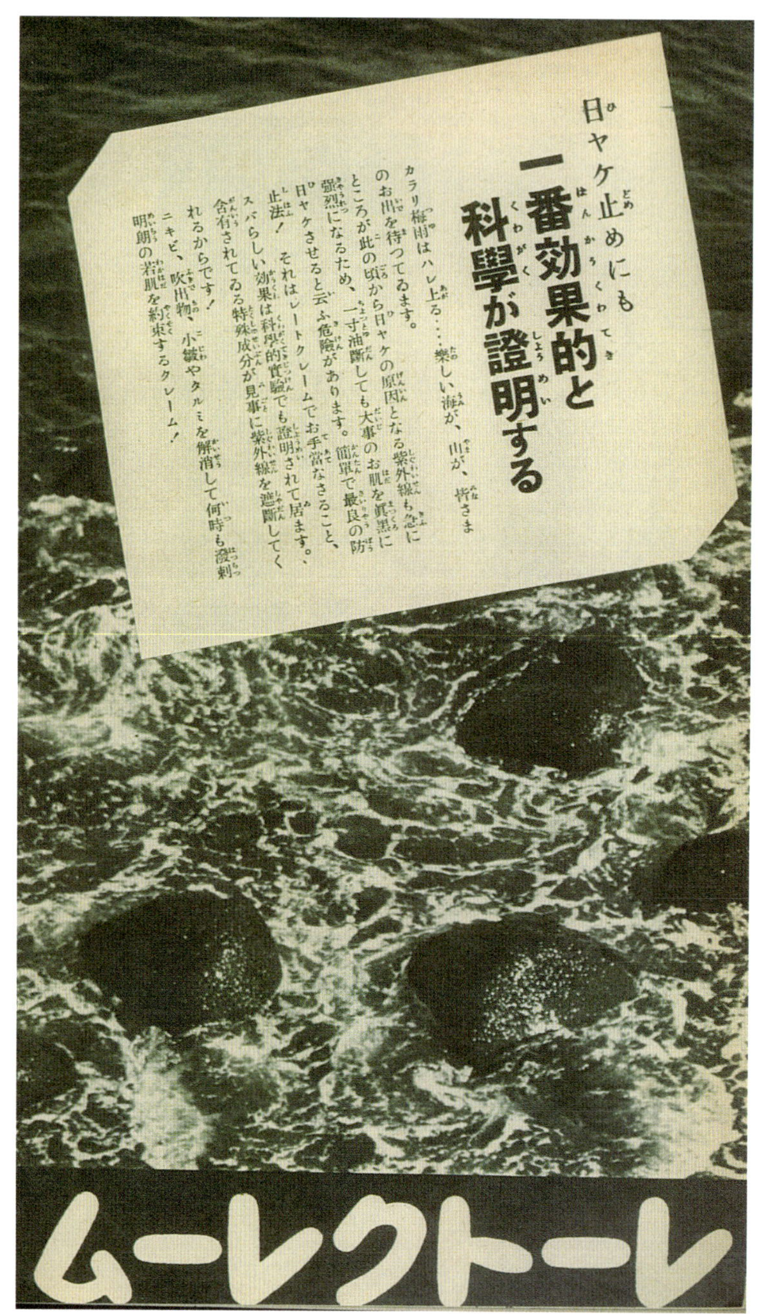

図14-20

と云へば
コテイーの粉白粉
フランス
土産
まるで白粉の代名詞のやうに御愛用いたゞいたコテイーも愈々輸入困難となつてしまひました。岡本商店では日本代理店として多年の御愛顧に報いたく國策に添つて研究中のところコテイーに優るとも劣らぬポンジー粉白粉を完成目下發賣中です。
定價一圓六十錢、小八〇錢、全國一流百貨店、化粧品店、藥店にあります。色のよさ、つきのよさ香りのよさをお試し下さい
Pomgee
コテイーを
御愛用の方の美粧進路は
コテイーからポンジーへと
定つて居ります。
ポンジー粉白粉
姉妹品
コロイドミルク、ホヽ紅、口紅、
ピアスクレーム、練白粉、
コテイー代理店　岡本信太郎商店

図14-21

図14-20：「日ヤケ止めにも一番効果的と科学が証明する」。海と岩場は夏のイメージ。「レートクレーム」広告。❖『主婦之友』1938年7月号

図14-21：「コティーをご愛用の方の美粧進路はコティーからポンジーへと定まっております」。香水で有名なフランスのコティ社製化粧品が「いよいよ輸入困難」な状況下、代用品として誘導する、「ポンジー粉白粉」広告。❖『主婦之友』1939年11月号

図14-22

図14-23

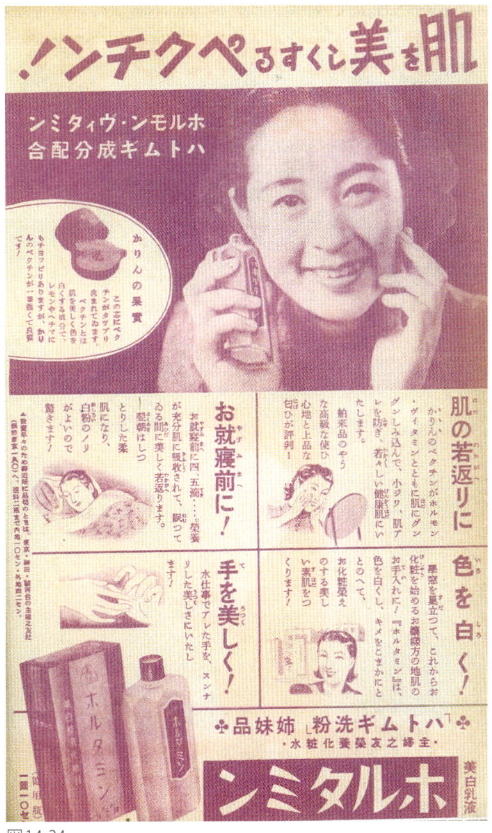

図14-24

図14-22：「ホルモンで肌を若く健康にする科学的栄養クリーム」。クラブのロングセラー商品「クラブ美身クリーム」広告。❖『主婦之友』1938年9月号

図14-23：「科学の進歩で粉化粧の仕方が一変！」、科学の力をこれでもかと強調する「明色アストリンゼン」広告。❖『主婦之友』1939年5月号

図14-24：「肌を美しくするペクチン！」だけではなく、ホルモン・ビタミン・ハトムギ成分も配合。主婦之友社製の栄養化粧品「美白乳液　ホルタミン」広告。❖『主婦之友』1940年4月号

スローガンとしての健康化粧

化粧品会社の商売の思惑と経済統制を強めつつも総力戦を遂行したい当局の思惑が合致したスローガンこそが、「健康化粧」であった。

図14-25：「楽しき春は……健康な粧いを！」。手軽にできる春の健康化粧法を伝授。1頁を使った色刷り広告は、用紙統制から次第に掲載されなくなっていく。「ウテナバニシングクリーム」広告。❖『主婦之友』1940年4月号

図14-26：「健康化粧の第一課！」。「時節柄ケバケバしいお化粧は禁物！」で「清楚な自然美が貴ばれる」なか、「健康化粧」を推奨。「高級美白洗顔料　薬用たかね」広告。❖『主婦之友』1938年2月号

図14-25

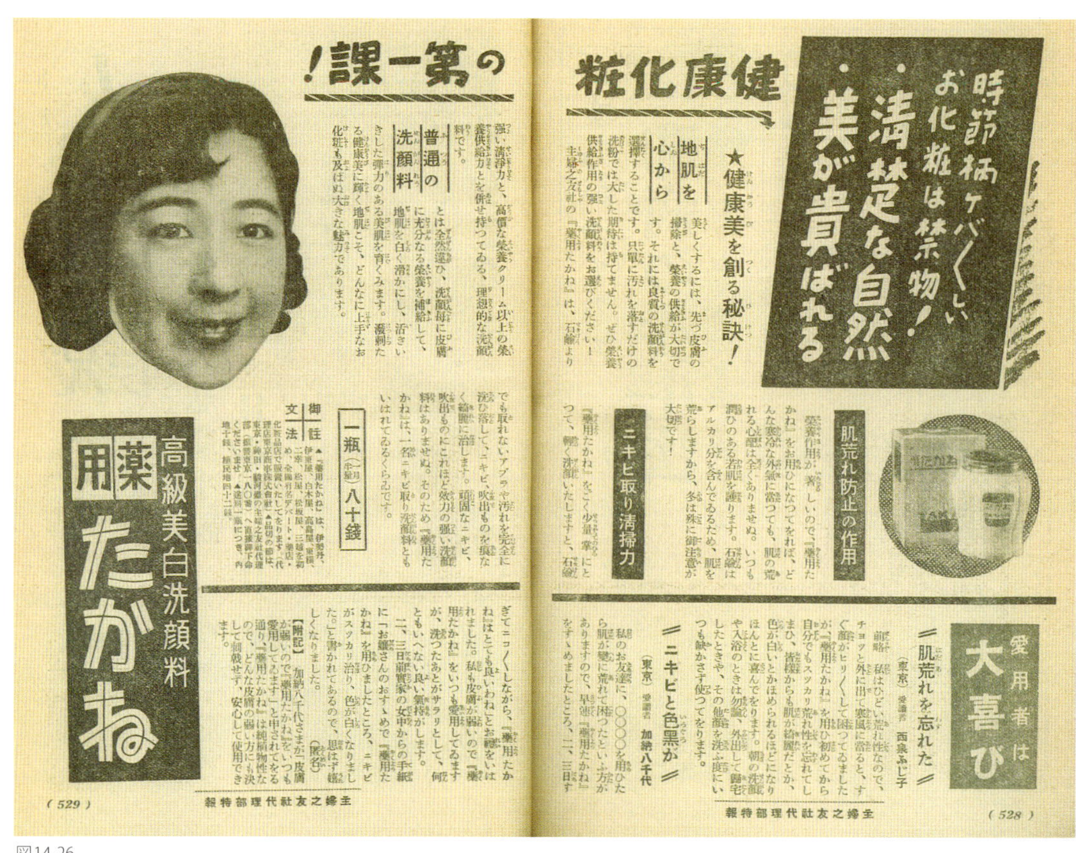

図14-26

図14-27

図14-28

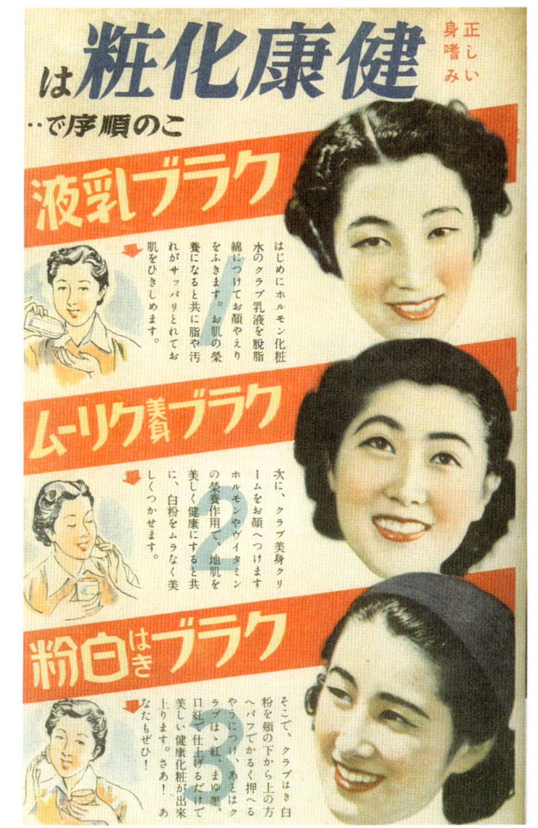

図14-29

図14-27：「ホルモンで科学的に美しくなる」。クラブは常に健康化粧を掲げた。「クラブ乳液／美身クリーム／はき白粉」の裏表紙広告。❖『主婦之友』1938年4月号

図14-28：「働いてしかも美しく…」、それが健康化粧であり、都会の職業婦人だろうと農村女性であろうと変わらない。農業人口比率がまだ高い当時、銃後の食糧増産に従事する農村女性は「働く女性」のシンボルでもあった。「クラブ」の広告。❖『主婦之友』1939年11月号

図14-29：「正しい身嗜〔みだしな〕み」の提案。それは非常時に順応した「正しさ」だが、現在の化粧手法としてもほとんど違和感はない。「クラブ乳液／美身クリーム／はき白粉」広告。❖『主婦之友』1940年1月号

図14-30

図14-30：「肌の美化に、健康化粧に、皮膚衛生に」。ついに裏表紙のクラブ化粧品広告も2分の１頁大に縮小。「薬用クラブ乳液」広告。❖『主婦之友』1941年11月号

第Ⅳ部

化粧品広告衰退期

1942（昭和17）年から1943（昭和18）年まで

1941（昭和16）年12月、日本軍の真珠湾奇襲攻撃によって日米が戦闘状態に入った。太平洋戦争（当時の呼称では「大東亜戦争」）の勃発である。日米開戦以後の婦人雑誌広告を見ると、雑誌というメディア特性を活かした広告が不能になっていったことがわかる。広告頁は色刷りができなくなり、1社で見開きはもちろん1頁を独占する広告もなくなっていく。

つまり、雑誌広告ならではの広告が姿を消し、各社の広告が同じ誌面に並列されるだけの新聞広告化が進んだのである。広告スペースの縮小にともなって、写真を利用することも難しくなった。あれだけ饒舌だった商品説明は失われ、商品名だけが掲載されるだけの小枠広告となっていく。『主婦之友』では、その新聞広告化とも言える現象が、1942（昭和17）年3月号以後に著しく進んだ。

一方で、広告スペースが小さくなったことで、イラストや小さなカットが広告をより特徴づけた。商品を声高に宣伝するよりも、大手の化粧品会社であり、信頼ある化粧品ブランドであることを誇示するため、婦人雑誌に広告を出稿し続けることが、各社にとってはより重要となったのである。

広告はその大きさや派手さによって、人に与える印象が異なるが、限られたスペースでいくつもの意匠を使い分け、少しでも多く広告を掲載したり、他の化粧品よりも大きなスペースを使ったりして、商品間の差異化を図ろうした努力も見受けられなくもない。だが限られたスペースを次第に平等に分けるようになると、どの商品であっても同じように見えてしまうという広告における平準化が起きている。裏表紙を獲得できたクラブ化粧品だけは、その点で唯一の例外的広告となった。

さらには、化粧品広告間の差異がなくなると同時に、他の商品広告との差異も希薄化してしまう。化粧品広告だけが持つような独特の雰囲気や表現はなくなった。とはいえ、銃後の物資欠乏も甚だしかった。この時期の化粧品広告に必要だったのは、「戦後」を見据えたブランド名の死守であった。しかし1944（昭和19）年以後は、婦人雑誌から広告はほぼ一掃され、化粧関連の記事も掲載されなくなったのである。

第15章
1942年、色刷りあるも広告は縮小

1941年12月8日（日本時間）の真珠湾攻撃は、国民に大きな高揚感を与えたが、「支那」事変勃発以降の統制経済の進行はすでに雑誌にも及んでいた。警視庁検閲課は、真珠湾攻撃に先立つ1941年7月、都下50余種の婦人雑誌を10種余りに整理統合する方針を伝える。その結果、婦人雑誌80誌は17誌に統合され、その際『主婦之友』は8誌を吸収し誌名を残した。

婦人雑誌との間に築いた信頼関係から広告誌面割り当てが優遇されている化粧品各社は、先の見通しが立たない状況下、いくら広告料が高騰しても雑誌から広告を引き上げるリスクをとることはできなかった。

日米開戦以後も掲載が続いた広告を紹介しよう。

働く女性のための化粧

化粧品各社は、国家総力戦下にますます社会進出が期待される女性に対し、社会に出るには身だしなみを整える化粧品が必要だ、というロジックで商品広告を続けた。それは、総力戦遂行のための増産を至上命題とする当局の思惑との協調を図ることのできる宣伝手法であった。化粧品広告には、女性の社会進出を促すメッセージ＝スローガンがあふれ、「働く女性」の姿の美しさを広告＝宣伝に使っていくことになる。

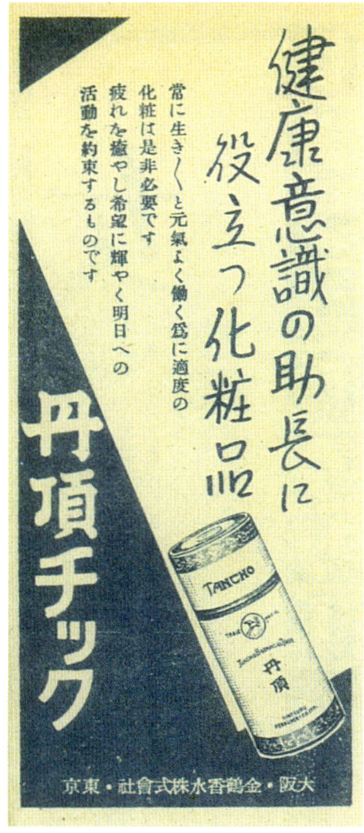

図15-1

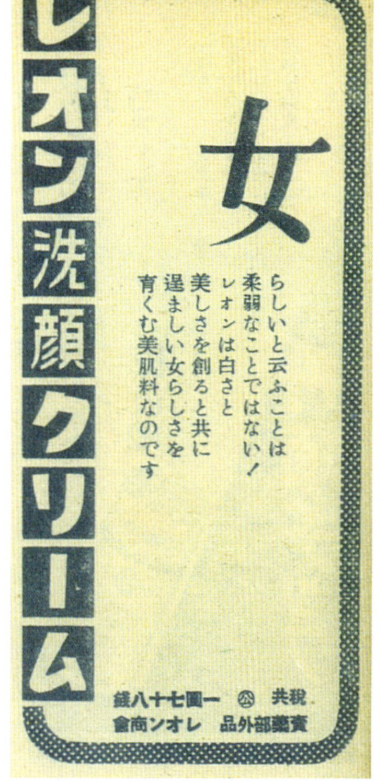

図15-2

図15-1：「健康意識の助長に役立つ化粧品」、なぜなら、「元気よく働く」ためには「適度の化粧」は必要だからだ。「疲れを癒やし希望に輝く明日への活動を約束する」のが化粧品だ。「丹頂チック」の3分の１頁広告。❖『主婦之友』1942年2月号

図15-2：「女らしいということは柔弱なことではない！」。この美肌料は「逞しい女らしさを育む」。「レオン洗顔クリーム」広告。❖『主婦之友』1942年2月号

図15-3

図15-4

図15-5

図15-3：「勤労女性の笑顔に輝くこの健康色」。活動的に見せるためにも、口紅は勤労女性の必需品。「クロバー　ホホ紅／高級口紅」の4分の1頁広告。❖『主婦之友』1942年10月号

図15-4：「働け　化粧は簡潔で」。ワンピース姿の女性は都会の労働者か。「資生堂洗顔トリアノンクリーム」4分の1頁広告 ❖『主婦之友』1942年10月号

図15-5：「健やかに　はつらつと働きましょう！」。戦時において働く女性の「制服」の筆頭は、やはり「もんぺ」だろう。「レートクレーム」4分の1頁広告。❖『主婦之友』1942年11月号

化粧品広告の矜持

どのような時代であろうとも化粧品は女性にとってはなくてはならないものだ、化粧品すらまともに作れない国に総力戦が遂行できるのか、そんな自負が感じられる広告もある。

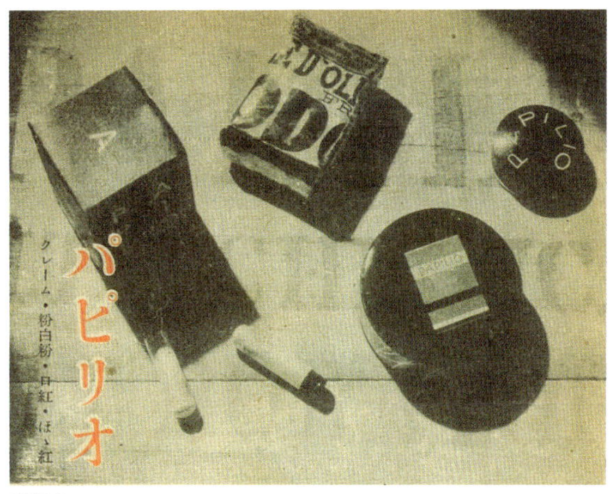

図15-6

図15-6：商品写真に朱色の「パピリオ」の文字という化粧品広告らしい広告。「パピリオ」2分の1頁広告。❖『主婦之友』1942年1月号

図15-7：（右）「パピリオ」広告は、「黄色人種」は区別の便利上作られた用語で、日本人の肌は黄色ではなく、赤色の妙味がある美しい肌色だと主張。（左）「ウテナ」広告は、「寒さに負けぬ若肌を！」と、従来の主張を繰り返した。この広告掲載頁の上には「一億みんなが決死隊だ！」のスローガンが掲げられていた。❖『主婦之友』1942年2月号

図15-8：小さくなっても変わらない、ヘチマのイラストデザイン。「これでこそ申し分ない春の肌！」。「ヘチマコロン」の4分の1頁広告。❖『主婦之友』1942年4月号

図15-9：色刷り（レタッチ）の商品写真入り。売りは「新しい皮膚栄養素」と品質にこだわる。「液状クリーム　クラブホルモンフード」広告。❖『主婦之友』1942年2月号

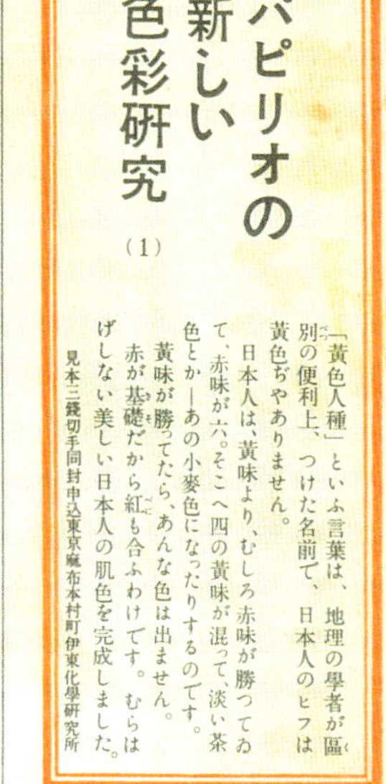

図15-7

図15-8

図15-9

第16章
1943年、雑誌広告欄の新聞メディア化

1943（昭和18）年5月号を最後に、『主婦之友』の裏表紙広告はなくなるものの、同年12月号まで、誌面への化粧品広告掲載は続いた。しかし用紙の品質は下がり、広告スペースは目に見えて小さくなる。前年を上回る広告の衰微は目に見えて明らかだった。

追いうちをかけるように1943年には出版社そのものの統廃合が行われた。1944（昭和19）年8月には女子挺身勤労令が公布。未婚の14歳以上の女性に加え、40歳までの女性を労働力として動員した。

1月号と12月号の広告比較

『主婦之友』への戦時下における広告掲載最終年の1943（昭和18）年、広告はどのように変化したのかを分かりやすくつかむために、1月号と12月号の化粧品広告の一部を比べてみたい。

図16-1：『主婦之友』の「農村の新年」（木下孝則画）の口絵横に並ぶ化粧品広告三種。左右のイメージのギャップが大きい。都会的で華やかなグラビア頁と化粧品広告は相乗効果が期待できたが、「勅題　農村新年」では、そうはいかない。1943年の『主婦之友』広告欄を象徴する頁。上段「ユベラ」を除き、「パピリオ」「ウテナビーシー乳液」「肌アレにカガシクリーム」化粧品広告。❖『主婦之友』1943年1月号

図16-1

図16-2

図16-3

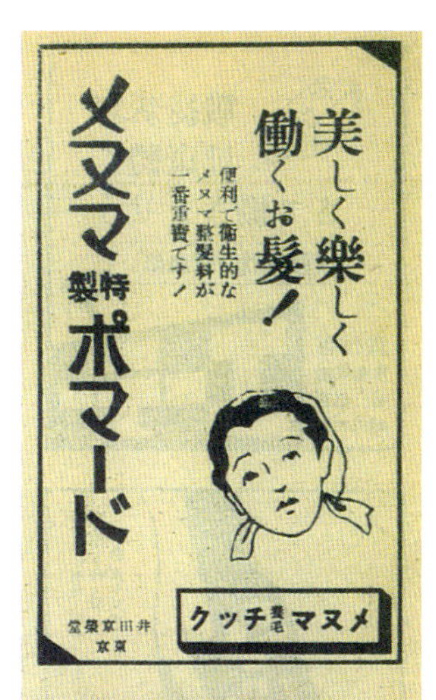

図16-4

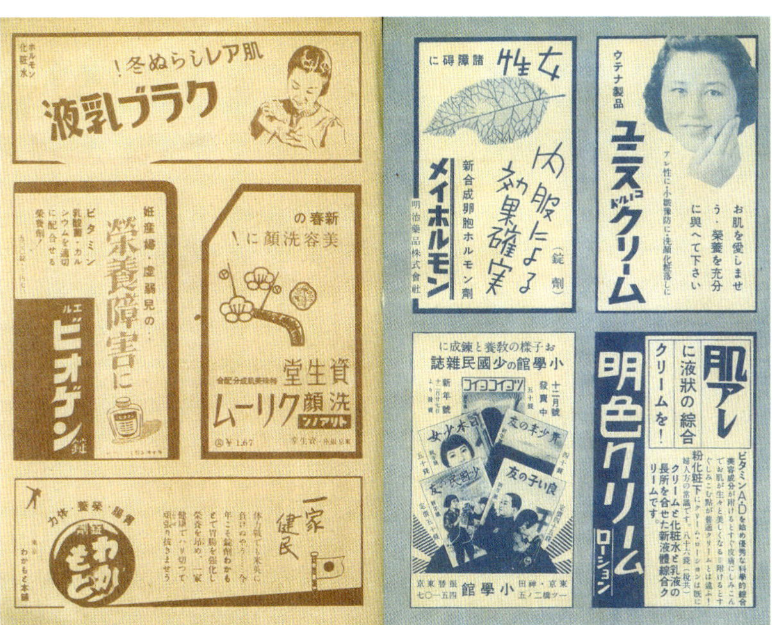

図16-5

図16-2：「これならば威張ってつけてよい　明るい顔にする固形タンゴの健康美！」。戦時はいつも「健康美」である。「粉の散らない健康美粉白粉　固形タンゴドーラン」の4分の１頁広告。下部には白髪染「ナゴン」（納言の意）の名も見える。❖『主婦之友』1943年1月号

図16-3：かろうじて化粧品らしさの残る、「香りの美しい白粉　アイデアル六百番粉白粉」広告。❖『主婦之友』1943年1月号

図16-4：（上）「美しく楽しく働くお髪！」には、便利で衛生的な整髪料を。（下）「若く明るくコロンの肌はいつも春だ」。戦時下の化粧品広告は「楽しさ」や「明るさ」に満ちている。❖『主婦之友』1943年1月号

図16-5：『主婦之友』1943年1月号掲載。広告を集約し、見開きで掲載した。8枠のうち4枠が化粧品広告、3枠が栄養剤、そしてあとの１枠は学年誌から誌名変更した小学館の少国民雑誌広告。❖『主婦之友』1943年1月号

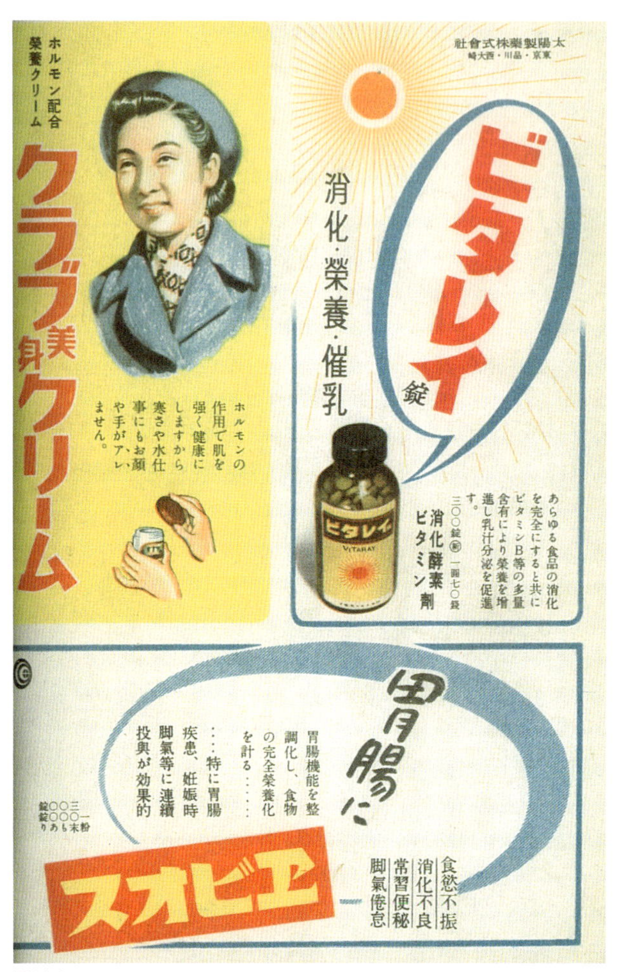

図16-6

図16-7

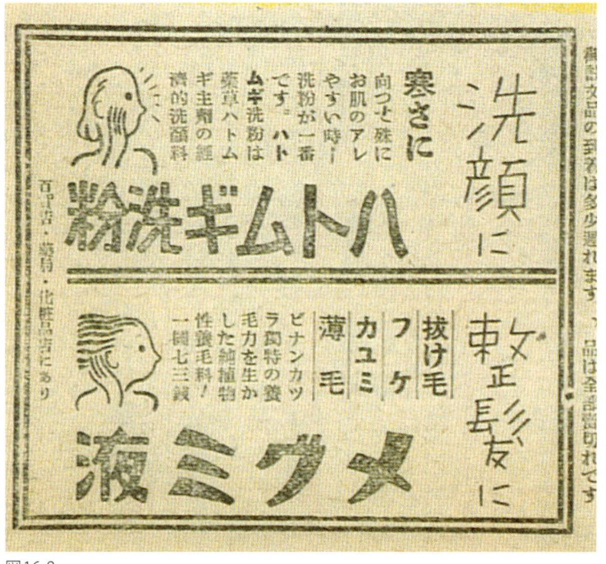

図16-8

図16-6：化粧品広告が他と比べて異質に見えるが、三つの広告のキーワードはみな同じく「栄養」である。ホルモン配合の栄養クリームによって女性を肌から健康にする、「クラブ美身クリーム」の裏表紙広告と、栄養剤の「ビタレイ錠」に「エビオス」の広告。❖『主婦之友』1943年1月号

図16-7：2色刷の12月号広告。「ビタミンADを始め優秀な科学的総合美容成分が皮膚にしみこむ」と、小枠でも「科学的」に優れていることを主張。「明色クリームロ―ション」の6分の1頁広告。❖『主婦之友』1943年12月号

図16-8：主婦之友社発売の商品二種、「ハトムギ洗粉」と「メグミ液」広告。❖『主婦之友』1943年12月号

戦時スローガンと共に

戦時下の『主婦之友』化粧品広告のたそがれである。化粧品広告の体制順応力は高く、事情さえ許せば、幻となった一億玉砕の本土決戦下でも掲載され続けたかもしれない。そんな勢いを感じさせる広告が多い。

図16-9:『主婦之友』戦前最後のカラー広告。1936年から長らく『主婦之友』の裏表紙に広告を掲載してきたクラブ化粧品も、1943年5月号を最後に裏表紙から姿を消す。その広告に強い戦時色はない。「クラブ乳液」裏表紙広告。❖『主婦之友』1943年5月号

図16-10:「簡便に健康な身嗜〔みだしな〕みを!」。「白粉クリーム　ラセランマスター」広告。❖『主婦之友』1943年2月号

図16-11:「萌ゆる様なイキイキした健康肌になりましょう!」。化粧品広告に許された美のありようは健康美へと各社ともに集約されていく。「お肌のまもり　レートクレーム」の6分の1頁広告。❖『主婦之友』1943年4月号

図16-9

図16-10

図16-11

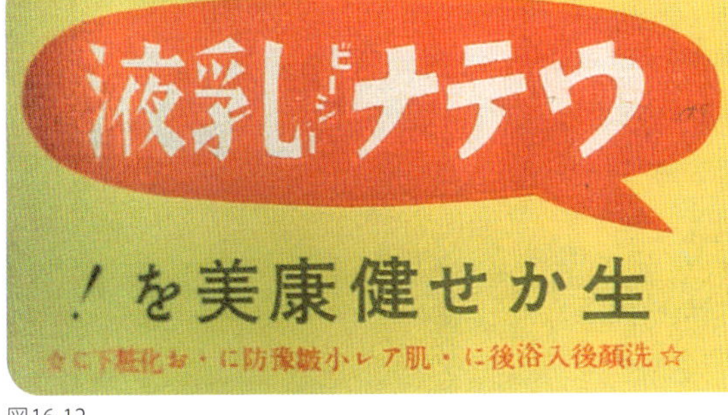

図16-12

図16-12:「生かせ健康美を!」。広告誌面が分割されたことで、ウテナが裏表紙に侵攻。「ウテナビーシー乳液」の裏表紙広告。❖『主婦之友』1943年4月号

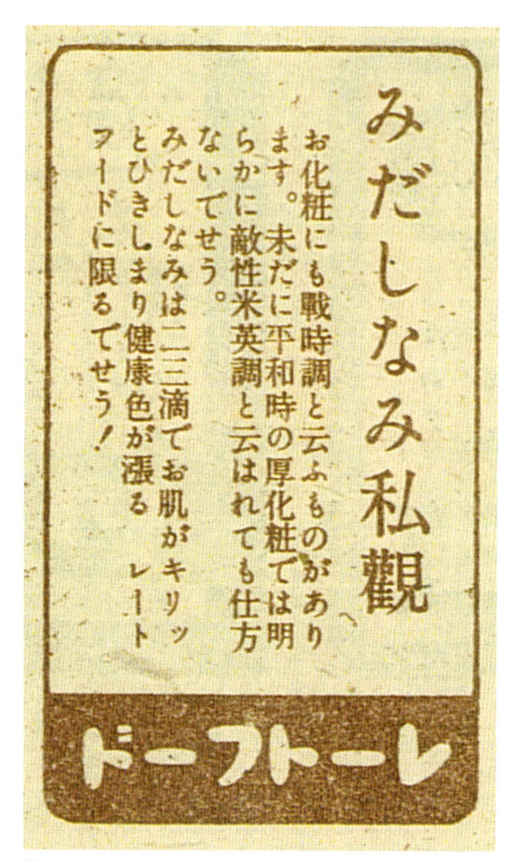

図16-13

図16-13：「みだしなみ私観」に登場するのは「敵性米英調」の厚化粧批判。「お化粧にも戦時調というものがあります。いまだに平和時の厚化粧では明らかに敵性米英調といわれても仕方ないでしょう」。坂口安吾の「日本文化私観」の発表は前年のこと。「レートフード」の8分の1頁広告。❖『主婦之友』1943年4月号

図16-14：「女性も総力」のスローガンに女性の小さな手のイラスト。戦時スローガン風ながら、多様なイメージを喚起させるそのシンプルさが映える。「レートクレーム」6分の1頁広告。❖『主婦之友』1943年10月号

図16-15：「袂も切って化粧も簡素に！」とは、この年に展開された断袖運動のスローガン「決戦です！すぐ、お袖を切って下さい」を取り入れたもの。そして「簡素な健康美で増産に励みましょう」。「固形タンゴドーラン／しらが染ナゴン」の6分の1頁広告。❖『主婦之友』1943年10月号

図16-16：「短袖・清粧」。同じく断袖運動に言及。「短袖」には簡素な「清粧」ということか。「資生堂水白粉」6分の1頁広告。❖『主婦之友』1943年11月号

図16-17：「みたみわれ（御民われ）」とは、天皇の臣民の意。イラストは、戦時の三つの異なる規範的女性像で、女性看護師に勤労女性、そして銃後の守りを固めるハチマキ女性。女性も「力のかぎり働き抜きましょう」。「お肌のまもり　レートクレーム」の6分の1頁広告。❖『主婦之友』1943年12月号

図16-14

図16-15

図16-16

図16-17

おわりに

❖女性美と若さ

ここまで、1931（昭和6）年から1943（昭和18）年までの、ほぼ、十五年戦争期に重なる化粧品広告の変化を追ってきた。それは、時代の変化を追うことでもあった。

広告のデザインやコピーの変化を促してきたのは、戦争や非常時という時局だけではない。女性の化粧や衣装の好みに見られる風俗の変化や、印刷や写真といったイメージ作りのための技術の向上、映画という娯楽産業の隆盛も大きく影響した。時代の空気を読む能力に長けた、広告制作者の才能が牽引したものもあっただろう。

しかし、化粧品を取り巻く社会の変化とともに、化粧品広告が変わっていくことに間違いはない。この時代の化粧品広告の変化を大きく特徴づけた要因は、まず、美は「女性」が体現するものとされていたことであり、そして、化粧法の変化のなかにあって、「若さ」が女性の美しさの根源にあると見なされるようになったことであった。

❖煉白粉からファンデーションへ

化粧品広告における「若さ」の礼賛は、自然な化粧という、一見「作っている（化粧している）」ようには見えない粉白粉化粧、つまり、今日でいうところのファンデーションによる化粧法の登場がもたらしたものであろう。素肌美や自然美は、白さ際立つ「顔をつくる」という煉白粉を使った化粧法からすれば、美の方向性としては相反するものであろう。

だが、女性がより社会に出ていく十五年戦争期、煉白粉を使った化粧は厚化粧と呼ばれる特殊な化粧として、時代遅れと見なされるようになる。逆に、「若返り」や、少しでも「若く見えるようになる」という化粧品の機能性が、より重要な商品のメッセージとなっていくのである。安直な美的イメージで消費者を魅了しようとしたり、懸賞という手段で消費者を煽ったりするような広告よりも、むしろ科学的に有効な手段としての化粧品広告が主流をなすことになった要因でもあった。

❖日本女性の化粧と美

どの化粧品広告にあっても、化粧によって「美しさ」が手に入ります、というメッセージは不変であった。人が何を「美しい」と思うかは本来、それぞれの人の主観によるものであり、非常に抽象的である。にもかかわらず、それを具体的に「説明」しなければならないのが化粧品広告の宿命である。それだけに、女性の美を社会的な規範として位置付けることが化粧品会社にとっては重要であった。

もともと、日本には相反する美人イメージが存在した。まずは、和服を来た日本髪といった姿で、日本人女性としての美しさを体現しようとする女性像である。一方近代においては、フランスの化粧品に代表される消費者の強い舶来品信仰が象徴するように、ドレスを身にまとった西洋の白人女性（ブロンド）が体現する美人像イメージが強さを増した。

どちらに美を見い出し表現するかは、化粧品各社の販売戦術によって一貫していたわけではない。しかし、この二つの記号を時に組み合わせ、また多様に使いわけながら、その二つの間の振幅で、日本の化粧品広告は世に送りだされてきたことは、見てきたとおりである。

❖非常時の日本的女性美

そんな相反するどちらの女性美も内面化しつつ、日本女性の美しさをめぐる規範は「非常時」のなかにあって変化する。着物は日本らしい衣服だが活動的でなく、はかなげな女性は審美的には称えられても、現実社会での活躍は期待できない。かと言って西洋的な妖艶な女性にシンボライズしてきた化粧美の有り様は、戦時の倹約時代にあっては「享楽的」「軽佻浮薄」の烙印を押されざるを得ない。

国家総動員体制の確立とともに、戦争を賛美し国民を鼓舞したのが健康的な女性像であると、これまでも指摘されてきた。健康的な美しさは「産めよ殖やせよ」という国家スローガンに通じ、具体的には母像へと結びつく。戦時の女性役割を可視化した母的美人像は、「翼賛美人」とも呼ばれた。

だがこうした母的な健康美人は、大衆的審美眼にはそぐわず、戦時下でも「男性」を誘惑する、色白で痩身、柳腰の日本美人や、欧米的な官能美への憧憬は存在した。[※16] 相反する女性美が存在することは、戦時体制との関係において、戦争に動員する側とされる側とで生じていた意識の断絶を示していたとも言える。

そんな断絶を橋渡ししたのが、健康的であるだけではなく、美しい素肌の若い女性たちであった。化粧品広告を見てみれば、次第にその登場回数を増やしてきた「健康美人」たちは、国家的な要請だけによるものだけではなく、化粧品広告が求めていた新しい日本の女性美でもあったことが分かる。欧米の模倣で独自の表現に欠けると批判され続けてきた化粧品広告は、非常時における国産化粧品販売のなかで、広告にも日本独自の女性美を表現するしようと具体的モチーフの模索が行われていたのである。

こうして日本美人の特徴は、健康的で若々しい、まるで化粧をしてないかのような素肌の美しさをもった女性像に見い出されていったのだった。この女性像は、戦時下にあっても当局に咎められることのない、いやむしろ望まれる女性像であったことは言うまでもない。また、戦後の女性の社会参加にあたっても、さらには今日においても違和感のない化粧美のありようであった。

❖これからの日本化粧品広告史に向けて

広告はあくまでも「イメージ」が優先される世界であり、広告で語られた内容が当時の社会の実態を正確に反映しているわけではもちろんない。

だがその広告世界の華やかさが、当時人気を博した婦人雑誌『主婦之友』において、1931年の満州事変はともかくとして、1937年の「支那」事変、1941年末の日米開戦を経ても、維持されていたことに、私自身、新鮮な驚きを感じたことが、このテーマに取り組むきっかけとなった。

戦後、日本を代表する女優となる原節子や高峰秀子は当時まだ十代だったが、まさにその若さと

---

16. 井上章一『美人論』朝日新聞社、1996年。

初々しさをかわれ、レート化粧品の主要な広告に何度も登場していたことにも驚かされた。その背景には、化粧品ブランド地図が戦後一変したことも関係していよう。クラブ化粧品は存続したが、1954（昭和29）年には平尾賛平商店と中山太陽堂が相次いで破綻し、平尾賛平商店のレートブランドまでも丸ごと消えてしまった。そのため、1930年代の同社の広告に、こうした女優たちが関係していたことを知る機会がなかったのである。ただ、こうした芸能史については私自身の見識が低く、広告に登場する著名な女優の姿を見落としたりもしているかもしれない。広告デザイン史という点でも、戦前から戦後にかけて活躍した図案家や意匠家についての考察が不十分であるとのご指摘もあるだろう。

また紙幅の都合もあり、取り上げられなかった魅力ある広告もまだまだ多い。戦後の化粧品広告史では、資生堂、カネボウ、あるいは小林コーセー（ちなみに創業者の小林孝三郎は本書掲載のアイデアル化粧品の出身である）が日本ブランドの化粧品会社として名を馳せているが、資生堂はともかく、戦前には東京だけではない、大阪を足場とするもっと多彩な日本ブランドの化粧品広告の世界があったことは記しておきたい。

戦前の化粧品業界の内情や、当時の広告の数々については、文献だけではなく、インターネットの情報をかなり参照している。当時から今まで、厳しい化粧品業界の競争を生き延びた各社のホームページには、戦前から続く各社の歴史が徐々に詳しく公開されるようになってきており、とりわけそうした情報には助けられた。それだけに平尾賛平商店の記録が失われているのは残念である。

まだまだわからないことも多い。本資料を土台として、今後の研究が進むことを祈っている。

なお、婦人雑誌の化粧品広告についての研究は、2004年に学会誌『マス・コミュニケーション研究』65号（2004年7月）に「1931-1945年化粧品広告にみる女性美の変遷」を投稿したのが始まりだった。その後、日本学術振興会による科学研究費（若手B：23730509、2011-13年度、石田あゆう研究代表「戦争における表象と広告文化に関する歴史社会学的研究」）を受けて、ようやく拙著『戦時婦人雑誌の広告メディア論』（2015年、青弓社）をまとめることができた。本書は、同書に収めきれなかった広告資料集でもある。よければ併せてご一読いただきたい。数多くの広告資料の煩雑な整理から刊行まで、快く引き受けていただいた創元社の山口泰生さん、小野紗也香さん、そしてデザイナーの山田英春さんに感謝します。

主要参考文献

<化粧品関連、社史／年鑑>

伊東栄（1934）『父とその事業』伊東胡蝶園
花王石鹸資料室編（1980）『年表・花王90年のあゆみ』花王石鹸株式会社
クラブコスメチックス編（2003）『百花繚乱――クラブコスメチックス百年史』クラブコスメチックス
小林良正、服部之総（1940＝1997）『花王石鹸五十年史』（社史で見る日本経済史 第3巻）、ゆまに書房
資生堂（1979）『資生堂宣伝史1　歴史』資生堂
資生堂企業文化部『商品をして、すべてを語らしめよ。――資生堂化粧品史1897-1997　オイデルミンから新オイデルミンまで』資生堂
食満藤吉編（1936）『桃谷政次郎翁伝』桃谷順天館
東京小間物化粧品商報社編（1934-1943）『小間物化粧品年鑑』東京小間物化粧品商報社
中野淳美、竹見智恵子（1983）『クラブコスメチックス80年史――創業中山太陽堂』クラブコスメチックス
日本経営史研究所、花王株式会社社史編纂室 編纂（1993）『花王史100年――1890～1990年』全2冊・別冊1、花王
日本化粧品工業連合会編纂（1995）『化粧品工業一二〇年の歩み』及び『化粧品工業120年の歩み　資料編』日本化粧品工業連合会
日統社編（1933）『ミツワ本舗　三輪善兵衛氏』（日統伝記文庫　第40輯）日統社
平尾太郎（1929）『平尾賛平商店五十年史』平尾賛平商店
ポーラ文化研究所編『モダン化粧史 ――粧いの80年』ポーラ文化研究所
桃谷順天館業百年記念事業委員会（1985）『桃谷順天館創業百年記念史』（劇画　貴志真典）潮流出版
柳富之祐編（1937）『化学工業読本第一輯』大阪工研協会
山中懸治編（1942）『化粧品石鹸業界二十年史 』日刊商業新聞社

化粧品関連 HP（いずれも2016年4月閲覧）

NCMNET「化粧品資料――化粧品業界概要／歴史」http://www.jncm.co.jp/cosmetics/history/1886_1911.html
Utena HP「ウテナ変遷史」http://www.utena.co.jp/about-utena/history/
此花あかり『桃谷順天館創業物語――美顔水編』桃谷順天館 HP、http://www.e-cosmetics.co.jp/
クラブコスメチックス HP「110年の歩み商品編／歴史編」http://www.clubcosmetics.co.jp/
資生堂 HP「SHISEIDO　About the Brand」http://www.shiseido.co.jp/gb/brand/
日本粧業会HP「資料館」http://www.tga-j.org/documents/
ヘチマコロン HP「ヘチマコロン物語／アドヒストリー」http://www.hechima.com/
ポーラ文化研究所 HP「化粧文化史」http://www.po-holdings.co.jp/csr/culture/bunken/
マリールイズ HP「マリールイズ化粧品とは About」http://www.marielouise-cosme.jp/
マンダム HP「社史」http://www.mandom.co.jp/company/corp/history.html
桃谷順天館 HP「桃谷順天館　歴史ミュージアム」http://www.e-cosmetics.co.jp/history/
柳屋本店 HP「柳屋について」http://www.yanagiya-cosme.co.jp/

<主婦の友社、婦人雑誌、女性文化関連>

青地晨（1958）「石川武美と花森安治――婦人雑誌界の二人の教祖」『婦人公論』5月号
石井満（1940）『逞しき建設　主婦之友社長石川武美氏の信念とその事業』教文館
石川静夫、東京出版販売株式会社編（1959）『出版販売小史』東京出版販売、
石川武美（1940＝1950）『わが愛する事業』主婦の友社
石川弘義、尾崎秀樹編（1989）『出版広告の歴史　1895年－1941年』出版ニュース社
石田あゆう（2010）「〈若い女性〉雑誌にみる戦時と戦後――『新女苑』を中心として」『マス・コミュニケーション研究』76号
石田あゆう（2015）『戦時婦人雑誌の広告メディア論』青弓社
石田あゆう（2015）「『主婦之友』の新聞広告に見る石川武美の販売戦略」『京都メディア史研究年報』創刊号、京都大学大学院教育学研究科メディア文化論研究室
内山基（1983）『編集者の思い出』モードエモード
大宅壮一（1934＝1959）「婦人雑誌の出版革命」『大宅壮一選集7』筑摩書房
岡田公之（1965）「マス文化の提供者」、南博、社会心理研究所編『大正文化』勁草書房
小川菊松（1953＝1992）『復刻版　出版興亡五十年』誠文堂新光社
加藤敬子（1995）「婦人雑誌広告――昭和前期」『慶応大学新聞研究所年報』第44号
近代女性文化史研究会編（2001）『戦争と女性雑誌――1931年-1945年』ドメス出版
栗田確也（1968）『出版人の遺文　石川武美』栗田書店
木村涼子（2010）『"主婦"の誕生―婦人雑誌と女性たちの近代』吉川弘文館。
小出治都子（2012）「戦中期における少女の化粧――『少女の友』からの一考察」、角崎洋平・松田有紀子編『歴史から現在への学際的アプローチ』立命館大学生存学研究センター
小山静子（1991）『良妻賢母という規範』勁草書房
佐藤卓己（2001）「出版バブルのなかのファシズム――戦時雑誌の公共性」、坪井秀人編『偏見というまなざし――近代日本の感性』青弓社ライブラリー
佐藤卓己（2004）『言論統制 ――情報官・鈴木庫三と教育の国防国家』中公新書
実業之日本社社史編纂委員会編（1997）『実業之日本社百年史』実業之日本社
主婦の友社編（1967）『主婦の友社の五十年』主婦の友社
東京堂編（1939＝1977）『出版年鑑』文泉堂出版（復刻版）
高崎隆治（1984）『「一億特攻」を煽った雑誌たち 文芸春秋・現代・婦人倶楽部・主婦之友』第三文明社
高崎隆治（1987）『戦時下のジャーナリズム』新日本出版社
谷本奈穂（2013）「化粧品広告と美容雑誌における科学」、西山哲郎編『科学化する日常の社会学』世界思想社
田町比天男（1935）「『主婦之友』はなぜ売れるか」『経済往来』6月号

都河龍（1930）『越えて来た道』婦女界社
都河龍（1931）「婦人雑誌の編集」『綜合チャーナリズム講座』第10巻、内外社
藤井忠俊（1985）『国防婦人会——日の丸とカッポウ着』岩波新書
平松隆円（2009）『化粧にみる日本文化——だれのためによそおうのか？』水曜社
吉田好一（2001）『ひとすじの道——主婦の友社創業者・石川武美の生涯』主婦の友社
村田孝子編（2003）『近代の女性美——ハイカラモダン・化粧・髪型』（駒田牧子翻訳）ポーラ文化研究所
嶺村俊夫（1931）「企業婦人雑誌形態論」『綜合ヂヤーナリズム講座』第5巻、内外社
若桑みどり（1995＝2000）『戦争がつくる女性像——第二次世界大戦下の日本女性動員の視覚的プロパガンダ』ちくま学芸文庫
私たちの歴史を綴る会編（1987）『婦人雑誌からみた一九三〇年代』同時代社

＜広告／デザイン／映画関連＞
天野祐吉（1990＝2010）『嘘八百——明治大正昭和変態広告大全』ちくま文庫
石割平、円尾敏郎編（2001）『日本映画スチール集 美人女優 戦前篇—石割平コレクション』ワイズ出版
井上章一（1991＝1996）『美人論』朝日新聞社
井上祐子（2009）『戦時グラフ雑誌の宣伝戦 ——十五年戦争下の「日本」イメージ』青弓社
茨木のり子（1999）『個人のたたかい——金子光晴の詩と真実』童話屋
岩本憲児編（1991）『日本映画とモダニズム　1920-1930』リブロポート
岩間政雄編（1931）『生きた広告美術写真集——附・欧米参考篇』春陽堂経済と実際社
内川芳美編（1976）『日本広告発達史（上・下）』電通
岡満男（1981）『婦人雑誌ジャーナリズム——女性解放の歴史とともに』現代ジャーナリズム出版会
落合恵美子（2000）「ビジュアル・イメージとしての女」『近代家族の曲がり角』角川叢書
小野高裕、西村美香、明尾圭造（2000）『モダニズム出版社の光芒——プラトン社の1920年代』淡交社
川畑直道編（2000）『青春図會——河野鷹思初期作品集』トランスアート
北田暁大（2000＝2008）『〈広告〉の誕生——近代メディア文化の歴史社会学』岩波現代文庫
宜野座菜央見（2013）『モダン・ライフと戦争——スクリーンのなかの女性たち』吉川弘文館歴史文化ライブラリー
キーン、サム（1986＝1994）『敵の顔——憎悪と戦争の心理学 』（佐藤卓己、佐藤八寿子訳）柏書房
東山千栄子、水谷八重子、杉村春子、田中絹代、ミヤコ蝶々（2006）『私の履歴書　女優の運命』日経ビジネス文庫
佐藤卓己（2003）「『プロパガンダの世紀』と広報学の射程」、津金澤聡廣、佐藤卓己編『広報・広告・プロパガンダ』ミネルヴァ書房
佐藤卓己（2009）『ヒューマニティーズ　歴史学』岩波書店
佐藤卓己、馬場マコト（2011）「対談　花森安治の書かなかったこと」『考える人』夏号
佐野宏明編（2010）『浪漫図案——明治・大正・昭和の商業デザイン』光村推古書院
渋谷重光（1978）『昭和広告証言史』宣伝会議
嶋田厚、津金澤聡廣編（1942＝1996）『復刻版　プレスアルト』全3巻、柏書房
白山眞理、堀宜雄編（2006）『名取洋之助と日本工房 1931-45』岩波書店
竹内幸絵（2011）『近代広告の誕生——ポスターがニューメディアだった頃』青土社
多田北烏（1939）『商業美術を描くコツ』誠文堂新光社
津野海太郎（2013）『花森安治伝——日本の暮しをかえた男』新潮社
津金澤聡廣（2000）「『プレスアルト』にみる戦時期デザイナーの研究（上・下）」『日経広告研究所報』189・190号
東京アートディレクターズクラブ編（1967）『日本の広告美術——明治・大正・昭和』全3巻、美術出版社
難波功士（1998）『「撃ちてし止まむ」——太平洋戦争と広告技術者たち』講談社メチエ
日本デザイン小史編集同人編（1970）『日本デザイン小史』ダヴィッド社
羽島知之編（1999-2003）『新聞広告美術大系』全17巻、大空社
浜田増治責任編集（1928＝2001）『現代商業美術全集』全24巻・別巻1、ゆまに書房
早川タダノリ（2010）『神国日本のトンデモ決戦生活——広告チラシや雑誌は戦争にどれだけ奉仕したか』合同出版
早川タダノリ（2014）『「愛国」の技法——神国日本の愛のかたち』青弓社
馬場マコト（2010）『戦争と広告』白水社
姫路市立美術館、印刷博物館編（2007）『大正レトロ・昭和モダン　広告ポスターの世界——印刷技術と広告表現の精華』国書刊行会
堀内誠一（1979＝2007）『父の時代私の時代——わがエディトリアル・デザイン史』マガジンハウス
山本武利（1985）『広告の社会史』法政大学出版局
山本武利、津金澤聡廣（1986＝1992）『日本の広告』世界思想社
山本武利編（1985）『萬年社広告年鑑　第15巻　昭和14年版』
吉見俊哉（2002）「帝都東京都モダニティの文化政治——1920・30年代への視座」『岩波講座　近代日本の文化史 六』岩波書店
吉見俊哉（2007）「帝都とモダンガール——両大戦間期における〈近代〉と〈性〉の空間政治」、佐藤バーバラ編『日常生活の誕生——戦間期日本の文化変容』柏書房
四方田犬彦（2011）『李香蘭と原節子』岩波現代文庫（『日本の女優 ——日本の50年 日本の200年』2000、岩波書店）
若林宣（2008）『戦う広告——雑誌広告に見るアジア太平洋戦争』小学館
和田博文監修編（2006）『コレクション・モダン都市文化17 資生堂』ゆまに書房
和田博文監修、佐藤朝美編（2009）『コレクション・モダン都市文化 49美容・化粧・装身』ゆまに書房

著者略歴

石田あゆう

ISHIDA Ayuu

❖

1973年大阪生まれ。京都大学大学院文学研究科博士後期課程単位認定退学。京都大学博士(文学)。京都精華大学教育推進センター講師を経て、現在桃山学院大学社会学部社会学科准教授。専攻は、メディア社会学、女性雑誌論、広告文化論。著書に『ミッチー・ブーム』(文春新書、2006年)、『戦時婦人雑誌の広告メディア論』(青弓社、2015年)。共著に『博覧の世紀——消費/ナショナリティ/メディア』(梓出版社、2009年)、『近代大阪の出版』(創元社、2010年)、『青年と雑誌の黄金時代——若者はなぜそれを読んでいたのか』(岩波書店、2015年)などがある。

図説(ずせつ)　戦時下(せんじか)の化粧品広告(けしょうひんこうこく)〈1931−1943〉

2016年7月20日第1版第1刷　発行

著　者——石田あゆう

発行者——矢部敬一

発行所——株式会社創元社

http://www.sogensha.co.jp/

本社▶〒541-0047 大阪市中央区淡路町4-3-6

Tel.06-6231-9010 Fax.06-6233-3111

東京支店▶〒162-0825 東京都新宿区神楽坂4-3　煉瓦塔ビル

Tel.03-3269-1051

ブックデザイン——山田英春

印刷所——図書印刷株式会社

ISBN978-4-422-21015-5　C3021